唯識の真理観

横山紘一著

法藏館

唯識の真理観　目次

（略号表）

Y.Bh.: *The Yogācārabhūmi of Ācārya Asaṅga*, ed. by V. Bhattacharya, 1957, Calcutta.
Ś.Bh.: *Śrāvakabhūmi of Ācārya Asaṅga*, ed. by K. Shukla, 1973, Patna.
M.S.A.: *Mahāyāna-sūtrālaṃkāra*, ed. by Sylvain Lévi, tome 1, 1907, Paris.
M.V.Bh.: *Madhyānta-vibhāga-bhāṣya*, ed. by Gadjin Nagao, 1964, Tokyo.
M.V.Ṭ.: *Madhyānta-vibhāga-ṭīkā*, ed. by S. Yamaguchi, 1934, Nagoya.
B.Bh.: *Bodhisattva-bhūmi*, ed. by Nalinaksha Dutt, 1978, Patna.
A.K.Bh.: *Abhidharma-kośabhāṣya of Vasubandhu*, ed. by P. Pradhan, 1967, Patna.
A.S.Bh.: *Abhidharma-samuccaya-bhāṣyam*, ed. by Nathmal Tatia, 1976, Patna.
V.M.S.: *Vijñaptimātratā-siddhi; Viṃśatikā et Triṃśikā*, ed. by Sylvain Levi, 1925, Paris.

第一部　真理とは

第一章　「真理」という訳語の成立と内容

第一節　『瑜伽論』における「理」

明治以後、英語の truth、ドイツ語の Wahrheit などに対して「真理」という訳語が用いられるようになったが、この訳語は、もともと仏教用語であったと考えられる。

仏教の最終目的は、「真理」を悟り、その悟りの智慧に基づいて生きとし生ける衆生を救済する慈悲行を展開することである。この自利としての智慧と利他としての慈悲とのいわば人間の二大尊厳性を兼ねそなえた最高の人格者が仏、即ち仏陀である。したがって、仏教とは単に「仏の教え」を意味するのではなく、教・行・証の三領域にまたがる営みであり、この意味において、仏教はむしろ、「仏道」即ち「仏に成る道」と言うべきである。

この「仏に成る」ということは、まさに真理を悟ることである。したがって、「真理」は仏道を歩む者にとっては最も力を注いで考察すべき重要な対象である。

このような観点から、まずは「真理」という漢語がどのような原語を基盤とし、どのような思考的展開を経て定着したのかを検討してみよう。

まず、『瑜伽師地論』（以下『瑜伽論』と言う）には真理という訳語は見当たらないという興味深い事実を指摘しておこう。『瑜伽論』は玄奘が帰国してから間もなく訳されたので（翻訳は六四七年の五月から開始）、その頃には、未だ玄奘と翻訳者たちには「真理」という訳語が意識されていなかったのであろうか。

ところが、玄奘の最も重要な訳書、しかもそれによって法相宗（唯識宗）が成立するようになった『成唯識論』（六五九年の訳）の中でいくつか見出され、その後の『成唯識論述記』（以下『述記』と言う）や「三箇の疏」の中で多く用いられるようになった。

そこで、真理という語がどのような過程を経て作られ、確立されていったかを考察してみよう。

真理とは、漢語的には「真なる理」の意味である。では理とは何かという問いが生じる。そこでまず初期唯識論書であり、それ以後に展開する唯識諸思想の源泉とも言える『瑜伽論』において、「理」がどのような原語の訳語であり、どのような意味に考えられているかを考察してみる。

前述したように『瑜伽論』には真理という語はないが、しかし、「理」という語は多く認められる。この語の原語を調べると、次の二群に分類される。

理
- ① tattva
- ② yukti, naya, nyāya

これらの理が意味するものは、総括的に言えば、①群は「慧などの認識主体の対象」であり、②群は「ものの正しいありよう、法則、規則、道理」のことである。

このうち naya（理門）については、次のような定義が『瑜伽論』巻第六四にある。

理門の義とは彼彼における無顛倒性と如其実性と離顛倒性[1]となり[2]。

即ち理に適っていることが、

┌無顛倒性（ma nor ba ñid=avitathatā）
├如其実性（ji lta ba bṣin ñid=yathābhūtatā）
└離顛倒性（phyin ci ma log pa ñid=aviparyāsatā）

の三つのありようとして捉えられている点に注目すべきである。この考え方が、のちに『瑜伽論』巻第九三において、[3]「所知の真如」と「能知の真如」とのありようを定義して、

┌所知真如——如実性（yaṅ dag pa ji lta ba=yathābhūtatā）
└能知真如——無倒性（phyin ci ma log pa ñid=aviparyāsatā）

と整理した形で述べられている。

右に述べた『瑜伽論』の巻第六四と巻第九三の所説を比較して考え合わせると、「如其実性」（チベット語訳からして原語は yathābhūtatā）が「如実性」（チベット語訳から原語も同じく yathābhūtatā）、「離顛倒性」が「無倒性」にあたり（チベット語訳からして両者ともその原語は aviparyāsatā）、真如が理との関係で考えられうることが判明した。即ち、究極的真理というものが真如（tathatā）と名づけられ、そして、そのもののありようが naya（理）のありように相通じうることが判明した。このような観点から、のちに検討することになるが（一一頁）、中国においても、真如を理と同一視して「真如理」という表現をするようになったのであろう。

次に、『瑜伽論』において tattva を理と訳している例を次の一文にみることができる。

是の受持三学とは（中略）若しくは能く四聖諦相たる所知の理を現見するが故なり。[4]

この「理」に対するチベット語訳は de kho na ñid[4] であるから、その原語は tattva である。tattva は『瑜伽論』

では普通は真実と訳されるが、ここでは理と訳されていることに、しかもその理が所知理、即ち慧学の慧の対象としての「知られるべき理」であることに注目すべきである。

tattva は『瑜伽論』では、tathatā と同義語であるから、智慧の対象がすでに「理」という語で捉えられていることが判明した。したがって「真如」に「理」を付して、「真如理」という表現が作られて当然である。

理という概念の考察においてどうしても検討すべきは、道理と訳される yukti である。その際に重要なのが、「四道理」という道理である。(5)

この四道理という考えは『解深密経』巻第五「如来所作事品」で初出し、(6) それに基づいて『瑜伽論』においてさらに考察が深められていった。(7)

四道理とは次の四つを言う。

①観待道理

②作用道理

③証成道理

④法爾道理

道理とは一切の存在（諸法、諸蘊）を貫く理であるが、それを四つに分類したものがこの四道理であり、この道理に基づいて存在一つひとつを観察し（parīkṣaṇa）、思惟し（cintana）、尋思する（paryeṣate）ことによって、認識のありようを深め、最後にあるがままにあるもの、即ち真如に至ろうとするのである。

この中で、真如との関係で考察すべきは最後の法爾道理である。

法爾道理の定義を列記してみよう。

1、法爾道理とは、謂く、如来が出世するも、若しくは出世せずとも、法性に安住し、法住・法界に（安住する）、是を法爾道理と名づく（『解深密経』巻第五）[8]。

2、云何んが法爾道理と為す。（中略）彼の諸法は本性爾かるべきに由って自性爾るべく、法性爾るべし。即ち此の法爾を説いて道理瑜伽方便と名づく。或いは即ち是の如く、或いは是の如くに異なり、或いは是の如くに非ず。一切は皆な法爾を以って依と為す。一切は皆な法爾道理に帰し、心を安住せしめ心を暁了せしむ。是の如くを名づけて法爾道理と為す（『瑜伽論』巻第二五）[9]。

3、法爾道理に由って如実の諸法に於いて成立法性・難思法性・安住法性を信解して、まさに思議せず、まさに分別せず（『瑜伽論』巻第三〇）[10]。

右に記した説明から、さまざまの現象的存在（諸法）はなぜそうなのかという理由の追究の最後に、すべての存在は、その如くであるという道理に帰するというのが法爾道理の意味であり、そしてその法爾道理は、法性・法住・法界に安住する、即ち如来が悟って説き示すことに関係なく、永遠に存在し続けているものである、と考えられていることがわかる。

そして、2と3の説明により、諸法の本性として、自性として、法性としてあるがままにあると信解して、心を安住せしめ、心を暁了せしむることが法爾道理を説く目的であることがわかる。

ところで四道理は言葉を用いての観察であるが、それらは真理そのものに至るためには欠くことのできない観察なのである。この四つの道理による観察がなぜ大切なのかということについては、右記の2の中に説かれる「道理瑜伽方便」という語に注目すべきである。

これは、yuktir yoga upāyaḥ と、単語が並んでいるだけであるが、[11]『瑜伽論記』は「此の如く観待して、瑜伽を修する者が方便して了知するが故に立てて観待道理と為す」[12]と解釈している。この解釈がもし正しければ、道理とは、瑜伽を修する者にとっては、思考（尋思）し観察すべき必須のものであることになる。[13]

四道理の最後の法爾道理の法爾は dharmatā であるが、それは法性とも訳されることから、法性即ち真如の存在が法爾道理を成立せしめる根拠となることが予想される。ここで、一つは「道理」と、もう一つは究極の真理である「真如」との関係はどうかという問題が起こってくる。これは「四諦」という道理と「真如」という真理との関係は、即ち四諦と真如、あるいは道理と真理との関係はどうかという重要な問題にも通じてくる。

これに関しては、次の『瑜伽論』巻第二六の一文が参考になる。

云何んが如所有性なるや。所縁の真実性なり、真如性なり。四道理に由って道理を具する性である。[14]

tatra yathāvad-bhāvikatā katamā／yā ālambanasya bhūtatā
tathatā ca／catasṛbhir yuktibhiḥ yukty-upetatā／[15]

ここでは明らかに究極の真理（tathatā）と道理（yukti）との関係が述べられ、「如所有性、即ち真如は、四道理に由って道理を具する性（yukty-upetatā）である」と定義されている。道理と真如とは無関係に別々に独存するのではなく、「真如は道理を具す、即ち有する、所有する」[16]と両者の関係を述べた点に最も注目し、それが具体的どのようなことであるかをさらに深く考究すべきである。

「理」とは大きく次の二つに分かれる。

理
- 縁起の理
- 真如の理

このうち前者は原始仏教以来説かれるもので、後者は般若思想に芽を発し、唯識思想によって強調されたものであるが、小乗は前者のみを、大乗は両者の理をともに悟ると、大乗の優越性を主張する一つの重要な根拠となった。では、この二つの理はどのような関係にあるのか。この点に言及した、おそらく最初のものが、前記した『瑜伽論』の一文である。そしてのちに日本の唯識論書の中で、この一文を根拠として道理と真理との関係が論究されていることを考え合わせると、右の一文がいかに重要であるかがわかる。

ただこの一文の中では「真如は道理を有する」と言うだけであって、それ以上の考究はなされていない。ここでしばらく右の二つの理の関係をもう少し詳しく考察してみよう。

まず「縁起の理」とは、現象的存在をそのように成り立たしめている法則（理）である。たとえば、手に持っている物を手から離すとその物は落下する。あるいは精神的なストレスがあると身心に病的症状が起こる。あるいは意志が関与してくる人間の行為において、善い行為は楽なる結果を、悪い行為は苦なる結果をもたらす。このように物理的であれ、心理的であれ、行為的であれ、いずれの領域においても、

A有ればB有り、A無ければB無し。

という因果法則、即ち縁起の理がはたらいている（仏教ではこの因果法則を、大きく十二支縁起と四諦の理とにまとめる）。

ところで、このような理が確かに厳としてはたらいているのはなぜか。どのような根拠がその基にあるのか、と我々は追究せざるをえない。この問いに対して、たとえばキリスト教であれば、その根拠として「神」を立てるであろう。しかしそのような神を認めない仏教の唯識思想は、理がはたらく根拠を「真如」に求めるのである。あらゆる存在の本性（法性＝真如）が、存在を存在たらしめている法則、即ち理を有しているからこそ、「A有ればB有

り、A無ければB無し」という縁起の理がすべての存在を貫いてはたらいていると主張するのである。「縁起の理は甚深なり」という言葉がある。「因果必然」（ある原因は必ずある結果をもたらす）という表現もある。このような言葉や表現を自信をもって言明しうるためには、「真如は理を有している」という事実を自ら証する必要がある。

人間の「なぜ、なぜ」と問う悟性のはたらきには限界がある。その悟性による追究が終焉してしまう体験、それが「真如を証する」という体験である。

このように観待道理から始まって法爾道理に至るまでの四つの道理に基づいた観察は、我々は存在全体をいかに概念的に思考すべきであるか、どのように存在全体をいわば縦横に観察すべきであるかを示唆するすぐれた教説であると言えよう。また、まずは概念化された道理でもって諸存在を観察・思惟し、その実践の最後の最後に、真如、即ち究極の真理を証することになるという教説でもある。

とにかく、道理から入って真理に至るという日本唯識論書[17]で盛んに論じられる思想の源泉が、すでに『瑜伽論』にあることが判明した。

第二節　『成唯識論』における「真理」

次に『成唯識論』の検討に移る。

『成唯識論』では、次のように「真理」という語がいくつか使われている。[18]

①根本無分別智は親しく証二空所顕の真理を証する。

②然も契経に虚空等の諸の無為法有りと説くは略して二種有り。一には識変に依って仮に有と施設せり。（中略）二には法性に依って仮に有と施設せり。謂く、無我所顕の真如の有と無と倶と非との心言の路絶って一切法と一異等に非ず。是れ法が真理なり。故に法性と名づく。[19]

③然るに声聞等の身智在る時、所知障有り。（中略）彼に実に煩悩障尽所顕の真理たる有余涅槃無きに非ず。[20]

右記の文中の「真理」という漢語に対応する原語が何かが問題となるが、右の三文と、

④本来自性清浄涅槃とは謂く。一切法相の真如理なり。[21]

⑤此れ（円成実）は即ち彼の依他起上に於いて常に前の遍計所執を遠離せる二空所顕の真如を性と為す。[22]

などと比較することによって、明らかにこの真理は真如を意味していることになる。また④に「真如理」という表現もあることから、結論的に言えば、少なくとも『成唯識論』においては真理とは真如理を縮めて表現したものであると言えよう。

ところで、真如理という表現は『瑜伽論』巻第五八の次の箇所にも認められる。

問う。見道に昇った聖者の智行は何の相有るや。幾心に由るが故に見道究竟するや。云何んが当に見所断の惑を捨すること頓なるや漸なるや。答う。（中略）爾の時即ち先に世俗智によって観ぜられた諦中に於いて一切の想と相より皆な解脱を得て、戯論を絶した智は但だ其の義に於いて真如理を縁じ相を離れて而も転ず。[23]

この「真如理」に対するチベット語訳は de bẓin ñid[24] であるから、その原語は tathatā である。したがって、すでに『瑜伽論』において tathatā が「真如」に「理」を付して「真如理」と訳されていることが判明した。

以上の考察の結果、玄奘訳の論書（『瑜伽論』と『成唯識論』）においては、tathatā という語に対して文脈に応じて、あるいは訳文の語調のためか、適宜、「真如」「真如理」あるいは「真理」と訳を変えていることが判明した。[25]

そして、このうち「真理」という語は、『成唯識論』の中において一般化され、それ以後この語は、中国および日本において重要な考察の対象となったのである。

ただし、真理という語は、「真如理」が縮まって作られただけではないであろう。なぜなら、同じ玄奘の訳した論書（『倶舎論』、無性釈『摂大乗論釈』）の中で、tattvaが真理と訳されており[26]、また、真諦訳の論書（『摂大乗論』、世親釈『摂大乗論釈』）の中にも真理という語が認められるからである[27]。

第三節　『成唯識論述記』における「真理」

『成唯識論』の解説書である『述記』には、真理という語は次の三箇所に認められる。

①正に二空を障するは、謂く、我と法との執なり。余の障と余の惑とは是れ此の等流なり。故に真理に於いて但だ二空を説く[28]（『述記』巻第一本）。

②（円成実性とは）二空門に依る所顕の真理なり[29]（『述記』巻第九本）。

③頌に非不見此彼と説くは、要ず真理に達して依他を了するなり[30]（『述記』巻第九本）。

このうち②と③とは円成実性を説いた『成唯識論』の本文に対する解釈の箇所であり、明らかに円成実が真理と言い換えられている。円成実は真如であるから、

真理＝円成実＝真如

という公式が成立する。

①については、その前に次のような、「二空」を解釈する叙述がある。

智が空を縁じて起こるを所由門と為し、二の真如を顕すを二空の理と名づく。理の体は有なりと雖も、有を離れ空を離る。性是れ空なるには非ざれども、説いて二空と為すことは能顕に従って説く。梵に瞬若と言うは、如空と説くべし。瞬若多と名づけるは、如是れ空性なり。即ち是れ二空所顕の実性なり。故に空と言うは能顕に従って説く。二空の性なるを二空性と名づく。依士釈の名なり。真如は空なりと言うは、未だ理に善なるにあらざるが故なり。(31)

ここでは、「智」が能顕であり「理」が所顕であると、能と所とを対比させて解釈している。本文の「二空」というのは、智において我法の二が無いという能顕の側に立って説いているのであるが、実際は「二空性」あるいは「二空理」と言うべきものであり、所顕の「理」を意味している、と解釈しているのである。

この解釈の流れの中で、①の「真理に於いて但だ二空を説く」という一文の真理は、「二空の理」と言い換えることができる。二空の理とは二空所顕の真如であるから、「真如という理」を「真理」と言い換えたことがこれで判明する。このことは右の最後の、「真如は空なりと言うは、未だ理に善なるにあらざるが故なり」と説くことからもわかる。「真如空」と言うべきではなく、「真如理」と言うべきであると言うのである。

また、①の「真理に於いて但だ二空を説く」という所説と、『述記』巻第九末にある「二空に入りて真如の理を観ずると為す(32)」という所説とを比較すると、明らかに、

真理＝真如理

ということになる。

真如理という漢語に対するサンスクリットをあえて推定するとtathatā-yuktiであるが、そのような原語はなく、真如理という訳語に対する原語はtathatāである（前記した『瑜伽論』の例がある）。真如にあえて理という語を付加

したのは、中国において「理」という語を付したほうが真如が理解されやすかったからであろうか。事実、前に指摘したように『瑜伽論』において tattva を「理」と訳している例がある。

以上の『瑜伽論』における「理」と、『成唯識論』と『述記』とにおける「真理」とを考察した結果をまとめると次のようになる。

1、玄奘は、yukti, naya, nyāya などのサンスクリットに対して従来と同じく、古くから中国において重要な概念である「理」という言葉を用いて訳した。

2、しかし、そのようないわば現象的存在を支配する理の根拠とでも言うべき tattva あるいは tathatā を訳すにあたり、理の中でも「真なる理」という意味で「真理」という訳を当てた。

3、しかし、初期唯識論書であり、玄奘の早い時期の翻訳である『瑜伽論』においては、未だ「真理」という語は使われていない。ただし tathatā（真如）に理を付して「真如理」と訳している点は、すでに『成唯識論』に通じることである。究極的真理を唯識思想では tathatā と言うのであるが、それを単に真如と訳せば中国人にはなじみがない。そこで中国に従来からある「理」という語を付与して、「真如理」（真如という理。真如＝理）と訳したのであろう。

4、『成唯識論』とその注釈書である『述記』においては、すでにサンスクリットからの影響は希薄となり、真理、真如、真如理が同義語として考えられた。

第四節　日本撰述書における「真理」

以上のように『成唯識論』で一般化された「真理」という概念に対して、日本では「道理」という関係においてさらに深い考察が加えられた。その両者の関係如何の問題に入る前に、日本の唯識論書の中で明確に真如あるいは真如理が真理と置き換えられていることを指摘しておこう。

その典型を次の貞慶の『真理鈔』の一文にみることができる。

問う。法爾等の道理は真理に帰すと云う事、経論に誠文有るや。答う。爾なり。大論に云く。是れ真如性なり。四道理に由って道理を具する性なり云云。[33]

ここに引用されている大論即ち『瑜伽論』の一文は、すでに前に指摘したが、貞慶は真如性（tathatā）、即ち真如を真理という言葉で置き換えている。さらに真如が四道理を具する（有する・所有する）ということを「法爾等の道理は真理に帰す」と、即ち「道理から真理へ」という考えで『瑜伽論』の一文を解釈している点に注目すべきである。

また、『百法問答抄』巻八の次の一文から真如理を真理と捉えていることがわかる。

自性身とは（中略）不生不滅本来常住の真如の理なり。（中略）真理是れ如来の実身にして実身所具の四智所証の境なり。（中略）如来の実身は亦た真理を以って実性と為す。[34]

さて、貞慶は『真理鈔』という題の書を著したことからして、「真理」という語を重要視してその何たるかを深く考察した人物であることがわかる。ここで、貞慶は道理と真理との関係をどうみているかを『真理鈔』に探ってみよう。

まず基本的には、道理と真理とは存在的には不一不異であるという立場をとりながら、

　道理とは有為の事の上の共相なり。詮言・尋思に案立されるなり。共相は仮にして而も別体無し。真理は是れ無為の法性なり[35]。

と言って、両者を区別し、実践的には、言葉で語られた諸法の共相としての道理を手がかりとして真理に至ることを、即ち「道理を先と為して真理に入る方便」を強調する[36]。また「道理真理事」の項では、「未だ真理を証せざる前には、須らく道理を観ずべし」とも述べられている[37]。

そして、具体的に道理としては、四道理（観待・作用・証成・法爾）が、とりわけこの中でも法爾道理が大切であるとして、『瑜伽論』巻第二五の、「一切は皆な法爾を以って依と為し、一切は皆な法爾道理に帰す[38]」の一文を引く。さらには、「四種の中、法爾道理は根本に似る。且く其の理を思うべし」と強調している[39]。さらに道理の至極は中道という道理であり、唯識という道理であるとも強調している[40]。

とにかく、「共相の道理を以て観心の要とすべきである」というのが貞慶の主張である[41]。

次に『百法問答抄』にも、真理あるいは真如理という語が頻出する。

また「道理真理事」という項を特別設けて真理と道理の関係を考察しているが、貞慶と同じく道理と真理とは不一不異であるという立場が打ち出され、その理由として、「浅位の世間の了知する分を道理と名づけ、深位に至って思議の及ばざる分を真理と名づく。故に位を論ずれば異なるなり。彼の至を談ずれば余の法に非ず。故に是れ一なり[42]」と説かれるが、その論旨は貞慶と同じである。

また、良遍の代表作『観心覚夢鈔』にも、道理と真理との関係については言及されていないが真理という語は多

出する（空為門所顕真理、凝然真理、真理一味、など）。

このように鎌倉時代の代表的な唯識論書に限っても、日本においては、中国以上に真理という概念に考察の力を注ぎ、しかも『瑜伽論』に端を発した「道理と真理との関係」をさらに深く考究したところに思想的発展を認めることができる。

註

（1）『瑜伽論』巻第六四、大正・三〇・六五三下。
（2）註（1）の一文のチベット語訳は次の如くである。
tshul gyi don ni de daṅ de la ma nor ba ñid daṅ ji lta ba dṣin ñid daṅ phyin cima log pañid（デルゲ版・唯識部・Tshi・187a7）.
（3）「所知真如名如実性。能知真如名無倒性」（『瑜伽論』巻第九三、大正・三〇・八三三中～下）。
この一文に対するチベット語訳は次の如くである。
yaṅ dag pa ji lta ba ni śes bya de bṣin ñid kyi phyir ro／／phyin ci ma log pa ñid śes pa de bṣin ñid kyi phyir ro／／（デルゲ版・唯識部・Shi・260a4）
（4）『瑜伽論』巻第一六、大正・三〇・三六八上。相当するチベット語訳の箇所は、デルゲ版・唯識部・Tshi・215a7。
（5）四道理が次のように縁起と並んで道理であると説かれている。
「道理者、謂諸縁起及四道理」（『顕揚聖教論』巻第四、大正・三一・五〇一上）。
（6）『解深密経』巻第五、大正・一六・七〇九中。
（7）『瑜伽論』巻第二五、大正・三〇・四一九中、巻第三〇、大正・三〇・四五一下。
（8）法爾道理者、謂、如来出世、若不出世、法性安住、法住法界、是名法爾道理（『解深密経』巻第五、大正・一六・七一〇上）。
波線をほどこした部分のチベット語訳は、chos gnas par bya baḥi phyir chos ñid dbyiṅs gnas pa ñid（デルゲ

版・唯識部・Zi・94b5-6）であるが、これは「法に住するが故に法性界に住する」が法爾道理であると訳すべきか。いずれにしても漢訳と一致しない。漢訳では「法性に安住し、法住・法界に（安住する）」と安住を補って訳したのは、『瑜伽論』の四道理と同じく道理とよばれる縁起に関する次の一文による。

　問う。世尊の言うが如き、是の諸の縁起は我の所作に非ず、亦た余の作に非ずと。所以は何ん。若しくは仏の出世にも、若しくは不出世にも、法性・法住・法界に安住すと（『瑜伽論』巻第一〇、大正・三〇・三二七下）。

波線をほどこした箇所のサンスクリットは、sthitaiveyaṃ dharmatā dharmasthitidharmadhātur iti（*Y.Bh.*, p.229, l.8）である。

（9）『瑜伽論』巻第二五、大正・三〇・四一九中～下。「一切は皆な法爾道理に帰し」の一文は、サンスクリットにはない。

（10）『瑜伽論』巻第三〇、大正・三〇・四五一下～四五二上。

（11）*Ś.Bh.*, p.196, ll.6-8.

（12）『瑜伽論記』巻第六下、大正・四二・四四〇中。

（13）宇井伯壽博士はこの解釈に反対して「道理をして結びつくてだてというほどの意味であろう」と述べているが（『瑜伽論研究』一四六頁、岩波書店、一九五八年）、これには問題がある。

（14）『瑜伽論』巻第二六、大正・三〇・四二七下。

（15）*Ś.Bh.*, p.196, ll.6-8.

（16）yukty-upetā という合成語を、漢訳は「具道理性」即ち「道理を具する性」であり、upeta を「具」と訳している。このサンスクリットは、動詞 i に接頭語 upa が付されたもので、その過去分詞 upeta は、「伴った（accompanied by）」「具えた（furnished with）」「持つ（having）」「所有する（possessing）」という意味である。

（17）「道理から真理へ」ということについては、次の論文を参照。
間中潤「貞慶における道理真理説の考察」（『仏教学研究』第四二号、一九八六年）。

（18）『成唯識論』巻第一〇、大正・三一・五四下～五五上。

（19）『成唯識論』巻第二、大正・三一・六下。

(20)『成唯識論』巻第一〇、大正・三一・五五中。
(21)『成唯識論』巻第一〇、大正・三一・五五中。
(22)『成唯識論』巻第八、大正・三一・四六中。
(23)『瑜伽論』巻第五八、大正・三〇・六二五上。
(24)デルゲ版・唯識部・Shi・118a6.
(25)真実即ち tattva に「道理」を付加して訳した例には次のようなものがある。
「内正作意覚悟所知真実道理」(『瑜伽論』巻第一四、大正・三〇・三四九下)。

この箇所のチベット語訳は次の如くである。

so so raṅ śes byaḥi de kho na rtogs pa (デルゲ版・唯識部・Tshi・171b4-5).
(26)『倶舎論』の次の二箇所で tattva が真理と訳されている。
①最初証知諸法真理故名法智(『倶舎論』巻第二三、大正・二九・一二一中)。
②不見真理(『倶舎論』巻第二九、大正・二九・一五二中)。
ここでは tattva が真実と訳されていないのはなぜか。

なお、玄奘訳で tattva をやはり真理と訳している例を次の箇所にみることができる。

諸菩薩能発語言他引而転。不称真理十種分別。何以故。証会真理。若正現前不可説故(無性釈『摂大乗論釈』巻第四、大正・三一・四〇五中)。

波線の箇所に相当するチベット語訳は de kho na rtogs pa (デルゲ版・唯識部・Ri・229a4) であるから、「真理」の原語は tattva であったと推測される。
(27)次の真諦訳の論書の中に「真理」という語が見出される。
①能実覚了諸法真理(『摂大乗論』巻中、大正・三一・一二四中)。
②由観察法忍。菩薩能入諸法真理(世親釈『摂大乗論釈』巻第九、大正・三一・二一九上)。
③世無慧人能勝仏。具智通真理無余(『同』巻第一五、大正・三一・二七〇上)。
このうち、①に対応する玄奘訳『摂大乗論』では、「如実等覚諸法真義」となっており、これら二訳に対応する

チベット語訳は、

chos kyi de kho na ji lta bsin du mion du yaṅ dag par rtogs pa（デルゲ版・唯識部・Ri・27b-1）

であるから、真理あるいは真義に対応する原語は tattva（de kho na）であったと考えられる。これが正しければ、すでに真諦も、tattva という語に対して「真理」という訳語を当てていたことになる。したがって、真理が玄奘だけの創作ではないことになる。

ただ玄奘において、真理という語が重要視され始めた背景には、真如に理を付して「真如理」とし、そして、それから「如」を省いて真理と縮め、この語によって好んで真如を表すことにしたのであろうと推測される。

(28)『述記』巻第一本、大正・四三・二三五上。
(29)『述記』巻第九本、大正・四三・五四五上。
(30)『述記』巻第九本、大正・四三・五四七上。
(31)『述記』巻第一本、大正・四三・二三四下。
(32)『述記』巻第九末、大正・四三・五六八上。
(33)『日本大蔵経』法相宗章疏二・三九上。
(34)『日本大蔵経』法相宗章疏二・六九五上。
(35)『日本大蔵経』法相宗章疏二・四一下。
(36)『日本大蔵経』法相宗章疏二・四三下。
(37)『日本大蔵経』法相宗章疏二・三七下。
(38)『瑜伽論』巻第二五、大正・三〇・四一九下。
(39)『日本大蔵経』法相宗章疏二・三八上。
(40)『日本大蔵経』法相宗章疏二・四三下。
(41)『日本大蔵経』法相宗章疏二・四四上。
(42)『日本大蔵経』法相宗章疏二・六〇七上。

第二章 「真理」を表す語

第一節 真理の二面性

第一項 「所知の真理」と「能知の真理」

究極的真理は本来一つでなければならない。否、一つとも言えない。なぜなら唯識的に言うならば、究極的真理は言葉では語れない不可言説的なものであるからである。

とはいえ、それを概念的に理解するためには、それを言語化せざるをえない。したがって唯識においても、我々の通常の認識が、いわば客観と主観との二元対立の構造をしていることになぞらえて、真理を「客観としての真理」と「主観としての真理」とに分けて考える。この態度は、たとえば、『瑜伽論』巻第九三で[1]、真如を所知と能知とに分けて次のように定義していることに端的に表れている[2]。

所知真如――如実性
能知真如――無倒性

このように唯識思想においては、真理は「認識される客観としての真理」と「認識する主観としての真理」とに分けて捉えられていることが判明した。

ところで、これまで真理という表現を使ってきたが、この真理という語は『瑜伽論』には見当たらない。前述したように、『成唯識論』やその注釈書である『述記』で頻繁に使われ始めた「真理」という語は、「真如理」（真如という理）を縮めたものであると考えられる。したがって『瑜伽論』に関する限り、真理という語は適用すべきではなく、むしろ右にも引用したように、真理にかわる真如という語を用いるべきであろう。しかし右の引用文には能知真如とあるが、真如は後にみるように主として認識される側、即ち「所知の真如」という意味合いが強く、『瑜伽論』においては、所知と能知との両者を含めたより広い意味での、いわゆる真理を表す語としては「真実」がある。ここでまず、『瑜伽論』にみられる「真実」という概念を考察することによって、『瑜伽論』において「真実」が、即ち真理がどのように捉えられているかを解明してみよう。

その際、前述したように真理が所知と能知の二つに分けられることから、真理を「所知の真理」即ち「認識される真理」と「能知の真理」即ち「認識する真理」という両側面に分けて、まずそれぞれを詳しく検討してみよう。その前に、真如即ち真実（tattva）を「認識される側」と「認識する側」との二つに、即ち「所知」と「能知」との二つに分けて考察することが『瑜伽論』の中でどのように展開したかを検討してみよう。

もともとこの tattva という語は、認識される側の真実（所知としての真実）を表す言葉であった。たとえば、『瑜伽論』「本地分中聞所成地」では、tattvaとは真如と四聖諦であると説かれ[3]、また「本地分中菩薩地真実義品」でも所知障浄智所行真実として真如が、煩悩障浄智所行真実として四聖諦が説かれている[4]。

しかし、「本地分」においてもすでに真実に対して「能観の真実」（yena tattvaṃ paśyati）と、「所観の真実」

（yaṃ tattvaṃ paśyatiyam）との二つに分け、真実が能と所との関係のもとに考えられている。[5]

ところで、tattvaをより広義に解釈せんとする態度は「摂決択分」になって表れてくる。即ち、「摂決択分中菩薩地」に「真実義を了知せんと欲せば、先ず五事あるを了知すべし[6]」と言い、相・名・分別・真如・正智の五事をtattvaとみなすに至った。このうち前の相・名・分別の三つは迷いの世界に、後の真如と正智とは悟りの世界に属するが、前の三つをも真実とするのは、迷いそのものをも迷いとしての真実であるとみなす立場である。またさらに「真実義を了知せんと欲せば、三自性に於いて復た応に観を修すべし[7]」と言い、三自性をtattvaと考えるに至った。

このように真実を三自性との関係で捉える態度は、『大乗荘厳経論頌』「述求品[8]」と、さらには『中辺分別論頌』第三章「真実品」の所説[9]（十種の真実を列記して最初の根本真実は三自性であると説く）に引き継がれていくのである。

真実を所知と能知とに大別する立場は、五事（相・名・分別・真如・正智）という存在分類法の中にも表れている。この五事のうち、いわば真実の悟りの世界に属するものは真如と正智とであるが、このうち前者が「所知の真実」（「所知の真理」）、後者が「能知の真実」（「能知の真理」）にそれぞれ相当する。

同じ思考の流れの中で、『大乗荘厳経論頌』の「真実品[10]」では、真実が「第一義」と「第一義智」の二つの側面から考察されている。このうち前者が「所知の真実」（「所知の真理」）、後者が「能知の真実」（「能知の真理」）にそれぞれ相当する。

また、『瑜伽論』に端を発した、真実を三自性の関係で捉えようとする立場は、三自性の中でも、完成された真実、即ち円成実性を所知と能知とに分けて考える立場を生み出した。この典型を『中辺分別論頌[11]』で、円成実性を不変異（nirvikāra, ananyathā）と不顚倒（aviparyāsa）との二つの様態をもつものとして捉えていることにみることができる。

このように真実・真如を所知と能知とに分けて、それぞれのありようがどのようなものであるかという考察の源泉は、すでに指摘したように『瑜伽論』巻第九三の次の一文にある。

> 所知の真如を如実性（yaṅ dag pa ji lta ba）と名づけ能知の真如を無倒性（phyin ci ma log pa ñid）と名づく。(12)

のちに検討するように、所知＝真如、能知＝智（正智・無分別智）であって、真如は所知にあたるものであるが、ここでは能知までもが真如と言われているのはなぜであろうか。ここでは、真如が所知と能知の二領域を含む「あるがままにあるもの」を意味する広義の意味に用いられていると解釈できるであろう。

このような解釈が可能であれば、「所知」としての「あるがままにあるもの」のありようが「如実性」であり、「能知」としての「あるがままにあるもの」のありようが「無倒性」である、と右の一文は述べていることになる。ところでこの如実性と無倒性とは、これもすでに指摘したように、『瑜伽論』巻第六四にある理についての定義の中に出てくる。ここでは理のありようとして、「無顚倒性（ma nor ba ñid）」、「如其実性（ji lta ba bṣin ñid）」、「離顚倒性（phyin ci ma log pa ñid）」の三つが述べられているが、(13) ここで巻第九三にある次の一文、即ち、

> 又た此の理に称う因果の次第が無始時来展転して安立するを名づけて法性と為し、（中略）所知の実性なるが故に真性と名づけ、如実智の依処性に由るが故に無倒性（ma nor ba ñid）・非顚倒性（phyin ci ma log pa ñid）と名づく。(14)

を考慮に入れると（チベット語訳をも考慮に入れる）、右の理の三様態のうち、無顚倒性と離顚倒性とが能知の真実の様態にあたることになる。

これまでの考察をまとめると、次のようになる。

所知真如――如実性（yaṅ dag pa ji lta ba=yathābhūta）
能知真如――無倒性（phyin ci ma log pa ñid=aviparyāsatā）
所知の実性――真性（de kho na ñid=tattva）
如実智の依処性――無倒性（ma nor ba ñid=avitathatā）・非顛倒性（phyin ci ma log pa ñid=aviparyāsatā）

所知と能知のうち、「所知」即ち「認識されるもの（対象）」の「あるがままのありよう」（真如・実性）は如実性（yathābhūta）、あるいは真性（tattva）と言われ、「能知」即ち「認識するもの」の「あるがままの正しいありよう」は無倒性（aviparyāsatā, avitathatā）、あるいは非顛倒性（aviparyāsatā）であると説かれていることが判明する。

所知の真実（真如・実性）とは「認識されるものとしての真実」であり、そのようなもののありようが「実の如くにある」（yathābhūtatā・如実性）と定義される。「実の如くにある」とは、何も色づけされず、加工されず、あるがままにある、ことである。そのようなありようをしたものを真如とよぶのである。

これに対して、能知の真実（真如）とは「認識するものとしての真実」であり、そのようなもののありようが「認識的に間違っていない」（avitathatā・無倒性・無顛倒性、aviparyāsatā・非顛倒性・無顛倒性）と定義される。(15)

もともと真実即ち tattva は、「それたるもの」という意味である。ところが我々はその「それたるもの」に対して、まずは感覚によってそのありようを変形して把握し、さらに思いや言葉を付与して、いわば加工し色づけして、もとのありようから雲泥ほどにも相違したものとして認識しているのである。したがってそのようにいわば変形されたもののもとの「それたるもの」を把握することが要求される。それが所知の真実を説く目的である。

「それたるもの」は当然、認識する側のありようをも意味する。むしろこの認識する側のありようをもとの「それたるもの」に戻すことがまずは要求される。なぜなら、たとえば鏡に映る事物の影像が実物と相違するのは、鏡面が曲がったりその表面が塵で汚れたりするからであり、間違った影像をもとの真実の像に戻すためには、鏡面そのものをもとの平らで清浄な状態に戻すことが必要であるからである。

したがって汚れた鏡面に喩えられる「識」のありようを、清浄な鏡面に喩えられる「智」のありように変化せしめることが要求される。これが能知の真実を説く目的である。

このように我々は「所知真実」「能知真実」という言葉から、生きる上においての肝要事を学ぶことができる。

第二項　真如と無分別智

具体的に認識される現象（戯論世界）は二元対立的構造を有している。即ち、「認識される客観」と「認識する主観」とから成立している。唯識的表現をすれば、「所取」と「能取」から成り立っている。

いま真理を論ずる場合も、この二元的構造が当てはまる。結論から言えば、唯識的真理は次の二つの側面を有する。

┌真如（認識対象）――所取――境――所縁
└無分別智（認識作用）――能取――智――能縁

認識は、認識される側の「認識対象」と認識する側の「認識作用」から成り立つ。これを真理状況に限って唯識的に言えば「智が境を縁じる」、さらに詳しく言えば、「無分別智が真如を縁じる」と言える。即ち認識対象が真如であり、認識作用が無分別智（無分別智以外にもさまざまな表現があるが、真如を縁じる智の総称としてはこの無分別智がその代表である）である。ここで真如が認識対象（境・義）であることを述べた叙述、および真如とそれを認識する智とが列記された叙述を『瑜伽論』の中で確認しておこう。

①初静慮を亦有尋有伺と名づく。尋伺処法に依って真如を縁じて境と為して此の定に入るが故に[16]。分別の現行に由らざるが故に（『瑜伽論』巻第四、大正・三〇・二九四下）。

②復た真実義随至有り。謂く、一切の無量の法の中に於いて遍く随至する真如及び彼に於ける智となり[17]（『瑜伽論』巻第一三、大正・三〇・三四五下）。

③復た次に、修観行者は阿頼耶識は是れ一切戯論に摂せられる諸行の界であるを以っての故に、彼の諸行を略して阿頼耶識中に於いて総じて一団・一積・一聚と為し、一聚と為し已って、真如の境を縁じる智に由って[18]修習・多修習するが故に転依を得る（『瑜伽論』巻第五一、大正・三〇・五八一下）。

④爾の時、即ち先に世俗智によって観ぜられた諦中の一切の想と相に於いて皆な解脱を得、戯論を絶した智は但だ其の義に於いて真如の理を縁じて[19]相を離れて転ず（『瑜伽論』巻第五八、大正・三〇・六二五上）。

⑤正智は唯だ勝なり。真如を所行の義と為すが故に（『瑜伽論』巻第七二、大正・三〇・六九八上[20]）。

これらの叙述のうち、とくに④の叙述に注目してみよう。この一文は見道に昇った者の智のありようを語ったものであるが、このうち波線の部分の「戯論を絶した智は但だ其の義に於いて真如の理を縁じて」に、心が「認識されるもの」と「認識するもの」とに二分化され、さらに言葉によってAと非Aとに二分化された世界（戯論の世界）を絶した心（智）が真如を認識する、と説かれている（真如理の理は漢訳する際に付与されたもので原文にはないことはすでに指摘した）。そしてその前の「先に世俗智によって観ぜられた諦中の一切の想と相に於いて皆な解脱を得」という文をも考慮に入れると、「見道に入る以前には四諦を観察するのであるが、そのときには苦諦に対して苦を苦であると、ないし、道諦に対して道を道であると言葉でもって分別して観察する（nam par dpyad pa, vi-car）。しかし、見道に入った刹那にそのような心の中から一切の言葉や思いや感覚（想と相とを言葉・思い・感覚という三語によって解釈した。想と相とのチベット語訳は hdu śes と mtshan ma であるから、原語はそれぞれ saṃjñā と nimitta であろう）が滅してただ真如のみが対象となる」という意味が述べられている。即ち見道以前の観察の対象は四諦であり、智は世俗智、即ち分別智である。これに対して見道における観察の対象は真如であり、智は（④の文中には述べられてはいないが見道以前のありようと対比させて）勝義智、即ち無分別智であるということになる。見道以前と見道との違いをまとめると次の如くになる。

見道以前――四諦――世俗智――分別智
見道――――真如――勝義智――無分別智

ここで、真如を対象とする、即ち縁じる智が無分別智であるということを『瑜伽論』の所説で確認しておこう。『瑜伽論』巻第七四では、「能く真実義を取る慧は是れ無分別なり」という問題に関して、次のような問答がなされている。

> 云何んが当に無分別慧を知るべし。答う。所縁の境に於いて加行を離れるが故に、此の所縁の境は有と無との相を離れた諸法の真如なり。即ち此れも亦た、是れ、諸の分別を離れたり。先の勢力に引発せらるるに由るが故に、加行を離れると雖も、若し真如に於いて等持に相応する妙慧が生じる時、所縁の相に於いて能く現照取する。是の故に此の慧を無分別と名づく。[21]

即ち、真実義である真如という対象を認識する慧のありようは無分別であり、そのような無分別慧は諸法の真如を認識の対象（所縁境）としているという。ここで明らかに、「真如」と「無分別慧（無分別智）」とが真理状況を構成する二要素を表す概念として用いられている。

しかし、『瑜伽論』ではこのように見道において根本無分別智で真如を認識するということだけではなく、真如、あるいはそれに相当するいわば真理・真実を対象とする智がさまざまな語で表現されている。これについては後述する（四一～四三頁参照）。

第二節　認識される客観としての真理（所知の真理）

第一項　漢訳「真実」の種々の意味

『瑜伽論』では、のちに述べるように、最終的には究極の真実として真如と無分別智が考えられるに至ったが、そのような真実を表すサンスクリットは tattva である。しかし、「真実」という漢訳に対応するサンスクリットは他にもいくつかある。まずそれらを考察することによって、逆に「tattva としての真実」が他の真実とどのように相違するかを解明してみよう。
『瑜伽論』における「真実」に相当する原語を調べてみると、
　bhūta, tattva, paramārthaḥ, sāra, pariniṣpanna, sad, sadbhāva, sadbhūta
などがある。[22] 以下これらの語の意味を考えてみよう。

（i）bhūta について

（a）「顕示真実功徳」（巻第四〇、大正・三〇・五一一下）

「讃揚真実功徳」（巻第四〇、大正・三〇・五一三下）

（b）「真実菩薩」（巻第四六、大正・三〇・五四九中）

（c）「讃説真実鹿牛馬象」「発起真実鹿等勝解」（巻第四六、大正・三〇・五四五上）

「真実骨鎖」（巻第三〇、大正・三〇・四五二中）

（d）「謂若有余於増上戒毀犯尸羅於増上軌毀犯軌則由見聞疑能正諫挙真実不以虚妄」（巻第二五、大正・三〇・四一七下）

（e）「真実正行」（巻第八二、大正・三〇・七五七中）

以上の真実の原語はすべて bhūta である。

このうち、（a）の真実は「真の功徳」という意味の形容詞である。

（b）の真実は「相似の菩薩」に対比される「真の菩薩」という意味である。

この二例の真実は、虚偽や間違いや嘘などに対比される「本当の」「真の」という意味の「形容詞」である。ちなみに（a）（b）いずれの真実に対するチベット語訳も yaṅ dag pa である。

（c）の真実は、心の中に作り出す影像（pratibimba, pratibhāsa）ではなくて、「実際に有る実物の」鹿、あるいは骨鎖などという意味で、やはり形容詞である。

（d）の真実は「人を諫めるに、真実を以って挙げ、虚妄を以ってはしない」ということであり、この場合の真実は「本当のこと」「本当の事実」という名詞である。ちなみに、この語に対するチベット語訳は bden pa である。

（e）の真実のチベット語訳は yaṅ dag paḥi sgrub pa である。このうち yaṅ dag pa が形容する sgrub pa を正行と訳しているように、この場合の真実は「真の、正しい」という意味に解釈すべきであろう。

（ii）paramārthaḥ について

「是名真実出家」（巻第二九、大正・三〇・四四七中）

この真実のチベット語訳が、don dam paḥi sgo nas であることから、この場合の真実は「本当の意味で」という副詞になる。

（iii）sāra について

「又諸菩薩殷重遍体於其施等無量善法唯見功徳唯見真実唯見寂静」（巻第四三、大正・三〇・五三二中〜下）

sāra の意味（チベット語訳 sñiṅ po）と前後の文脈から、この場合の真実は、「本質」「真髄」という意味の名詞である。

（iv）pariniṣpanna について

（a）「若法自相安住此法真実是有」（巻第六、大正・三〇・三〇四下）

pariniṣpanna は三自性の中の円成実性の円成実にあたる語であるが、ここでは「真実有」と訳されるように、この pariniṣpanna は、「真に有る」という意味である。

（b）「受用正法者有真実楽」（巻第五、大正・三〇・二九九下）

この場合の真実は「真の」という意味で、先に出したbhūtaの（a）に近い意味と捉えるべきであろう。

（c）「真実究竟解脱」（巻第八五、大正・三〇・七七三下）

この箇所にはサンスクリット原文はないが、そのチベット語訳がyoṅs su grub pa daṅ yoṅs su mthar thug paḥi rnam par grol baであることから、この真実にあたる原語はpariniṣpannaであろう。したがってこの場合の真実も「真の」「本当の」という意味であるが、究竟とともに使われていることを考えると、「完成された、成就された」という意味での「真の」というニュアンスが強い。

（v）sad, sadbhāva, sadbhūtaについて

（a）「撥因撥果或撥作用壊真実事（sadbhāvaṃ vastu）」（巻第八、大正・三〇・三一三下）

（b）「謗因謗果誹謗功用謗真実事（sad-vastu）」（巻第八、大正・三〇・三一七上）

（c）「不損減諸真実有（sadbhūta）」（巻第一、大正・三〇・二八〇下）

いずれも「真に有る」という存在性を意味している。

（e）「真実（sad）福徳遠離対治」（巻第八、大正・三〇・三一五中）

これは、不実福徳遠離対治に対比されており、このsadに対するチベット語訳はbzaṅ po（善い）であることを考慮すると、この真実は「真の善い」という意味に捉えるべきであろう。

以上の考察の結果、『瑜伽論』にみられる漢語「真実」の意味（以下に検討するtattvaの意味での真実は含めない）をまとめると次のようになる。

形容詞　bhūta（本当の、真の）（正しい）（実際に有る実物の）

sad（真に有る）
sadbhūta（真に有る）
sadbhāva（真に有る）
sad（善い）
pariniṣpanna（本当の、真の）
名詞 bhūta（本当のこと・事実）
sāra（真髄）
sadbhūta（真に有るもの）
副詞 paramārthaḥ（本当の意味で）

以上をまとめると、「真実」には次のような意味がある。
1、「虚偽」の反対の「真実」、あるいは不正の反対の「正しい」という価値的意味。
2、「実際にある、真にある」という存在性の意味。
3、「本当のこと、事実」という意味。
4、「真の意味で」という意味。

ところで、このような意味をもつ「真実」は真理考察においては二次的な概念である。真理とは何かを考える場合には、根本的には『瑜伽論』の中でとくに重要視されている「tattvaとしての真実」を詳しく考察する必要がある。

次に、その tattva の検討に移ろう。

第二項　所知について

一、『瑜伽論』における所知

真知とは「知られるべきもの」、即ち「所知」の究極である。それは所知のいわば一番奥にあるものである。したがって、そこに至る途中にもいくつかの知られるべきものがある。では、そのような意味での「所知」とは何かについて考察してみよう。

『瑜伽論』巻第一六において、「知られるべきもの」（所知 śes bya=jñeya）が「観察されるべきもの」（所観察義 brtag par byaḥi don=pratyavekṣitavya-artha）と言われ、それらが具体的に何であるかが詳説されている。(23)

このうち、まず、観察するということがどのようなことであるか。これに関して、

有るものを有ると、無いものを無いと知ることが観察の意味である。

と述べている点に注目すべきである。そして、観察すべき「有るもの」と観察すべき「無いもの」とが次のように説かれる。

（i）「有るもの」…①自相として有るもの、②共相として有るもの、③仮相として有るもの、④因相として有るもの、⑤果相として有るもの

（ii）「無いもの」…①未生無、②已滅無、③互相無、④勝義無、⑤畢竟無

『瑜伽論』において所知が何であるかという定義はいくつかの箇所に認められるが、それらによって所知がどのようなものとして考えられているかをまとめてみよう。

（1）　所知の原語は jñeya であり、それは「知られるもの」を原意とする。しかし厳密には、「知られるべきもの」（所応知事）という意味を裏にもった「知られるもの」と言うべきであろう[24]。なぜなら我々のいわば散乱心でもって知られる種々の「知られるもの」は、実は実際には存在しない遍計所執としての存在であって、本来的には知られるべきものではないからである。我々はまずこの遍計所執のとらわれから解脱して依他起の心の世界に立ち返る必要があるが、それは定心を起こすことから始まる。そして定心の深みに応じて智心即ち種々の慧心が生じ、それによってますます依他起の世界をいわば横に（尽所有性）そして縦に（如所有性）徹見して、最後に究極の智慧でもって円成実即ち真如を悟るに至るのである。この過程において依他起と円成実との両者が「知られるべきもの」即ち「所知」であり、したがって所知とは「智（慧、智慧）によって知られるもの」ということになる。

智と所知とが対比され、智即ち慧によって一切の所知が縁じられるということが、次の一文に端的に述べられている。

四法有り、能く一切の所知及び智とを摂す。謂く、身及び聞思修を増上とする念住を以って依止と為して身境を縁ずる慧なり。身及び身境を縁ずる慧の如く当に知るべし、受心法及び受心法境を縁ずる慧も亦た爾なり[25]。

すなわち、まとめると次のようになる。

一切所知——身・心・受・法の四境
智————四境を縁じる慧

また、四念住によって一切の所知の辺際を知るべきであることが次のように説かれている。

又た四念住に由って応に一切の所知事の辺際を知るべし[26]。

このように四念住という修行方法がとくに重要視されているが、それは四念住によって心のすべての領域が観察対象になると瑜伽行派は捉えるからであろう。これに関して次のように説かれている。

問う。世尊は唯だ当に心に於いて深く善く勇猛に如理に観察すべしと言い、念住の中、要ず当に身に於いて身循観に住すべし、乃至、法に於いて法循観に住すべしと説くが如く、此れ何の密意なるや。答う。四念住は唯だ心を観察するを顕さんが為の故なり。謂く、心執受を観じ心領納を観じ心了別を観じ心染浄を観じ、唯だ心所執受・心所領納・心了別境・心染浄を観察せんが為の故に四念住を説く[27]。

この中の波線の「四念住は唯だ心を観察するを顕さんが為の故なり」というのが、四念住に対する唯識的解釈である。

さらに、四念住と所知事との関係について次のような一文がある。

又た二法有り、現観を修するに於いて極めて障礙と為る。何等を二と為すや。一には不正尋思所作の擾乱心にして安静ならざるなり。二には所知事に於いて其の心顚倒するなり。是くの如き障礙を対治せんと欲する為に、当に知るべし、二種有りて所縁境に於いて其の心を安住せしむ。謂く、第一の障を対治する為の故に阿那波那念を修し、第二の障を対治する為の故に諸念住を修す[28]。

このように、四念住を修して所知事に対する心の顚倒をなくすことが説かれている。

ここでは、阿那波那念は心の情的な乱れ（擾乱心・心不安静）を静めるはたらきがあるのに対して、四念住は心の知的な迷いをなくすはたらきがあると説かれている。

このように、「念」には心の知と情との両面の障害を滅するはたらきがあるのである。総じて言えば、阿那波那念は成りきる念、四念住は観察する念と言うことができよう。

（2）『瑜伽論』巻第六九の「摂決択分中声聞地」に至って、五面からの詳しい所知の検討がなされている。

復た次に五種の相に由って所知の諸法の差別を建立する。何等を五と為すや。一には事に由るが故に。二には品業の差別に由るが故に。三には智の依処の差別に由るが故に。四には智の差別に由るが故に。五には余智を摂する差別に由るが故に。(29)

このうち一については、さらに「云何んが事に由るが故に。謂く、略説すれば一切の有為と無為とを所知事と名づく」と説かれることから、所知事は有為と無為とに大別される。即ち、「現象的なもの」（有為）と「非現象的なもの」（無為）との両者を対象として知らなければならないことになる。

これに関して、有為と無為という語は使用されていないが、次の一文も参考となる。

若し見聞覚知しない所知義の中に於いて所有る無智を無解愚と名づけ、若し見聞覚知する所知義の中に於いて散乱失念する所有る無智を放逸愚と名づく。(30)

この中の「見聞覚知する所知義」が「現象的なもの」（有為）であり、「見聞覚知しない所知義」が「非現象的なもの」（無為）にあたると言えよう。

全存在を「横の存在」と「縦の存在」とに分けた場合、前者が有為であり後者が無為であるが、このような両方向への観察の眼が、最終的には所知を「尽所有性」と「如所有性」との二つにまとめる結果となった。このうち前者は「存在する限りの存在」であり、後者は「あるがままに存在する存在」であるが、この両者をそれぞれ対象とする智慧は相違することになる。

とにかく、所知の「知」は、我々が普通に「知る」という知り方ではなくて、あくまで物事の真実のありよう（真実義）を知ることであり、その知は「智」あるいは「慧」と言われるものである。これについては次の叙述が参考となる。

云何んが菩薩の清浄慧なるや。当に知るべし、此の慧に略して十種有り。真実義に於いて二種の慧有り。謂く、尽所有性及び如所有性に由って真実義を取るが故に[31]。

二種の慧はいずれも「清浄」であることが要求されている。ここでは二種の慧はその前に説かれる「周備慧」と「微細慧」とである。まとめると次のようになる。

┌周備慧（nipuṇā prajñā）――尽所有性
└微細慧（sūkṣmā prajñā）――如所有性

nipuṇā には「〜に巧妙な、〜に熟達している、〜を熟知した」「完全な」などの意味があることから、尽所有性即ち有為に対しては「完全に熟知した（nipuṇā）智慧」が要求され、如所有性即ち無為（＝真如）に対しては「微細（sūkṣmā）な智慧」が要求されている。

（3）「知るべきもの」を知るに至るために、まず何から出発すべきか、何を手がかりにすべきか、ということに関しては、「声聞地」において、「三摩呬多地」の毘鉢舎那行の対象として説かれる「所知事同分影像[32]」（jñeya-vastu-sabhāgaṃ pratibimbam）の所知事が何かを考察することによって判明する。

それによれば、所知事とは次のようなものである。

不浄、慈愍、縁性縁起、界差別、阿那波那念、蘊善巧、界善巧、処善巧、縁起善巧、処非処善巧、下地麁性上地静性、苦諦・集諦・滅諦・道諦。

これらの列記は組織的に立てたものであるかどうかは定かではないが、「此の所知事は、或いは教授・教誡に依る、或いは正法を聴聞するを所依止と為す[33]」と説かれていることから、「所知事」に至る過程は、まずは、釈尊によって説かれた教法を聴聞する、あるいは師から教法を教わることによって、「それら教法に随って、知られるべきものの概念あるいは観念」（＝所知事同分影像）として心の中に現前せしめ、それを毘鉢舎那の心で観察することから始められるのである。

聴聞した法、あるいは師から教えられた法を観念（相）として心の中に現前せしめて、それを対象として観察することは、次の一文の波線をほどこしたところにも説かれている。

云何んが心一境性なるや。謂く、数数随念に同分なる所縁を有し、流注と無罪とに適悦相応して心を相続せしむるを三摩地と名づけ、亦たは名づけて善の心一境性と為す。何等を名づけて数数随念と為すや。謂く、正法を聴聞し受持し、師に従って教誡教授を獲得する増上力の故に其の定地の諸相を現前せしめ、此れを縁じて境と為し、流注と無罪とに適悦相応する所有る正念が随転し安住するなり。[34]

この一文には、心の中の対象、即ち所縁を「観察」する心が「心一境性」「三摩地」とよばれ、その具体的内容が「念」であることが説かれている。

（4）前に（3）において所知事は有為と無為の一切にわたるということが判明したが、このことは、次の二文からもさらに確認することができる。即ち、

復た次に云何んが所縁の差別なるや。謂く、相の差別なり。何等を相と為すや。略して四種なり。一に所縁相、（中略）所縁相とは謂く、所知事の分別の体と相なり。[35]

と説かれる中、「所知事の分別の体と相」を『瑜伽論略纂』の、「分別の体とは能縁の心心所、分別の相とは所縁の相分なり。見相二分ともに定心の所縁となる[36]」という解釈にしたがうならば、見分であろうと相分であろうと、心の中に生じる一切の「相」を対象とすることになる。「所縁相は具に一切を摂す[37]」と、所縁の相は一切を含むことが

端的に説かれている一文もある。

（5）　所知事は有為と無為の一切にわたるということは、「菩薩地」と、そして「摂決択分」とにおいて、所知が如所有性と尽所有性という概念を用いて考えられていることからもわかる。以下、これに関する文を列記してみよう。

①修瑜伽師には唯だ爾所の所知の境界有り。所謂、語義と及び所知事の尽所有性と如所有性となり。(38)

ここでは、瑜伽師によって知られるもの、即ち瑜伽師の所知は、語義と所知事の尽所有性と如所有性とであると言う。尽所有性と如所有性との他にさらに語義が加わり、語られた教えの意味をも知ることが要求されているという点に注目すべきである。

②云何んが真実なるや。謂く、略して二種有り。一には如所有性に依る諸法の真実性なり。二には尽所有性に依る諸法の一切性なり。(39)

③真実義に於いて二種の慧有り。謂く、尽所有性と及び如所有性とに由って真実義を取るが故なり。(40)

④微細慧は如所有性をもって所知に悟入し、周備慧は尽所有性をもって所知に悟入する。(41)

⑤問う。諸の菩薩の慧とは云何ん。答う。所知の境に於いて如所有性に通達するが故に。問う。諸の菩薩の智とは云何ん。答う。所知の境に於いて尽所有性に通達するが故に。(42)

このように、所知という概念が、明確に尽所有性と如所有性と結びついて説かれている。(43)

以上①から⑤までにみてきたように、「所知」即ち「知られるべきもの」としてさまざまのものが考えられているが、「究極的な知られるべきもの」とは、当然「真如」である。これに関しては、次の一文が参考となる。

善く所知を観察する果相とは、謂く、此れ転依なり。是れ善く所知の真実なる所知の真如に通達する果なり。(44)

ここでは、「所知の真実(45)」が即ち「所知の真如」であると明確に言明されている点に注目すべきである。

ここで、『瑜伽論』では所知を正しく如実に「認識するもの」として、どのような智、慧、あるいは心のありようが説かれているかを検討してみよう。そのようなものとして次のようなものが説かれている（「認識するもの」→「認識されるもの」と表現した）。

①法住智（dharma-sthiti-jñāna）→諸所知事（vastu）(46)

②善清浄出世間智（suviśuddha-lokottra-jñāna）→所知諸法(47)

所知諸法にあたるサンスクリットは dharmān である。したがって、ここの所知は原語にはない付加語である。

③舍奢摩他・毘鉢舍那→所知境界(48)

所知境界のチベット語訳は śes bya であるからサンスクリットは jñeya である。

④従他聞音・内正思惟・長時修習止観→所知(49)

所知にあたるチベット語訳は śes bya(50) であるから、ここの所知は jñeya である。所知を覚悟する原因に三種、即ち、他から聴聞する、心の中で思惟する、長く止観を修する、という三種が説かれているが(51)、右の③の所説と考え合わせると、止観を修することが所知を如実に覚了・覚悟する重要なはたらきであることがわかる。

⑤内正作意→所知真実道理

所知真実道理はチベット語訳では śes byaḥi de kho na(52) であるが、チベット語訳よりすれば、サンスクリットは jñeya-tattva（所知真実）と考えられるから、真実（tattva）に「道理」を付加して訳していることが判明する。

⑥増上慧学→四聖諦相所知理(53)

四聖諦相所知理のチベット語訳は、bden pa bṣiḥi mtshan ñid śes par bya baḥi de kho na ñid であるから、tattva（de kho na ñid）を「理」と訳していることが判明する。

⑦増上慧学→所知境(54)

この箇所の所知境のチベット語訳は śes par bya ba(55) であるから、サンスクリットは jñeya(56) である。

⑧定心（奢摩他・毘鉢舍那）中慧→所知境(57)

この箇所の所知境のチベット語訳は śes bya(58) であるから、サンスクリットは jñeya である。

⑨信根・精進根・念根・定根・慧根の五根→真実(59)

真実のチベット語訳は de kho na(60) であるから、サンスクリットは tattva である。

⑩智所依義である増上心学→所知事(61)

所知事のサンスクリットは jñeya-vastu(62) である。

右の⑥⑦⑩には、増上心学、即ち定を修することによって得られる智慧（増上慧学）によって所知を如実に智見することができると説かれる。増上心学は増上戒学によってもたらされるのであるから、戒・定・慧と展開する三学がいかに大切であるかがわかる。

⑪奢摩他所熏習心→所知事境(63)

所知事境のサンスクリットは jñeya-vastu(64) である。

⑫一切煩悩畢竟離繫→所知事(65)

所知事のサンスクリットは jñeya-vastu(66) である。

⒀牟尼→所知境(67)

所知境のサンスクリットは jñeya(68) である。

⑭（毘鉢舎那の清浄による）智見→一切所知(69)
一切所知のサンスクリットは sarvatra jñeye(70) である。
⑮菩薩自性慧→一切所知(71)
一切所知のサンスクリットは sarva-jñeya(72) である。
⑯菩薩の随覚通達慧→所知における真実→一切所知辺際(73)
於所知真実のサンスクリットは jñeye tattva(74)、一切所知辺際のサンスクリットは jñeya-paryanta(75) である。
⑰周備慧→所知の尽所有性
微細慧→所知の如所有性(76)
⑱広大倶生慧眼→一切種如実所知(77)
一切種如実所知のサンスクリットは sarvākāra-yathābhūta-jñeya(78) である。

以上みてきたように、『瑜伽論』においては、所知に関して多角的に考察されている。これは、「いかに生きるか」という人間の生き方を結論づける前に、「一体何か」という問題を解決しなければならないという瑜伽行唯識派の基本的姿勢があるからであろう。『瑜伽論』ほどに「一体何か」を追究した論書は他に類をみないのではないか。

なお、⑭⑮⑯にある「一切所知」（sarva-jñeya）という語は『瑜伽論』の他の箇所にも多出し、「一体何か」の追究は、知られるべきものの全体に及んでいることが『瑜伽論』の特徴である。後述するように『婆沙論』や『倶舎論』の阿毘達磨論書には、この姿勢は希薄である（「一切所知」という表現は『婆沙論』にはなく、『倶舎論』には一箇所認められるだけである）。

二、その他の論書における所知

1、阿毘達磨論書における所知

『瑜伽論』以外の唯識論書における所知を検討する前に、『倶舎論』と『婆沙論』とによって、阿毘達磨論書における所知を概観してみよう。

（ア）『婆沙論』における所知

まず、関係する文を列記してみる。

①所縁事者、如品類足説、一切法皆是智所知、随其事。(79)

②問、若智亦境、智境何別。答、能知是智、所知是境。(80)

③問、何故名智。答、能知所知故、名為智。問、何故名所知。答、是智所知故、名所知。(81)

右の三つのうち、①には、一切の法は智によって知られる（所知）と説かれる。この『品類足論』の所説は『婆沙論』では二箇所に説かれ、後述するように『倶舎論』にも引用されている。この所説の重要なことは、「一切法が所縁となり、それは智の所知である」という点である。「あらゆる存在が認識の対象となるが、それは智（jñāna）によって知られる」というのが基本的立場である。

また②には、智と境との相違が「能知が智で所知が境である」と簡単に定義されている。したがって「能知智」と「所知境」という二つが対の表現となる。

また③には、「所知を能く知るのが智であり、智に知られるものが所知である」と①の所説にあるように、ここでも「所知は智によって知られる」という点が強調されている。このように『婆沙論』全体においては、所知は主として智との関係で説かれている点が特徴である。しかしこれは仏教全体に通じる立場である。なぜなら、識によって知られるものは真実ではないからである。

なお、次の箇所に「識の所識」（識によって識られる）と「智の所知」（智によって知られる）とが対比されて説かれている。

問、諸得、幾識所識、幾智所知、幾随眠之所随増耶。答、諸得一識所識、謂、意識、法界法処行蘊摂故。八智所知、除滅智他心智。(82)

この二つが対比されて説かれるのは、真実・真理は智によってしか把握され得ないからである。この立場より『婆沙論』の各所で、十智（世俗智・法智・類智・苦智・集智・滅智・道智・尽智・無生智・他心智）の所知は何かという問題が提起され論じられている。

なお、唯識論書には「所知を観察する」ことが強調されているが、『婆沙論』にも世尊がなぜ人々に所知を観察するように説いたのか、その理由が次のように述べられている。

④問、何故世尊、令所化者数数観察所知境界。答、無始時来、迷所知境、失於正道、沈淪生死、受種種苦。世尊、欲令悟所知境趣於正道超出生死離種種苦故、令数観所知境界。(83)

ここでは、所知の境界に迷うが故に生死に沈淪して種々の苦を受けることになるから、正しく所知を観察すべきであると教示するのである。「観察所知」という表現は『瑜伽論』をはじめいくつかの唯識論書に多くみられるが、この表現がすでに『婆沙論』にあり、それが迷いから悟りに至るための実践であるということが説かれている点に注目すべきである。

ただし、「所知の究極（所知の辺際）である真如を観察する」という唯識的な考えは、『婆沙論』にはもちろん説かれていない。

(イ)『倶舎論』における所知

『倶舎論』においては、次の箇所に智と関係して所知が説かれている。

①如有処言。一切法智所知随其事。(84)
sarvadharmajñeyā jñānena yathāvastu(85)

②以於一切所知境中智無礙転故、名為力。(86)
sarvatre jñeye jñāna-bhayāhataṃ vartate tasmād balam(87)

③如是諸仏遍於所知心力無辺。(88)
evaṃ tāvad avyāhata-jñānatvād buddhānāṃ jñeyavad anantaṃ mānasaṃ balam(89)

①では「一切法は智によって知られる」と説かれ、②では「一切の所知に対して仏の智は無礙に転ずるから力と言う」と仏の十力の力を定義し、③では「仏の智は所知に対して無礙（avyāhata）である」ということが強調されている。

このように『倶舎論』では「仏の智の対象としての所知」のみが問題とされており、未だ唯識経論にみられるような広い意味での所知という考えがないことが判明した。

2、『瑜伽論』以外の唯識論書における所知

(ア)『大乗荘厳経論』における所知

内容の綱格が全く『瑜伽論』の「菩薩地」と同一である『大乗荘厳経論』は、所知に関する考察が、より進み、かつ、より整理された形で述べられている。以下、頌文および釈文を引用するにあたり、宇井伯壽著『大乗荘厳経論研究』（岩波書店、一九六一年。以下「宇井本」と言う）にある訳を用いた。また、章については、波羅頗迦羅蜜多羅による漢訳ではなく、梵本の章立てによった。

まず注目すべきは、一切の所知を「知るもの」即ち「認識するもの」が、前にみたように（四一～四三頁参照）、『瑜伽論』ではさまざまな智、慧、あるいは心のありようで説かれているが、『大乗荘厳経論』では、次のように整理されて説かれている。

即ち、第一一章第三一頌の「一切の所知を求め一頌」（内容的には一切の所知を知る智を求める一頌）[90] において、次のように説かれる。

非実の分別と、真実に非ず非真実に非ずと、また無分別と、分別にも非ず無分別にも非ずと、が一切の所知であると説かれる。

これに対する世親による釈文を参考にすると、一切の所知を「知るもの」が、次の四種にまとめられている。

1、非真実の分別――出世間智に随順する分別でないもの
2、真実にも非ず非真実にも非ず――乃至順通達分
3、無分別――（真如を智る）出世間智
4、分別にも非ず無分別にも非ず――後得世間智

即ち、「知るもの」が分別（kalpa）と表現されているが、そのありようが釈文によれば、1、世間知、2、順通達分までの智、3、出世間智、4、後得世間智、の四種に分類されている。簡潔ではあるが、すべての知られるべき対象（一切の所知）を知る「知るもの」（能知）すべてが四種に分類され整理されて巧みに説かれている一頌であ

ると言えよう。

次に注目すべきは、所知が八識を転じて得られる四智との関係で説かれている点である。

①妙観察智は所知に於いて常に無礙である（第九章第七二頌。宇井本、一七二頁）。

②大円鏡智は無我所、無分割であり、常に随行する。一切の所知に於いて愚ではなく（asaṃmūḍha）、而も常にそれ等の所知に於いて現前するものである（第九章第六八頌。宇井本、一七〇頁）。

この他、所知が、慧あるいは智との関係で、「慧（prajñā）は所知を正簡択する」（第一七章第二七頌。宇井本、三四一頁）、「智（jñāna）によって所知は遍満せられて居る」（第二一～二三章第四四頌。宇井本、五六九頁）と説かれる。

この他、頌に対する世親の解釈文の中ではあるが、次のように説かれている。

①その後に得られた無辺の所知の境の智の道が得られる（宇井本、一四〇頁）。

出世間智の後に得られる後得智の対象としての所知は無辺（ananta）である、という意味である。

②五種の覚（bodha）を説く頌の中の「全部の境の覚」（sakla-artha-bodha）を、世親は「一切の所知の一切の行相の覚」と釈している（宇井本、五四〇頁）。

右の二つの解釈からもわかるように、大乗は、ありとあらゆる認識対象（無辺の所知の境、全部の境）を認識することを強調する。これは、換言すれば、認識が、世俗諦と勝義諦との二つの真理（諦 satya）に及ばなければならないということが意図されているのである。

そして、二つの真理のうち、もちろん、勝義諦のほうがより深い真理であるから、勝義諦を悟ることの重要性が強調され、大乗の教えは、勝義諦によるものであることも『大乗荘厳経論』に一貫して流れる主張である。たとえば、第一章第一二頌では（宇井本、五一頁）、「黠慧は俗諦的であり、大乗は黠慧の対象ではない」という趣旨が説かれている。このうち、宇井博士によって黠慧と訳されている原語tarkaを波羅頗迦羅蜜多羅は「忖度」と漢訳し、また世親は「黠慧は阿含（āgama）に依止している」と解釈していることから、tarkaは広くは「言葉による概念的思考」とでも言うべきものである。またそのような思考の対象が世俗諦であり、大乗は、そのようなtarkaの対象ではなく、勝義諦を対象としていると、『大乗荘厳経論』ではこの題目が示すように、小乗に比べて大乗の優越性が説かれているのである。[91]

（イ）『弁中辺論』（『中辺分別論』）における所知

『中辺分別論』「弁障品」第二の第一頌の中に五種の障（具分・一分・増盛・平等・取捨）が説かれ、世親釈に具分障は煩悩障と所知障であると注釈されているが、『弁中辺論』全体の頌の中には、「所知」という語は出てこない。[92]

（ウ）『摂大乗論』における所知

『摂大乗論』においては、所知とは菩薩によって知られるべきものであるという立場をとる。そして『摂大乗論』世親釈にみられる次の菩薩の定義に注目してみよう。

義に於いて文に於いて能く任持し能く正しく開示する、是の如きを菩薩と名づく。[93]

経典の文と義を能く理解して記憶し、かつ人々にそれを説き示すことができる人を菩薩と名づけるという。このような立場から菩薩の所知が検討されている。

『摂大乗論』においては、所知が「所知依」「所知相」と、章の名称の中で使われるようになった。そして所知相とは遍計所執性・依他起性・円成実性の三自性であると定義され、その所知である相の所依即ち因が阿頼耶識であり、それを所知依と名づけたのである。[94]

このように『摂大乗論』では「所知」を「相」との関係で捉えているが、それに関して世親釈と無性釈ではさらに詳しく検討している。無性釈では所知相を「所知即相」と「所知之相」と、持業釈と依主釈との二つをあげており、さらに三自性との関係で言えば、

円成実性は所知の共相

依他起性は所知の自相

遍計所執性は無所相

であると定義している。[95]

いずれにしても、所知を多角的視野から検討してはいるが、所知についてはまとまりがなかった『瑜伽論』の所説を踏まえて、『摂大乗論』では所知を「相」として捉え、しかもそれを三自性であると簡潔にかつ明解に定義した点に思想的発展がみられる。

(エ)『成唯識論』における所知

『成唯識論』には、煩悩障とともに所知障に関する叙述はいくつかみられるが、[96]所知とは何かという考察はなされていない。ただし『摂大乗論』で阿頼耶識を所知依と名づけたのを受けて、阿頼耶識の異名の一つにこの所知依をあげ、「或いは所知依と名づく。能く染浄の所知の諸法のために依止と為るが故に」[97]と定義され、所知とは染浄の諸法であると述べているのが唯一所知に関する叙述である。

第三項　『瑜伽論』における真理（tattva 真実）観

一、所知の真実

『瑜伽論』においては、いわゆる真理を表す語として tattva（真実と訳される）が重要視され多用されている。『瑜伽論』において、この真実がどのように捉えられているかを次に検討してみよう。

まず、全巻にわたって「所知真実」（jñeya-tattva）という表現があることに注目すべきである。その例を列記してみよう。

①善友に摂受せらるるに依り、所知の境の真実性の中に於いて覚了の欲あり。(98)

「所知の境の真実性」に対するチベット語訳は śes byaḥi de kho na(99) であるから、サンスクリットは jñeya-tattva である。

②内の正作意は所知の真実の道理を覚悟す。(100)

「所知の真実の道理」に対するチベット語訳は śes byaḥi de kho na(101) であるから、サンスクリットは jñeya-tatt-va である。

③能く所知の真実に於いて随覚し通達する慧。(102)

「所知の真実」のサンスクリットは jñeya-tattva(103) である。

④無明とは、謂く、所知の真実を覚悟するに於いて能く覆し能く障する心所を性と為す。(104)

「所知の真実」に対するチベット語訳は śes byaḥi de kho na(105) であるから、サンスクリットは jñeya-tattva である。

⑤問う。慧根は何の義なるや。答う。所知の真実なり。[106]

「所知真実」に対するチベット語訳は śes byaḥi de kho na[107] であるから、サンスクリットは jñeya-tattva である。以上の用例より、「真実」が知られるべきもの、即ち「所知」であり、両概念を結びつけて「所知真実」（jñeya-tattva）と表現し、その知られるべき真実を覚悟、覚了することが強く主張されていることが判明した。この所知真実という表現は部派仏教の論書（『婆沙論』『倶舎論』など）には見当たらず、『瑜伽論』において初めて作られた術語である。

では、この知られるべき真実の中で何が究極なものであるのかということになると、それは当然「真如」であるが、『瑜伽論』ではその真如が「所知の辺際」という語で表現されるようになった。即ち、所知真実＝真如＝所知辺際と考えられ、表現されるようになったのである。即ち、「本地分中菩薩地」の「真実義品」[108]で、所知障浄智所行真実は平等平等無分別智の所行の境界で、それは最第一、真如、無上、所知辺際であると四つの概念で定義されているが、これら四つは同一のものを指すと捉えるべきであるから、真如が「所知の辺際」（jñeya-paryanta-gata）という語で言い換えられているのである。

さらに同「慧品」[109]では、一切所知の辺際に究達することが所知の真実に随覚し通達することである、と説かれていることからも、所知真実と所知辺際とが同一概念であることが確認される。なお、この所知辺際に対応するサンスクリットは jñeya-paryanta[110] である。

なお、このほか、次の二箇所にも「知られるべきもの（所知境界、所知事）の辺際」という表現が認められる。

⑥問う。菩薩は当に何を以って作意すると言うべきや。答う。所知境界の辺際に悟入することと、及び一切の衆

生を利する事を作すことを以って作意と為す[111]。

「所知境界の辺際」に対するチベット語訳は śes byaḥi mthar[112] であるから、サンスクリットは jñeya-paryanta である。

⑦四念住に由って応に一切の所知事の辺際を知るべし[113]。

「所知事の辺際」に対するチベット語訳は śes byaḥi gsḥi mthar thug pa[114] であるから、サンスクリットは jñeya-paryanta-gata である。

以上、所知辺際（所知境界辺際・所知事辺際）も『瑜伽論』において作られた術語であろう。現象的な有為のすべてが所知であるが、究極的に知られるべきものは無為としての真如であるという立場が、明確に『瑜伽論』において打ち出されたのである。

二、四種の真実

『瑜伽論』「本地分中聞所成地」には、真実と道理に関して次のように説かれる。

云何んが真実なるや。謂く、真如と及び四聖諦となり[115]。

云何んが道理なるや。謂く、諸の縁起と及び四道理となり[116]。

即ち真実は真如と四聖諦であり、道理とは縁起と四道理とであると説かれている。部派仏教までは、真実とは四聖諦であり、道理とは縁起の理であると考えられていたが、ここにおいて真実として真如が新たに加えられ、道理として四道理が新たに加えられた点に注目すべきである。

さらに「本地分中聞所成地」には、真実として次の四つが列記されている[117]。

世間所成真実
道理所成真実
煩悩障浄智所行真実
所知障浄智所行真実

これも唯識思想独自の新たな真理観として注目すべきものである。この四つの真実は、「本地分中菩薩地」でその内容が詳しく説明されているが、[118] サンスクリット原文を参考にしながら、わかりやすく現代語訳してみよう。

（ⅰ）世間において成立する真実（世間所成真実）

すべての世間の人々が、あれこれの事象に対して、お互いに決めた世間的な言い方に従って同じように認識することがある。たとえば地に対して、此れは地であって火ではない、と言う。地と同じく、水・火・風、色・声・香・味・触、食べ物、飲み物、乗り物、装飾品、容器、道具、塗香、花飾り、塗油、歌・舞踊・伎楽、光、男女の奉仕、田・市場・住宅などの事柄に対しても同様である。また苦楽に対しても此れは苦であり楽ではない、此れは楽であって、苦ではない、と言う。

簡単に言えば、此れは此れであって、此れでないことはなく、此れは此のようであって、あのようではない、と決定的に信じて認める事柄であり、すべての世間の人々が、過去から伝えてきた概念でもって自ら考えて認め合っているものであり、（深く）思惟し、考究し、観察して認識されたものではない。

（ⅱ）道理によって成立する真実（道理所成真実）

道理の意味に精通した智者、賢者、論理学者、哲学者、思索できる段階に達した者、自ら能弁なる者、凡夫の位にある者、観察を行う者などが、直接知覚、推量、聖教の文言に基づいて、善く見極める智によって認識された事柄であり、証成道理によって立てられ、語られたものである。

（iii）煩悩障を滅した清浄な智の対象としての真実（煩悩障浄智所行真実）

すべての声聞と独覚とが、無漏智によって、あるいは無漏を生じる智によって、あるいは無漏の後に得られる世間智によって対象とする真実であり、この真実を認識することによって智が煩悩障から清浄となる。また未来世において障礙がない状態に住する。この真実は苦諦・集諦・滅諦・道諦の四つの諦であり、この四諦を熟考することによって諦（真実）を現前に明晰に観察し（＝現観し）、ただ五蘊があるだけで五蘊の他に「我」（ātman）というものはないと観察し、縁によって生じる現象、即ち生じては滅する現象に成りきった智慧を修することによって、五蘊とは別の自己（pudgala）は存在しないと繰り返し観るから、諦を現前に明晰に観察するようになる。

（iv）所知障を滅した清浄な智の対象としての真実（所知障浄智所行真実）

知られるべきもの（所知）に対して智を礙げるから所知障と言い、この所知障から解脱した智の対象を言う。それはまた、すべての存在の言葉を離れたそれそのものに依止して、仮に説かれたものを平等に観る無分別智の対象であり、それは第一のもの、あるがままのもの（真如）、無上なるもの、知られるべき究極のもの（所知辺際）であり、正しい存在（あるいは教法）に対するあらゆる思考熟慮（思択）の中でこれに対する思考熟慮に勝るものはない。

いま、これら四つの真実の違いを簡単にまとめてみると次のようになる。

①世間の人々が言葉でもって共通にそうであると認め合った真実。

②感覚や論理的思考でもってより深く思惟し、考究し、観察した結果得られた真実。

③因縁によって消滅する現象そのものに成りきることによって、「自分」（我）への執著をなくした智慧によって観察された真実（縁起の理、四諦）。

④「もの」（法）への執著をなくした智慧によって観察された真実（真如）。

このうち①と②が世俗の世界での真実であり、③と④は勝義の世界での真実である。ちなみに、科学によって発見された事柄はすべて、②の真実であると言えよう。

この『瑜伽論』の所説では、第一の真実から出発して②③と深まりゆき、最終的には④の究極の真実に至ることが要請されているのである。

この四種の真実観は、真実とは何か、真実というものに向かってどのように歩んで行くべきかを見事に示唆したすぐれた真実観である。

三、真実分類法の発展

前述したように、「本地分中聞所成地」にはただ列記されていた世間所成真実などの四つの真実について、「本地分中菩薩地」に至って詳しく深く考察されている。さらに、真実に関して、次のように新たに如所有性と尽所有性という概念が加えられている。

云何んが真実義なるや。謂く、略して二種あり。一には如所有性に依る諸法の真実性、二には尽所有性に依る諸法の一切性なり。是の如き諸法の真実性と一切性とは、当に知るべし、総じて真実義と名づく。此の真実義の品類差別に復た四種あり。一には世間極成真実、二には道理極成真実、三には煩悩障浄智所行真実、四には所知障浄智所行真実なり。(119)

即ち総説すれば、

如所有性に依る諸法の真実性

尽所有性に依る諸法の一切性

の二種の真実義があり、別説すれば、すでに「本地分中聞所成地」で列記されていた世間極成真実などの四つがあるとし、以下、その四つについて詳しく定義、説明されている（その現代語訳は前に記した）。そしてこの四つの真実のうち、最後が最もすぐれており、第三番がその次であり、はじめの二つが劣ったものであると、真実に対して価値的に順位づけがされるに至った。

さらに「摂決択分中聞所成慧地」に至って、「本地分中菩薩地」に説かれる右の四つの真実に、さらに安立真実（四聖諦）と非安立真実（真如）との二つを加えて、次のように六種の真実を立てる。

復た次に当に知るべし、真義に略して六種あり。謂く、世間所成真実、乃至所知障浄智所行真実と安立真実と非安立真実となり。前の四の真実は当に知るべし、前の菩薩地中に已に広く分別するが如し。(120)

これは、四つの真実のうちの最後の二つ、即ち四聖諦と真如とを別立したものであり、これによって真実の分類表現が完成されたと言えるであろう。

第四項　『大乗荘厳経論』における真理観

次に『大乗荘厳経論』において、真実（tattva）がどのように考えられているかを考察してみる。

この『大乗荘厳経論』は頌とそれに対する世親釈から成り立っているが、世親釈を参照しながら、頌において tattva（真実）がどのようなものとして捉えられているかを探ってみよう。

まず、tattva（サンスクリット本では、すべて tatva）が用いられている頌文を列記してみよう。

1、manaskārāj-jñānaṃ prabhavati ca tatvārtha-viṣayam（*M.S.A.*, p.7, l.4）（第一章第一六頌）
2、mahābhisaṃdhyartha-sutatva-darśanāt（*M.S.A.*, p.17, l.10）（第四章第二一頌）
3、tatvabhāvārta-naye suniścitaḥ（*M.S.A.*, p.32, l.23）（第八章第二一頌）
4、tatvaṃ yat-satatṃ dvayena rahitaṃ bhrāteśca saṃnisrayaḥ śakyaṃ naiva ca sarvathābhilapitum yaccāprapañcātmakam（*M.S.A.*, p.58, ll.15-16）（第一一章第一三頌）
5、praviśati tatvaṃ（*M.S.A.*, p.66, l.19）（第一一章第四七頌）
6、dvaya-prayeṣita-dharmatā-svatatvaḥ（*M.S.A.*, p.76, l.20）（第一一章第七八頌）
7、tatva-darśikā dvividhā（*M.S.A.*, p.78, l.3）（第一二章第五頌）
8、jñātaṃ buddha-sutaiḥ satatvam akhilaṃ jñeyaṃ ca yatsarvathā（*M.S.A.*, p.109, l.7）（第一六章第四一頌）
9、tatve parviṣṭam（*M.S.A.*, p.114, l.16）（第一六章第六七頌）
10、prabuddha-tatva（*M.S.A.*, p.119, l.22）（第一七章第一〇頌）

11、tatvaṃ saṃcchādya bālānām atatvaṃ khyāti sarvataḥ／tatvaṃ tu bodhisatvānāṃ sarvataḥ khyātyapāsya tat／／（M.S.A., p.170, ll.5-6）（第一九章第五三頌）
12、tatva-gaṃbhīra-dṛṣṭir（M.S.A., p.172, l.9）（第一九章第六四頌）
13、sutatva-bodhiḥ（M.S.A., p.174, l.8）（第一九章第七五頌）

これらのうち、4の所説に注目してみよう。ここでは、頌の中では、具体的には三自性の語は認められないが、世親釈からして、明らかにこの頌の中の真実（tatva=tattva）は「三自性」であると言える。事実、漢訳では「三性倶是真実」と付加的な訳語がある。[121] 三自性を真実とみるこの立場は、明らかに『瑜伽論』の「真実義を了知せんと欲せば、三自性に於いて復た応に観を修すべし」（大正・三〇・七〇三上）という立場に基づいての考えである。ところで、三自性のうち遍計所執と依他起とは、いわゆる俗の世界であるが、俗も俗として真実である、と捉えるのである。俗と真との両者を真実の中に収める立場は、6の中に認められる。即ち、頌に「二種の求める法性が自の真実となる」は、世親釈を参考にすると、「世俗諦と勝義諦との二種の法性が真実である」という意味になるからである。

しかし、遍計所執や苦がそのまま真実であるということではない。遍計所執は非実在であるという事実、苦は苦であるという事実が真実であり、さらにその事実を事実として認識する智も真実であるということである。いま、事実と言ったが、それを「理」という言葉で置き換えてみると、理は理だけでは存在しない。「智は理によって生じ、理は智によって顕れる」と言われるように、智が具体的に生じない限り、理は顕わにならないのである。理が真実として顕れたときには、そこには必ず智がはたらいている。だから理が真実である、と言うときには、それを悟る智も当然そこに現前しており、その智もまた真実なのである。ここにも、「所知の真実」と「能知の真実」という二つがあることが結論される。

以上の考察の結果、真実は次の二つに分類すべきことが判明した。

┌広義の真実――真と俗との両域にわたる真実
└狭義の真実――真の意味での真実（三自性では円成実性）

このうち、狭義の真実を『大乗荘厳経論頌』では、sutatva（善き真実）と表現している点に注目すべきである（2と13）。sutatvaとは、2の頌に対する世親釈によれば、parama-tatva（最高の真実）であり、それは法無我であるという。また13の頌に対する世親釈によれば、sutatvaとは、人法無我であるという。ここでparama-tattva即ち「最高の真実」という表現から、真実にもいろいろの段階があることがわかり、我々はそれらすべての真実一つひとつに対処しつつ、最終的には、最高の真実即ち、法無我、あるいは真如を悟らなければならないのである。いま、「すべての真実一つひとつに対処する」と言ったが、それに関して、「述求品」第一三頌の中にその対処すべきありようが簡潔にまとめられている。いま、世親釈の表現で示してみる。(122)

遍計所執性――知られるべきもの（parijñeya）
依他起性――断ぜられるべきもの（praheya）
円成実性――清浄にせられるべきもの（viśodhya）

いずれにしても、『大乗荘厳経論頌』の中では、tattvaという語が多く使用されている。それらに対して世親は、「三自性」「法無我」「人法無我」「真如」「唯識性」などとさまざまに解釈している。頌の作者が世親の解釈通りであったかどうかは問題であるにしても、『瑜伽論』のtattva観を基礎として、tattvaという語に思索を深め、この語をさらに広く自由に使用していると言えるであろう。

しかし自由にと言っても、その目指すところは、1にあるように「真実義を対象とする智」を生じることが最終目的である。これは他の頌（第一九章第五一・五二頌）では、「真如を所縁とする智」（tathtālambanaṃ jñānam）[123]と表現されている。

第三節　認識する主観としての真理（能知の真理）

第一項　さまざまな智

右に述べた「真如を所縁とする智」は、もちろん唯識的な、しかも整理された表現である。これに対して『瑜伽論』では、いわゆる真理・真実を見る心は種々の語で表現されている。いま「本地分」に限ってみると、次のような語が認められる（カッコ内はみられる対象）。

①出世間智（諸法中離言説義）、②善清浄智見（究竟）、③能縁所縁平等平等智（四聖諦）、④決定智現見智（四聖諦）、⑤法無我智（唯真如・唯事）、⑥能於所知真実随覚通達慧（一切所知辺際）、⑦微細慧（如所有性）、⑧妙聖智（離言事）、⑨真如無分別平等性出離慧（離言事）、⑩無分別慧（真如）、⑪入一切法第一義慧（勝義）、⑫無分別智（諸法勝義自性）

このように『瑜伽論』においては真理・真実を見る心はさまざまに表現されており、そこには表現の統一はない。⑫にみられる無分別智という心の特質をとくに強調してのちの論書は真如を見る智慧を「無分別智」（nirvikalpa-jñāna）という表現に統一するに至ったが、『瑜伽論』にはこのような表現的統一がないことは、この論書の成立年代を考察する際の重要なポイントとなるであろう。無分別智という用語的統一は『解深密経』にも認められない。無分別智が用語として重要視され、多く使用され始めた最初は『摂大乗論』である。

第二項　『瑜伽論』における無分別智について

次に唯識思想において重要な概念である「無分別智」について、さらに詳しく考察してみよう。まず『瑜伽論』における無分別智の思想的発展を考察する。

（i）声聞地以前の本地分

「声聞地」以前の「本地分」においては、無分別智という語は見当たらない。ただ、「無分別影像所縁作意」という語がある。(124)

次に、「声聞地」にも未だ無分別智という語は認められない。ただ、止観即ち奢摩他・毘鉢舎那、あるいは心一境性の考察の中で、無分別である心のありようが考えられている。

まず、巻第三一(125)で、止とは九相の心住（citta-sthiti）によって心を無相・無分別・寂静・極寂静・等住・寂止・純一無雑にせしめることである、と述べられ、この中に無分別という語が出てくる。九相の心住とは、巻第三〇(126)で、「九種の心住に於ける心一境性を奢摩他品と名づく」と定義し、続いて述べられる内住・等住・安住・近住・調順・寂静・最極寂静・専注一趣・等持の九の心のありようである。

また、巻第二六(127)で、無分別影像を対象として、九種の行相で心を安住せしめることが説かれるが、この九種の行相が、内住・等住・安住・近住・調伏・寂静・最極寂静・一趣・等持の九である。ここでは、心を安住せしめるために無分別なる影像を対象にしなければならないことがこれで判明する。

このように、「声聞地」には無分別智という表現はないが、ただ「無分別現量智見」[128]（nirvikalpaṃ pratyakṣaṃ jñāna-darśanam）[129]という表現がある。ここでは、「奢摩他と毘鉢舎那を繰り返し修することによって、一切の麁重がなくなり、転依を得て、影像を超過して所知事において無分別現量智見が生じる」と説かれるが、この一文は、止観の修行がどのような機構で真理を見抜くに至るかを簡潔に、しかも要領よく述べたものである。

（ii）菩薩地

「菩薩地」に至って初めて、「無分別智」（nirvikalpa-jñāna）[130]という語が認められる。[131]しかもその対象（所行境界）が「諸法の勝義自性」（pāramārthikaḥ svabhāvaḥ sarvadharmāṇām）[132]であり、その自性は「有無無二平等性」（bhāvābhāvādvaya-samatā）[133]であると明確に述べられている。

ただ、この無分別智と真如との関係については、表現的に簡潔に「無分別智は真如を対象とする」とは述べられていない。無分別的な智と真如の関係は、次のように表現されている。

諸菩薩諸仏世尊入法無我。入已善浄於一切法離言自性仮説自性平等平等無分別智所行境界。如是境界為最第一真如無上所知辺際。[134]

原文[135]とそのチベット語訳[136]とを参照しながら訳してみると、

諸の菩薩、諸の仏世尊が法無我に入り、入り已って、得られる善浄なる智、即ち一切法の離言の自性を対象とすることによって仮説自性を分別しない平等平等なる無分別智が認識する対象、それが最第一・無上にして所知の辺際である真如である。

となる。

これによれば、無分別的な智は、仮説の自性を分別しない平等平等なる智であり、その対象は離言の自性即ち真如である、ということになる。

表現的には簡潔ではないが、すでに「無分別智対真如」という真理状況の基本的なありようの原型がここで語られていると言えよう。

ここでは、無分別という意味が「仮説の自性を分別しない」という意味に解釈されているが、仮説の自性とは、言葉で語られたものであり、いわゆる「相」を有するものであるから、それを分別しないということは、その智のありようが「無相」でなければならない。したがって、無分別と無相とは当然結びつく概念となる。事実、「菩薩地」では、真如を証する智を生じる以前の段階において、「無相にして無分別なる心（cetas）」によって対象を認識しなければならないと、次のように強調されている。

汝、是の如き一切の所知を善く観察する覚に由って、普く一切諸法の想の中に於いて唯だ客想を起こし、一切法の所有る一切の戯論の想に於いて数数除遣し、無分別無相の心を以って唯だ義を取って転ぜよ。[137]

無分別にして無相の心でもって、ただ対象を認識する（artha-mātra-grahaṇa）[138]という点に注目すべきである。これに関して、もう一つの叙述を記す。

諸の菩薩は、（中略）少時少時に、須臾須臾に一切法に於いて、少分下劣なる忍智を発生し、離言の法性の真如を信解して無分別無相心住を起こす。[139]

離言の法性である真如の存在を信解して、即ち決定的に信じて、無分別にして無相の心をもち続けるようにと、ここでも無分別にして無相なる心の重要性が説かれている。

無分別的な智を重視する立場は、「無上の大乗の行相」を次のような慧をもってまとめていることにも窺い知ることができる。

無上大乗七行相とは、一には離言説事を縁ずる一切法中の所有る真如無分別平等性出離慧、二には此の慧の所依、三には此の慧の所縁、四には此の慧の伴類、五には此の慧の作業、六には此の慧の資糧、七には此の慧の得果なり。(140)

ここで説かれる慧を説明した「離言説事を縁ずる一切法中の所有る真如無分別平等性出離慧」の原文は、nirabhilāpyaṃ vastvālambani-kṛtya sarva-dharmeṣu yā tatathā nirvikalpa-samatā niryāṇatā prajñā(141) であるが、真如とこの慧との関係を考慮して意訳すると、「離言のことである真如を対象とする、無分別にして平等なる出離の慧」と解釈すべきであろう。とにかく「無分別平等」(nirvikalpa-samatā) という表現が認められるが、無分別的なる智が平等であるというのはどういうことなのか。この点をあとで検討してみよう(六八頁以下参照)。

(iii)　摂決択分

以上みてきたように、「菩薩地」では無分別智が説かれているが、その無分別がどのような意味であるかは説かれていない。ところが「摂決択分」になると、その点が考察され始めた。即ち「摂決択分中菩薩地」には、真実の義を取る慧は無分別であるが、それが無分別であるとはどういうことであるかと問い、それに対して、次の五つの相によって無分別であると答えている。(142)

(1) 作意せず。(2) 彼を超過する。(3) 所有が無い。(4) 是れ彼の性である。(5) 所縁の境に於いて加行を作す。

これら五相について、なぜそうであるかを、続く叙述に基づいて、以下もう少し詳しく検討してみよう。

（1）「作意せず」とは、もしも無分別慧が作意するならば、それは如理作意と相応することになり、それは道理でなくなるからである。それは作意のない熟眠や狂酔の状態も如理作意と相応することになるという過失に陥ると同じである。

（2）「彼を超過する」とは、無分別慧は三界を超過している。そうであるから、「三界のあるゆる諸の心心所は皆な是れ分別である」と説かれている聖教と相違しない。

（3）「所有が無い」とは、事物的存在ではないことであり、だからこそ無分別慧は慧という心所であり得る。

（4）「是れ彼の性である」とは、その自性は慧であるから、色（事物的なるもの）がもつような障礙を有しない法である。

（5）「所縁の境に於いて加行を作す」とは、もし所縁に対して加行をなさないとすれば、無分別慧は加行性を離れていると誹謗されることになる。

右の『瑜伽論』の五つの相による無分別の解釈の影響を受けたと考えられる所説が、『摂大乗論』の中にある。即ち、『摂大乗論』では、無分別智は次の五相を離れるを以て自性と為すと説かれている。[143]

（1）無作意を離れる。（2）有尋有伺地を過ぎるを離れる。（3）想受滅の寂静を離れる。（4）色の自性を離れる。（5）真義に於いて異計度するを離れる。

これを、世親釈[144]と無性釈[145]とを参考にしながら解釈してみよう。

（1）「無作意を離れる」とは、もし作意がないとするならば、作意のない熟睡や狂酔の状態も無分別智となってしまう。

（2）「有尋有伺地を過ぎるを離れる」とは、第二禅以上には有尋有伺地を過ぎ、尋伺がなくなるが、それを無分別とするならば、世間即ち異生（凡夫）や声聞にも無分別智が生じることになる。

（3）「想受滅の寂静を離れる」とは、心心所が生じないことが無分別であるとするならば、想受滅定においては心はないから智も成立しない。

（4）「色の自性を離れる」とは、地水火風の四大種から造られた色のように、ものを無分別とするならば、そのようなものは頑鈍で無思であるから智を生じることはない。

（5）「真義に於いて異計度するを離れる」とは、真実の義に対して「これは真であり、これは無分別である」と種々に思考すると、それは有分別になってしまう。

このように『摂大乗論』においては、他の「無分別」の状態と比べることによって、無分別智はそのような無分別の状態ではない独自の智であることを強調しているのである。

前述したように、この『摂大乗論』の「五相を離れる」の所説は、明らかに『瑜伽論』の「五相」に影響を受けているのであろうが、その内容と解釈が相違する点に作者無著の思索が加えられたことを読み取ることができる。大きく両所説の違いは、『瑜伽論』では無分別慧が「作意せず」とされたのに対して、『摂大乗論』では無分別智は「無作意を離れる」、即ち「作意する」とする点である。

第三項　二つの真理の関係

我々の認識は主観と客観とから成り立っている。真理を証する認識においても無分別智が真如を証するのであるから、一応、無分別智が証する主観であり、真如が証せられる客観である。しかし、この二つは通常の二元対立的な関係にあるのではない。もしそうであれば、それは智ではなく、識になってしまうからである。

では無分別智は真如とどういう関係にあるのか。それを探るヒントが、「平等」あるいは「平等平等」という概念にある。以下、これについて検討を加えてみよう。

まず、『瑜伽論』における「平等平等」という概念の内容を検討してみると、それには大きく次の三つの意味があることが判明する。

1、真如慧を以って如実に観察される一切の法が平等平等である。

2、所縁と能縁とが平等平等である。

3、能治心が生じる時と所治心が滅する時とは（あるいは断時と遣時とは）平等平等である。

1については、「是の如く菩薩は勝義を行ずるが故に、一切法は平等平等なりと真如慧を以って如実に観察する」[146]と説かれる。真如慧（tathatā-prajñā）とは真如を対象とする慧であるから、真如とは一切法が平等平等（sama-sama）であるありようを言うことになる。

2については、「此の心（＝能治の心）が生じる時と、彼の心（所治の心）が滅する時とは平等平等なり」[147]、「問う、即ち此の言説の随眠が正に断滅する時に於いて諸相を除遣すと為んや、断滅し已って後に方に除遣すと為んや。答う、断ずる時と遣る時とは平等平等なること、秤の両頭の低昂する道理の如し[148]」と説かれる。

いま、ここでは2の意味での平等平等を問題とすべきであるが、1と2との両者の関係は、次のように言うことができよう。即ち、所縁と能縁とが平等平等になった慧、即ち真如の慧は諸法が平等平等であると如実に観察することができる、と。しかし、1では真如慧が無分別智であるとは説かれていない。

次に、主テーマである所縁と能縁とが平等であるということはどういうことかを検討してみよう。

（i）菩薩地以前の本地分

巻第二〇の「本地分中修所成地」の次の一箇所にこの概念が認められる。そこでは、聖諦現観に入る原因の一つとしての通達作意を説く中で「所縁能縁平等平等智が生じる[149]」と説かれる。これに対するチベット語訳は、dmigs par bya ba daṅ dmigs pa med pa mthuṅs paḥi śes pa[150] であるから、「所縁と能縁とが無い平等なる智」という意味の原文となる。漢訳によれば、その原文は、ālambya-ālambaka-sama-sama-jñāna であると推測される。このように漢訳とチベット語訳とは一致しないが、いま漢訳によるならば、ここに、すでに「所縁能縁平等平等智」が説かれていることになる。しかし、ここでのその智は、心一境性を起こし、それによって諦現観に入ると説かれることより、此の智が真如を対象とするような智ではないことがわかる。

（ii）本地分中声聞地

「声聞地」になって次のように説かれる。

是の如く先来未だ善く観察せざるに今善く作意し方便し観察し、微妙なる慧を以って四聖諦に於いて能く正しく悟入す。即ち此の慧に於いて親近し修習し多く修習するが故に、能縁所縁平等平等正智が生じることを得る。（中略）是の如く行者、諸の聖諦に於いて下忍所摂の能縁所縁平等平等智が生じる。是を名づけて煗と為す。中忍所摂の能縁所縁平等平等智が生じる。是を名づけて頂と為す。上忍所摂の能縁所縁平等平等智が生じる。是を名づけて諦順忍と為す。(151)

この中の能縁所縁平等平等正智あるいは能縁所縁平等平等智に対する原文は sama-sama-ālambya-ālambaka-jñāna(152) であるから、サンスクリットと漢訳とが一致する。したがって、ここで初めて漢訳と原文とが一致する「能縁所縁平等平等智」という表現が認められることになる。しかし、この智の対象は、「修所成地」の所説と同じく、未だ真如ではなく四聖諦である。

（iii）本地分中菩薩地

無分別智とあるいは真如との関係で平等平等が説かれるのは、すでに前記した（六三頁）「菩薩地」の次の箇所である。

諸の菩薩、諸の仏世尊が法無我に入り、入り已って、得られる善浄なる智、即ち一切法の離言の自性を対象とすることによって仮説自性を分別しない平等平等なる無分別智が認識する対象、それが最第一・無上にして所知の辺際である真如である。(153)

ここで初めて「平等平等」が「無分別智」と結びついて表現されているが、この平等平等には少し問題がある。なぜなら、原文とチベット語訳とが漢訳と微妙に違うからである。

漢訳の「仮説自性平等平等無分別智」に相当する原文は、prajñapti-vāda-svabhāva-nirvikalpa-jñeya-samena jñānena〔154〕であるから、平等に相当する sama が一つしかない。この点、チベット語訳〔155〕も、ye śes . . . ḥdogs paḥi tshig gi no bo ñid rnam par mi rtog pa daṅ mthuṅs pas であるから sama は一つであり、sama-sama ではない。しかし、nirvikalpa-jñeya-sama-samena と sama が二つ続いていた可能性もある。

いずれにしても漢訳においては、「能縁所縁平等平等無分別智」「平等平等無分別智」という表現がみられる。ところで、ここ『瑜伽論』では「平等平等」がどういう意味であるかは述べられていない。その考察は『摂大乗論』の世親釈および無性釈の中でなされている。

まず、『摂大乗論』には『瑜伽論』において初出した「所縁能縁平等平等無分別智」が「入所知相」の中で表現が少し相違するが、内容的には同じ「平等平等所縁能縁無分別智」という表現で用いられている〔156〕。そのチベット語訳は、dmigs par bya ba daṅ dmigs par byed pa mñam pa mñam pa ñid rnam par mi rtog pa〔157〕であるから、その原文は、sama-sama-ālambya-ālambaka-nirvikalapa-jñāna であろうと推測される。これは前述した『瑜伽論』での表現を簡潔に一つにまとめたものであり、表現的には完成されたものである。しかも、この智を起こすことが、円成実性に悟入することであると、三性と関係づけている点に思想的発展をみることができる。

ところで、『摂大乗論』そのものの中では「平等平等」の意味は説明されていないが、その世親釈の中では次のように説明されている。

> 爾の時菩薩に平等平等所縁能縁無分別智が已に生起するを得るとは、所縁とは謂く、真如なり。能縁とは謂く真智なり。此の二が平等なること虚空の如くにして、即ち是れ所取能取の二種性の義に住せず、所取能取を分別せざるに由る。是の故に説いて無分別智と名づく〔158〕。

無性釈は次のように所縁も能縁も存在しないことが平等平等であると、より簡単に解釈する。

平等平等とは謂く、所縁は都て所有無く、是の如く能縁も亦た所有無し。この故に所縁能縁の二種は平等平等なり。[159]

両釈によってまとめてみると、「平等平等」とは、所縁である真如と能縁である智との二つが虚空の如くに平等なる状態にあることであり、無分別とは所取と能取とを分別しないことであるという。即ちこれによれば、平等平等とは存在的には客観と主観とが一つに融解し、認識的には、これが認識されるものであるとか、これが認識するものであるとかいう分別が起こらない状態を言うことになる。

註

（1）『瑜伽論』巻第九三、大正・三〇・八三三中～下。
（2）のちに検討するように、所知＝真如、能知＝智（正智、無分別智）であって、真如は所知にあたるものであるが、ここでは能知までもが真如と言われている。所知としての真如（狭義の真如）と正智との両者を含んだ真理全体を真如とよんだのであろうか。もしそうならば、この場合の真如は広義の真如と考えるべきであろう。
（3）『瑜伽論』巻第一三、大正・三〇・三四五下。
（4）『瑜伽論』巻第三六、大正・三〇・四八六下。
（5）『瑜伽論』巻第四七、大正・三〇・五五三上。
（6）『瑜伽論』巻第七二、大正・三〇・六九五下。
（7）『瑜伽論』巻第七三、大正・三〇・七〇三上。
（8）「釈曰。離二及迷依無説無戯論者。此中応知。三性是真実。離二者。謂分別性真実。由能取所取畢竟無故。迷依者。謂依他性真実。由此起諸分別故。無説無戯論者。謂真実性真実。由自性無戯論不可説故」（『大乗荘厳経論』巻第四、大正・三一・六一一上～中）。
（9）『弁中辺論』巻中、大正・三一・四六八下。

（10）*M.S.A.*, p.41, l.12, p.24, l.20.

（11）*M.V.Bh.*, p.41, l.22.『弁中辺論』巻中、大正・三一・四六九中。

（12）『瑜伽論』巻第九三、大正・三〇・八三三中～下。

（13）『瑜伽論』巻第六四、大正・三〇・六五三下。

（14）『瑜伽論』巻第九三、大正・三〇・八三三上。なお傍線を引いた箇所に相当するチベット語訳は次の如くである。

śes bya yaṅ dag paḥi sgo nas de kho na ñid／yaṅ dag pa ji lta baḥi ye śes kyi gnas kyi sgo nas ma nor ba ñid daṅ phyi ci ma log ñid／／（デルゲ版・唯識部・Zi・259a5-6）.

（15）vitathatā とは語義的には tathatā に接頭語 vi を付したもので、tathatā から分離した状態、即ち「あるがままではない」というありようを意味する語であり、これが「倒」「顚倒」と漢訳されることから、認識する側のはたらき、ないしはありようが間違っている、虚妄であることを意味することになる。もう一つの viparyāsa も同じく「顚倒」と訳されるように、認識的誤謬を意味する代表的な語である。したがってそれらに否定の a- を付した avitathatā, aviparyāsatā は、いずれも「認識的に間違っていない、誤謬がない」というありようを意味することになる。

（16）波線の部分のサンスクリットは、tathatām avalambve（*Y.Bh.*, p.74, l.11）である。

（17）波線の部分のチベット語訳は、de bṣin ñid gaṅ yin pa daṅ／deḥi ye śes gaṅ yin pa／（デルゲ版・唯識部・Tshi・162b2）である。

（18）波線の部分のチベット語訳は、de bṣin ñid la dmigs paḥi śes pa（デルゲ版・唯識部・Shi・8a3）である。

（19）波線の部分のチベット語訳は、śes pa spros pa med pa don tsam ḥbaḥ ṣig śes paḥi de bṣin ñid la dmigs pa（デルゲ版・唯識部・Shi・118a6）である。

（20）①から⑤以外にも、「真如義を了知する」（『瑜伽論』巻第七七、大正・三〇・七二六中）、「真如境に心を繫して住せしむる」（『瑜伽論』巻第七五、大正・三〇・七一二下）という表現もある。真如が認識対象として境（ālambana）、義（artha）として考えられていることは明白である。

また、『瑜伽論』巻第七二（大正・三〇・六九七中～下）において、真如と正智の差別として次のように定義されている。

真如――実性・諦性・無顛倒性・不顛倒性・無戯論界・無相界・法界・実際
正智――正慧・正覚・正道・正行・正流・正取

(21)『瑜伽論』巻第七四、大正・三〇・七〇六下。

(22)漢訳に相当するサンスクリットの出典箇所とチベット語とは、いずれも横山紘一・廣澤隆之『漢梵蔵対照・瑜伽師地論総索引』（山喜房佛書林、一九九六年）を参照した。

(23)「云何思択所知。謂善思択所観察義。何等名為所観察義。謂於有法了知有相。於非有法了知無相。如是名為所観察義」（巻第一六、大正・三〇・三六一下）。

(24)『瑜伽論』巻第一〇（大正・三〇・三二四上）では、jñeya-vastu が「所応知事」と訳されている。また、世親釈『摂大乗論釈』巻第一（大正・三一・三二二中～下）と無性釈『摂大乗論釈』巻第一（大正・三一・三八一上）とには、所知を定義して「所応可知故名所知」とある。

(25)『瑜伽論』巻第一四、大正・三〇・三五〇上。

(26)『瑜伽論』巻第九七、大正・三〇・八五九上。

(27)『瑜伽論』巻第五一、大正・三〇・五八二下。

(28)『瑜伽論』巻第二〇、大正・三〇・三九三下。

(29)『瑜伽論』巻第六九、大正・三〇・六八〇下。

(30)『瑜伽論』巻第五八、大正・三〇・六二二上。

(31)『瑜伽論』巻第四三、大正・三〇・五二九中。

(32)所知事同分影像の同分は、「所知事相似品類（jñeyasya vastunaḥ pratirūpakam, *Ś.Bh.*, p.363, ll.5–6）の故に同分と名づく」と定義されている（『瑜伽論』巻第三〇、大正・三〇・四五〇下）。

(33)『瑜伽論』巻第二六、大正・三〇・四二七中。

(34)『瑜伽論』巻第三〇、大正・三〇・四五〇中～下。
　この一文の中で「正法を聴聞し受持する」と説かれているが、正しい「法」とは、具体的には、釈尊によって説かれた教えであり、それをまとめたものが「経」即ち契経である。これに関して『瑜伽論』巻第八一（大正・三〇・七五〇上）に契経の体として次のように定義されている。

云何為体。謂、契経体。略有二種。一文、二義。文是所依、義是能依。如是二種総名一切所知境界。

これによると経を構成するものは文と義とであり、それは、

┌文――所依
└義――能依

の関係にあり、この二つですべての「所知」が収め尽くされるという。

ここの「所知」は、経の中で語られた、即ち言語化された所知である。しかし、所知にはもう一つ、言語化されない、即ち言葉では語り得ない所知があり、その究極が真如である。

(35)『瑜伽論』巻第一一、大正・三〇・三三三下。
(36)『瑜伽論略纂』巻第五、大正・四三・七三下。
(37)『瑜伽論』巻第一一、大正・三〇・三三五上。
(38)『瑜伽論』巻第三〇、大正・三〇・四五二上。
(39)『瑜伽論』巻第三六、大正・三〇・四八六中。
(40)『瑜伽論』巻第四三、大正・三〇・五二九中。
(41)『瑜伽論』巻第四三、大正・三〇・五二九上。
(42)『瑜伽論』巻第七四、大正・三〇・七〇九上。
(43)所知を尽所有性と如所有性との二つに分けて捉える立場は『瑜伽論』に基づく『顕揚聖教論』にも当然みられるが、その訳語は「尽所知義」「如所知義」と簡潔になっている（『顕揚聖教論』巻第五、大正・三一・五〇二中）。
(44)『瑜伽論』巻第七四、大正・三〇・七〇七上。

なお、「所知真実」という語は、『瑜伽論』には、この箇所以外の次のいくつかの箇所にも認められるから、この表現が好んで用いられたことがわかる。

①「内正作意覚悟所知真実道理」（『瑜伽論』巻第一四、大正・三〇・三四九下）。ses byaḥi de kho na（デルゲ

版・唯識部・Tshi・171b5).

②「於覚悟所知真実道理、正教誡方便」（『瑜伽論』巻第一四、大正・三〇・三四九下）。

③「有四種所知真実。染汚清浄二品別故、建立四種」（『瑜伽論』巻第一四、大正・三〇・三五〇中）。

④「依所知真実覚了欲故、愛楽聴聞。依楽聞故、便発請問」（『瑜伽論』巻第二〇、大正・三〇・三八九下）。

⑤「能於所知真実随覚通達慧」（『瑜伽論』巻第四三、大正・三〇・五二八下）。

⑥「問慧根何義。答所知真実」（『瑜伽論』巻第五七、大正・三〇・六一五下）。

⑦「無明者、謂、於所知真実覚悟能覆能障心所為性」（『瑜伽論』巻第五八、大正・三〇・六二二上）。

なお、波線を付した所知真実のチベット語訳はすべて śes byaḥi de kho na であることから、そのサンスクリットは⑤の所知真実と同じく、jñeya-tattva である。

(45)『瑜伽論』では「所知真実」であるが、『顕揚聖教論』では「所知実際」となっている（『顕揚聖教論』巻第八、大正・三一・五一七上）。

(46)『瑜伽論』巻第一、大正・三〇・二八〇下。

dharma-sthiti-jñāne vā punar yathābhūtaṃ vastu prekṣate parijānāti（*Y.Bh.*, p.13, ll.10-11).

(47)『瑜伽論』巻第一、大正・三〇・二八〇下。

suviśuddhena vā punar lokottareṇa jñānena dharmān yathābhūtam abhisambhudhyate（*Y.Bh.h.* p.13, ll.11-12).

(48)『瑜伽論』巻第一三、大正・三〇・三四一中。

śes bya yaṅ dag pa ji lta ba bṣin du snaṅ bar hgyur ro（デルゲ版・唯識部・Tshi・152a3-4).

(49)『瑜伽論』巻第一四、大正・三〇・三四九中〜下。

(50) デルゲ版・唯識部・Tshi・171a6.

(51)『瑜伽論』巻第一四、大正・三〇・三四九下。

(52) デルゲ版・唯識部・Tshi・171b5.

(53)『瑜伽論』巻第一六、大正・三〇・三六八上。

(54)『瑜伽論』巻第一九、大正・三〇・三八五中。

(55) デルゲ版・唯識部・Tshi・254b4.
(56) jñeyaがśes par bya baと訳されている例がある（横山紘一・廣澤隆之『瑜伽師地論に基づく梵蔵漢対照・蔵梵漢対照・佛教語辞典』八五四頁右、山喜房佛書林、一九九七年）。
(57) 『瑜伽論』巻第二〇、大正・三〇・三八九下。
(58) デルゲ版・唯識部・Tshi・265a2.
(59) 『瑜伽論』巻第二一、大正・三〇・三九八下〜三九九上。
(60) デルゲ版・唯識部・Dsi・9a7.
(61) 『瑜伽論』巻第二八、大正・三〇・四三六上。
(62) *Ś.Bh.*, p.263, l.7.
(63) 『瑜伽論』巻第三一、大正・三〇・四五六中。
(64) *Ś.Bh.*, p.392, l.18.
(65) 『瑜伽論』巻第三五、大正・三〇・四八三下。
(66) *B.Bh.*, p.18, l.8.
(67) 『瑜伽論』巻第三六、大正・三〇・四八九中。
(68) *B.Bh.*, p.33, l.19.
(69) 『瑜伽論』巻第三八、大正・三〇・五〇四上。
(70) *B.Bh.*, p.77, ll.23-24.
(71) 『瑜伽論』巻第四三、大正・三〇・五二八下。
(72) *B.Bh.*, p.146, ll.4-5.
(73) 『瑜伽論』巻第四三、大正・三〇・五二八下。
(74) *B.Bh.*, p.146, l.9.
(75) *B.Bh.*, p.146, l.14.
(76) 『瑜伽論』巻第四三、大正・三〇・五二九上。

(77)『瑜伽論』巻第四四、大正・三〇・五三五中。
(78) *B.Bh.*, p.165, l.9.
(79)『婆沙論』巻第五六、大正・二七・二八八上、巻第一九六、大正・二七・九八〇中。
(80)『婆沙論』巻第四四、大正・二七・二二八下。
(81)『婆沙論』巻第一〇八、大正・二七・五五八中。
(82)『婆沙論』巻第一五八、大正・二七・八〇五中。
(83)『婆沙論』巻第一〇八、大正・二七・五六一上。
(84)『倶舎論』巻第六、大正・二九・三五上。
(85) *A.K.Bh.*, p.94, l.11.
(86)『倶舎論』巻第二七、大正・二九・一四〇中。
(87) *A.K.Bh.*, p.412, l.19.
(88)『倶舎論』巻第二七、大正・二九・一四〇中。
(89) *A.K.Bh.*, p.413, l.2.
(90) 宇井本、二二五〜二二六頁。「一切の所知を求め一頌」を「内容的には一切の所知を知る智を求める一頌」としたのは、頌が説こうとする内容と、そして「求能知智」という漢訳とによった。
(91) 玄奘訳においては、黠慧は dakṣa の訳で、「人あり、黠慧にして能く営農・商売・行船などの業を作す」(『瑜伽論』巻第一八、大正・三〇・三八〇下)、「譬えば世間の黠慧の工匠の如し」(『瑜伽論』巻第四七、大正・三〇・五五六上)という用例があるので、かしこい智慧、熟練した智慧を意味することから、tarka を黠慧と訳すことは不適当である。
(92)『弁中辺論』巻上、大正・三一・四六六中。
(93) 世親釈『摂大乗論釈』巻第一、大正・三一・三二二中。
(94) 所知相、復云何応観此。略有三種。一依他起相、二遍計所執相、三円成実相(『摂大乗論本』巻中、大正・三一・一三七下)。

(95) 無性釈『摂大乗論釈』巻第一、大正・三一・三八一上～中。
(96) 大正・三一・二四下、四五上～中、四八下、五一上、五三中、五四上、五五下。
(97) 『成唯識論』巻第三、大正・三一・一三下。
(98) 『瑜伽論』巻第二〇、大正・三〇・三八九下。
(99) デルゲ版・唯識部・Tshi・265a3.
(100) 『瑜伽論』巻第一四、大正・三〇・三四九下。
(101) デルゲ版・唯識部・Tshi・171b5.
(102) 『瑜伽論』巻第四三、大正・三〇・五二八下。
(103) *B.Bh.*, p.146, l.9.
(104) 『瑜伽論』巻第五八、大正・三〇・六二二上。
(105) デルゲ版・唯識部・Shi・109b7.
(106) 『瑜伽論』巻第五七、大正・三〇・六一五下。
(107) デルゲ版・唯識部・Shi・94a2.
(108) 『瑜伽論』巻第三六、大正・三〇・四八六下。
(109) 『瑜伽論』巻四三、大正・三〇・五二八下。
(110) *B.Bh.*, p.146, l.1.
(111) 『瑜伽論』巻七九、大正・三〇・七三七中。
(112) デルゲ版・唯識部・Zi・99a4.
(113) 『瑜伽論』巻第九七、大正・三〇・八五九上。
(114) デルゲ版・唯識部・Zi・315b7.
(115) 『瑜伽論』巻第一三、大正・三〇・三四五下。
(116) 『瑜伽論』巻第一三、大正・三〇・三四六上。
(117) 『瑜伽論』巻第一三、大正・三〇・三四五中。

(118)『瑜伽論』巻第三六、大正・三〇・四八八中〜下。*B.Bh.*, p.25, l.8–p.26, l.15.
(119)『瑜伽論』巻第三六、大正・三〇・四八六中。
(120)『瑜伽論』巻第六四、大正・三〇・六五三下。
(121) 波羅頗迦羅蜜多羅訳『大乗荘厳経論』第四巻、大正・三一・六一一中。
(122) *M.S.A.*, p.58, ll.15–24.
(123) *M.S.A.*, p.169, l.18, l.24.
(124)『瑜伽論』巻第一一、大正・三〇・三三二下。
(125)『瑜伽論』巻第三一、大正・三〇・四五六上。
(126)『瑜伽論』巻第三〇、大正・三〇・四五〇下〜四五一上。
(127)『瑜伽論』巻第二六、大正・三〇・四二七中。
(128)『瑜伽論』巻第二六、大正・三〇・四二七下。
(129) *Ś.Bh.*, p.196, l.19.
(130) *B.Bh.*, p.26, l.14, p.30, l.8.
(131)「無分別智」という語は次の箇所に認められる『瑜伽論』巻第三六、大正・三〇・四八六下、巻第三六、大正・三〇・四八八上、巻第四八、大正・三〇・五五九中。
(132) *B.Bh.*, p.30, ll.7-8.
(133) *B.Bh.*, p.235, ll.8-9.
(134)『瑜伽論』巻第三六、大正・三〇・四八六下。
(135) *B.Bh.*, p.26, ll.12–15.
(136) デルゲ版・唯識部・Wi・21b4-5.
(137)『瑜伽論』巻第五〇、大正・三〇・五七二上。
(138) *B.Bh.*, p.273, l.17.
(139)『瑜伽論』巻第四四、大正・三〇・五三四中〜下。

(140)『瑜伽論』巻第四六、大正・三〇・五四七下。
(141) *B.Bh.*, p.199, ll.14-15.
(142)『瑜伽論』巻第七四、大正・三〇・七〇六中～下。
(143)『摂大乗論本』巻下、大正・三一・一四七中。
(144) 世親釈『摂大乗論釈』巻第八、大正・三一・三六三下～三六四上。
(145) 無性釈『摂大乗論釈』巻第八、大正・三一・四二九下。
(146)『瑜伽論』巻第三六、大正・三〇・四八七中。
(147)『瑜伽論』巻第五八、大正・三〇・六二三下。
(148)『瑜伽論』巻第七三、大正・三〇・七〇一下。
(149)『瑜伽論』巻第二〇、大正・三〇・三九三中。
(150) デルゲ版・唯識部・Tshi・274b2.
(151)『瑜伽論』巻第三四、大正・三〇・四七五下。
(152) *Ś.Bh.*, p.499, ll.7-8.
(153)『瑜伽論』巻第三六、大正・三〇・四八六下。
(154) *B.Bh.*, p.26, ll.13-14.
(155) デルゲ版・唯識部・Wi・21b4-5.
(156)『摂大乗論本』巻中、大正・三一・一四三上。
(157) デルゲ版・唯識部・Ri・161b6.
(158) 世親釈『摂大乗論釈』巻第六、大正・三一・三五一下～三五二上。
(159) 無性釈『摂大乗論釈』巻第六、大正・三一・四一六上。

第三章　とくに「真如」について

第一節　瑜伽行派以前の真如

真如（tathatā）はすでに大乗以前にも説かれている。たとえば南伝の『論事』（*Kathāvastu*）第一九品第五章には、「真如論」と題して一切諸法の真如を無為とみる北道派の見解が邪執として紹介されている。(1) また北伝の『異部宗輪論』には、化地部の無為説として択滅・非択滅・虚空・不動・善法真如・不善法真如・無記真如・道支真如・縁起真如の九無為があげられている。(2)

これら二例から察すると、この真如という概念は、その最初は、無為とは何かという考察の過程で重んじられるようになったのであろう。無為とは元来は涅槃を意味する。涅槃は存在を「人間存在」に限定し、その限りでの「存在の究極」を意味する概念である。だがアビダルマ的な分析が進むにつれて考察の対象としての存在は人間のみから次第に存在全般に拡大され、その意味での「存在の究極」の追究が開始された。その結果、「一切諸法の真如」という概念が作り出されたのである。

ところで善法真如ないし縁起真如を立てた化地部は、北伝では説一切有部の一派、南伝では上座部からの直接第一分派とされている。[3] いずれにしてもアビダルマ部派の一派である化地部がすでに「真如」の語を使用していたにもかかわらず、他の部派の論書にはほとんどこの語が使用されていない点に注目すべきである。

それはなぜか。アビダルマ（abhidharma　対法）の各派はその総称名が示すように法の分析を目的とする。その法の分析は法の自相と共相との解明を通してなされるが、自相にしても共相にしても、そこには何らかの相（lakṣaṇa）が設定されている。たとえば共相は、三慧の中の最勝である修所成慧によって分別されるという。[4] この場合、修所成慧は「一切に於いて名に依らずして義を了する[5]」と説明されるように、決して概念（nāma　名）を用いた認識ではない。しかしのちにみるように、「相なき無相の真如を無分別智が見る」というが如き捉え方ではなく、修所成慧が見る対象（artha　義）はあくまで相をそなえたものである。このことから、一切諸法を無相一味の同一真如に還元しようとする趣向は、アビダルマ論師たちには決して認められなかったのであると言えよう。また無為といえども自性（svabhāva）は実有にして別に実物がある（asti dravyāntaram）とみる説一切有部にとっては、[6] 無自性や空の論拠となる真如は自派の真理観を説明するに不適当な概念であったからであろう。

このように tathatā（真如）という概念は部派の中で萌芽した。[7] しかしそれを育んだのは、前述したように大乗を興した『般若経』の作者たちであった。まず『大般若経』巻第三にある次の叙述に注目してみよう。

若し菩薩摩訶薩が一切法の真如・法界・法性・不虚妄性・不変異性・平等性・離生性・法定・法住・実際・虚空界・不思議界に通達せんと欲するならば、応に般若波羅蜜多を学すべし。[8]

これによれば、菩薩は般若によって一切法の真如ないし不思議界に通達することができる。ここでは一切法のいわゆる真理・真実が「真如」ないし「不思議界」の十二の語で表現されている。[9] この十二種は同義語と考えられるが、真如が他の箇所においても常に最初に位置していること、および他の同義語を無視して真如のみを用いて叙述する箇所が多く認められることなどから、これらの中で真如が最も重要視されていることがわかる。
　ではなぜ「真如」（tathatā）という語を好んで用いたのであろうか。その根本原因はすでに述べたが、いまここでまとめると、
　釈尊によって如実に（yathābhūtam）見られた世界、換言すれば般若によって照見されたありのままの世界こそ真理・真実であるとみる『般若経』の作者たちにとって、そのような真理・真実を表示するのに tathatā という語が最も適していたからである。
と考えられる。アビダルマの各派は一切法を分析し「存在の究極」を多元的に捉えようとした。これに対してそのような多元的存在（＝一切法）を一つの究極（＝真如）に還元しようとしたのが『般若経』の作者たちであった。彼らは般若によって照らし出された世界、即ち一味・平等・無差別なる真如の世界に立脚することによって初めて、自他不二の精神に基づく真の利他行が現実の差別の世界の中で展開されうると考えたのである。この姿勢はそのまま瑜伽行唯識派にも受け継がれていくのである。

第二節　瑜伽行派の真如観

第一項　真如の強調

『般若経』によって育まれた真如という概念は、瑜伽行唯識派を通してさらに一段と成長発展した。総じて言えば、『般若経』は「一切法の真如」を説き、「如来の真如は即ち一切法の真如なり」(10)と真如の同一・無二・無別を強

調し、そのような真如に通達しようとするならば般若波羅蜜多を学ぶべしと主張する。しかしここには、真如に達するための具体的な修行方法が説かれていない。これに対して瑜伽行唯識派はその学派名が示すように、ヨーガ（瑜伽）の実践を重んじる立場より、いかなる修行を通して真如に達することができるかを追究した。また、ただ識（心）のみの存在を認める立場より、心と真如との関係についても考察の眼を向け始めた。以下この二点を中心に、唯識思想の源泉と言われる『瑜伽論』の真如観を『解深密経』との関係において考察してみよう。

一、『瑜伽論』「本地分」と『解深密経』、『瑜伽論』「摂決択分」との関係

『般若経』から受け継いだ真如を大乗独自のものとして強調し始めた最初は、『瑜伽論』においてである。まず「本地分中三摩呬多地」で初めて真如が作意の対象として説かれている。即ち、四十の作意のうちに、勝解作意とは、静慮を修する者が所欲に随って事相に於いて増益する作意であり、真実作意とは、自相共相及び真如相を以って諸法を如理思惟する作意である[11]と説かれている。この勝解作意と真実作意とはすでに『倶舎論』の中で対概念として説かれている[12]。また三種の作意として、自相作意と共相作意と勝解作意とが説かれる[13]。

これらアビダルマ文献においては、勝解作意とは、具体的な事物を直接観ずるのではなく、その仮想を観ずる観法であるのに対して、自相作意と共相作意とは真実作意と言われ、具体的な個々の事物を直接観じて、それらの自相と共相とを思惟する作意である。

これに対して『瑜伽論』は、基本的には『倶舎論』『婆沙論』の考えを受け継ぎながら、真実作意の中に新たに真如を取り入れたところに思想的発展がある。

そして「本地分中聞所成地」で、明確に「真実とは真如と四聖諦とである」と定義されるに至った。[14]
ここに真実なるものとして、これまでの四聖諦に真如が加えられ、真如の優位性が強調されたのである。
さらに『瑜伽論』「摂決択分」では四聖諦が安立真実であり、真如が非安立真実であると、[15]また、四聖諦が安立諦であり真如が非安立諦であると明確に定義されるに至った。[16]即ち、言説・言葉によって説かれる四聖諦よりも、言説の及ばない真如のほうがより深い真実であると主張するのである。
このように『瑜伽論』「本地分」で真如と四聖諦との二つの真実が説かれたことから、「摂決択分」で真如を非安立真実とみなすに至るまでの中間に『解深密経』の真如観の影響があったものと推測される。これは『瑜伽論』と『解深密経』との成立年代前後論、さらには『瑜伽論』自体における「本地分」と「摂決択分」との成立年代前後問題にも関係するから、その要点のみをまとめてみよう。
1、『般若経』において一切法を如所有性と尽所有性とに分けて観察する方法が起こった。[17]
2、『瑜伽論』「本地分中声聞地」において、この二つはヨーガ（瑜伽）の四種の所縁境事の一つである遍満所縁の中の事辺際性として捉えられ、このうち尽所有性は五蘊所摂の一切有為と界・処所摂の一切諸法と四聖諦所摂の一切所知事とであり、如所有性は所縁の真実性（bhūtatā）と真如性（tathatā）とであると定義されている。[18]
3、『解深密経』「分別瑜伽品」は右の思想を受け継ぎながら、それを次のように発展せしめた。即ち、如所有性を一切染浄中の真如と捉え、それを流転真如・相真如・了別真如・安立真如・邪行真如・清浄真如・正行真如の七種に分類した。[19]つまり、漠然と観察対象（所縁）の究極性として考えられていた真如が、具体的に、さなざまな真理概念と結合して考え始められたのである。
このうち特記すべきは、了別真如として初めて唯識性（vijñapti-mātratā）という概念が成立したことである。少なくとも『瑜伽論』の「本地分」までは vijñapti-mātratā という語はない。そこには vastu-mātra（唯事）、saṃskāra-mātra（唯行）、dharma-mātra（唯法）、skandha-mātra（唯蘊）などの語が認められるだけである。真実をありのままに捉えようとする『般若経』以来の姿勢が、『瑜伽論』「本地分」の右の mātra という表現となり、それが『解深密経』「分別瑜伽品」において毘鉢舎那所行の影像を唯識所現とみるヨーガ体験を通して、ついに vijñapti-mātratā という概念が生み出されたのである。

右の七真如説で注目すべきは、安立真如から正行真如に至るまでの四つが、順次、苦・集・滅・道の四聖諦に相当することである。前述したように『瑜伽論』「本地分」で四聖諦と真如とが対比されていたが、ここでは四聖諦が真如の中に包含されるに至ったのである。いまあえて「包含される」という表現を使った。それは真如と四聖諦とが同格化されたということではなく、四聖諦という概念で表示される真実そのもの（即ち四聖諦という真如）への帰入を目指さんがために、四聖諦をも真如とよぶに至ったのであろう。ここに至って真如がまさに真実・真理を表す総称となったのである。

右のことは同じ「分別瑜伽品」にある次の一文からも窺い知ることができる。

是れ従り已後、七真如に於いて七の各別の自内証の通達智が生じること有るを名づけて見道と為す。此れを得るに由るが故に菩薩の正性離生に入ると名づけ、如来家に生まれて初地を証得す。[20]

部派仏教までは見道とは四聖諦を現観することであるとみるが、「真如に通達することが見道である」という『般若経』で打ち出された思想に基づいて、[21]しかも真如を新たに七真如と捉えて右のような考えを創唱したのである。[22]

いずれにしても真如は出世間智を起こす見道において初めて通達されるのであるから、それは自内証のものであり、一切の尋思を超えた不可言説性たるものである。このような「分別瑜伽品」の思想を踏まえた上で、『瑜伽論』「摂決択分」の作者は明白に真如を非安立諦・非安立真実と定義するに至ったのであろう。

なお「本地分」と「摂決択分」との間に『解深密経』の思想が介入したであろうことは、次の事実からも結論できる。即ち、『瑜伽論』「摂決択分中思所成慧地」で、

繫属瑜伽作意に略して四種の所縁有り。一に遍満所縁。（中略）四に浄煩悩所縁なり。（中略）此の中、浄煩悩所縁とは、謂く世尊が説く四聖諦及び真如なり。[23]

と説かれるが、ここでは浄煩悩所縁として四聖諦の他に真如を加えている。この箇所はヨーガの四種の所縁を列記し、「是の諸の所縁は声聞地で広く弁ずるが如く応に知るべし」と断わっておきながら、浄煩悩所縁についてのみ、それは四聖諦と真如とであると説明している。その理由は、「本地分中声聞地」では、浄煩悩所縁（＝出世間道浄惑所縁）として四聖諦のみしかあげていなかったからである。[24]『瑜伽論』「摂決択分」の作者は、『解深密経』の「真如に通達することが見道である」という思想を踏まえて浄煩悩所縁として新たに真如を加えたものと推測される。

二、『瑜伽論』「本地分中菩薩地」における真如観

ここでとくに、『瑜伽論』「本地分中菩薩地」における真如観を検討してみよう。

まず結論から先に言うと、「本地分中菩薩地」に至って突然に真如という概念が前面に押し出され強調され始めたのである。その要点をまとめると次の如くである。

1、真如が初めて法無我・人無我と結びつき、諸法の真如（dharma-tathatā）は人法無我（dharma-pudgala-nairātmya）であり、勝義（paramārtha）であると考えられた。[25]

2、真如はとくに大乗独自の法無我智の対象とされ、大乗の菩薩・諸仏世尊のみが法無我に悟入して初めて得られる境界であると考えられるに至った。同時に真如は煩悩障・所知障という概念とも結合され、所知障浄智所行の境界が真如であると定義された。[26]

3、だが、総じて言えば、ヨーガ（奢摩他・毘鉢舎那）と真如との結合は次にみる『解深密経』ほどには強くない。[27]

三、『解深密経』における真如観

次に『解深密経』の検討に移ろう。まず、『解深密経』の中でも最も古くに成立したと考えられ、しかもヨーガに関して説く「分別瑜伽品」の所説を考察しよう。

この品にみられる奢摩他・毘鉢舎那の叙述は、『瑜伽論』「本地分中声聞地」の所説（あるいは「本地分中菩薩地」にみられる所説）をもとにしてなされたことは明らかであるが、「声聞地」の所説を簡潔化した点、およびいくつかの面で思想的発展をみた点において両者の相違がある。この相違を「ヨーガと真如」という点にのみしぼって論じてみよう。

結論から述べると、「分別瑜伽品」では「奢摩他と毘鉢舎那との双運道によって真如を作意すべきである」と強調するに至った。『瑜伽論』「本地分中声聞地」では、前述したように如所有性としての真如は遍満所縁のうちの事辺際性に属するが、それが奢摩他・毘鉢舎那いずれの対象となるかについては四種の毘鉢舎那を説くところで、「比丘は内心奢摩他に依止して、浄行所縁乃至浄惑所縁を如所有性として能正思択し、最極思択し、周遍尋思し、周遍伺察する」[28]と説かれる。「奢摩他に依止して毘鉢舎那がはたらく」とは、奢摩他・毘鉢舎那がともにはたらいているとも考えられるが、いずれにしても両者のいわば双運・和合倶転と真如との関係は、未だ意識されていなかったようである。

ところが『解深密経』「分別瑜伽品」では、まず如所有性が含まれる事辺際所縁が奢摩他・毘鉢舎那両者の所縁であると述べ[29]、次のように説く。

世尊よ、何に斉しく当に菩薩は奢摩他と毘鉢舎那と和合して倶に転ずと言うべきや。善男子よ、若しくは心一境性を正思惟す。（中略）世尊よ、云何んが心一境性なるや。善男子よ、三摩地所行の影像は唯だ是れ其の識なりと通達す、或いは此れに通達し已って、復た如性を思惟するを謂う[30]。

即ち、奢摩他と毘鉢舎那とが同時にはたらく双運道によって心一境性を作意するのである。換言すれば、唯識（vijñapti-mātra）に通達して、さらに真如を思惟するのである。すでに『瑜伽論』「本地分中三摩呬多地」で、真如の相を以て如理に諸法を思惟する作意が説かれ、さらに「本地分中菩薩地」では、

諸菩薩は能く深く法無我智に入り、一切法の離言の自性を如実に知り已って、少法及び少品類として分別を起こすべきこと無きに達し、唯だ其の事（vastu-mātra）を取り、唯だ真如を取る[31]。

と説かれることから、すでに真如を作意することが強調されている。ただ、後者の所説から、その構造は「法無我智によって離言の自性を知り、唯だ真如を取る」というように説かれているのに対して、『解深密経』「分別瑜伽品」はこの考えを一歩進めて、奢摩他・毘鉢舎那双運道によって唯識に通達して真如を作意すると捉えるに至ったのである。このように唯識と真如とが、ヨーガという観法の中で初めて関係的に説明されている点に注目すべきである。

四、『瑜伽論』「摂決択分」における真如観

『解深密経』の影響のもとに書かれたと考えられる『瑜伽論』「摂決択分」では、真如を縁ずる・観ずる・通達するということが「本地分」以上に強調されるに至った。これについて二、三の例をあげてみよう。

①此の未だ諦を見ざる者は是の如き行を修し已って、或いは声聞の正性離生に入り、或いは菩薩の正性離生に入り已って、一切法の真法界に達し已って、亦た能く阿頼耶識に通達する。（中略）亦た自身の外は相縛の為に縛せられ、内は麁重縛の為に縛せられると了知する。(32)

②云何んが大乗相応の作意修なる。（中略）安立非安立諦の作意門の由り、内に真如を観じ無量の無分別の法を縁じて境と為す。(33)

③断対治とは謂く、真如を縁じて境と為す作意なり。（中略）云何んが遍行修なる。謂く、諸法の一味なる真如に於いて作意し思惟する諸のあらゆる修を遍行修と名づく。(34)

④何等を名づけて唯だ出世間正智と為す。謂く、此に由るが故に声聞と独覚と諸の菩薩等が真如に通達するなり。(35)

これらのうち、とくに①によれば、見道に入って法界（真如）に通達し已って初めて阿頼耶識に通達することができ、相縛・麁重縛の二縛に縛られていることを了知するという。前述したように、『解深密経』において説かれた「初地に於ける真如への通達」という思想の影響を受け、それが阿頼耶識への通達の前条件とされている点に注目すべきである。また相縛・麁重縛という考えは「本地分」にはないこと、およびこの考えは『解深密経』に初出することを考え合わせると、「摂決択分」は「本地分」とは時代を異にし、しかも『解深密経』の影響のもとに作られたことは明らかである。

第二項　瑜伽行唯識派独自の真如観

以上、『瑜伽論』と『解深密経』における真如観をみてきたが、ここで、「所顕真如」「不一不異」「無二（不二）」「不可言説・不可思議・離言自性」という概念を手がかりに、広く瑜伽行唯識派独自の真如観を考察してみよう。

一、所顕真如

いま問題としている真如は、たとえて言えば、心の中にある満月の如きものであるが、それが雲に喩えられる障害で覆われて心中に顕れ出ていない。しかし、もしそれらの障害が取り除かれると真如の月が煌々と心に顕れてくる、とこのように唯識思想は考えるのであるが、そのような体験を、『成唯識論』で最終的に「二空所顕真如[36]」と、即ち「二空によって顕された真如」と表現されるに至った。ここで、このような考えの思想的淵源とそれに至るまでの思想的発展過程を、「所顕」という表現を手がかりに探ってみよう。まず、『瑜伽論』を検討してみる。

まず「所顕」という漢訳に相当する原語を『瑜伽論』に探ってみると、次の六種がある（『漢梵蔵対照・瑜伽師地論総索引』による）。

①paridīpita
②paridīpana
③paribhāvita
④prabhāvita

⑤ prabhāvitatva

⑥ pra-bhū, prabhāvyate

所顕を詳しく表現したものとして、「所顕現」「所顕示」「所顕発」が考えられる。これらのうち、いまここで問題となる「二空所顕真如」にあたる所顕は、サンスクリットでは prabhāvita であり、漢訳では詳しくは「所顕現」である。

したがって、まず『瑜伽論』の中で prabhāvita としての「所顕」が用いられている箇所の内容を検討してみる。

①問う。何が故に諸の支は相望んで因縁でないのか。答う。因縁者自体種子縁所顕故。[37]

傍線の部分の原文は、svabhāva-bīja-pratyaya-prabhāvitatvād dhetu-pratyayasya[38] である。これは、「因縁とは自体を生じる種子としての縁におさめられる」、もっと簡潔に言えば、「因縁とは種子縁である」という意味に解釈できる。即ち、prabhāvita はここでは「〜におさめられる」「〜である」という程度の意味に用いられていると言えよう。

②問う。前に説くところの如き八の縁起門のうち、幾門が是れ十二支縁起の所顕にして、幾門が非なるや。答う。三門が是れ彼の所顕なり。[39]

この箇所の所顕の原語はやはり prabhāvita[40] であり、意味的にも①と同じく、三門が十二支縁起におさめられるという程度の意味である。

③又た安立する此の真実義相は当に知るべし、即ち是れ無二の所顕なり。言うところの二とは、謂く有と非有となり。[41]

ここでは、真実の相（tattva-lakṣaṇa）は無二の所顕である、と言われているが、「真実の相は有（bhāva）でもなく非有（abhāva）でもないと定義される」と、即ちprabhāvitaには「～と定義される」という意味があると言えるであろう。

また次の文中の所顕も、いずれも以上のような「～におさめられる」「～である」「～と定義される」などの意味として用いられていると解釈できる（いずれの所顕もそのチベット語訳はrab tu phye baであるから、そのサンスクリットはいずれもprabhāvitaである）。

現在諸行三相所顕。(42)

復次云何名縁起法。（中略）唯法所顕、唯法能潤、唯法所潤。(43)

問。幾根於義雑染捨所顕。(44)

ところで、「A所顕B」即ち「Aによって顕されたB」という表現は、「Aが原因となってBという結果が顕れる」とも解釈できる。後述するように、二空所顕真如は二空が原因となって真如という結果が顕れると解釈されうるが、このような意味でのA所顕Bが、すでに『瑜伽論』にあるかどうかを次に検討してみよう。

④諸の菩薩が此の真実を智るは学道所顕なり。(45)

この中の学道所顕のサンスクリットはśikṣā-mārga-prabhāvitam(46)であり、ここでは、「菩薩が真実をしる智は学道によって顕される」、即ち学道という実践を原因としてそこに真実を知る智が顕現してくるという意味に解釈できよう。これは明らかに①から③までの用法と違い、学道が因で智が果である、即ち「A所顕B」が、「Aが原因となってBという結果が顕れる」という意味での所顕である。

⑤何等を真如と為すや。謂く、法無我所顕なり。聖智の(48)所行なり。一切の言談の安足処事に非ず。(47)

傍線のチベット文は、chos bdag med pas rab tu phye baであるから、サンスクリットはnairātmya-prabhāvita

であろう。ここでは、「真如とは法無我の所顕である」、即ち「法無我所顕の真如」と説かれ、『瑜伽論』のここには、即ち「摂決択分菩薩地」には、すでに「二空所顕真如」に通じていく所説が認められることが判明した。

このほか、次の所説にも注目すべきである。

⑥云何んが無損悩寂滅なるや。謂く、（中略）転依所顕真無漏界。[49]

傍線のチベット文は gnas yoṅs su gyur pas phye ba daṅ zag pa med paḥi dbyiṅs[50] であるから、チベット語訳にしたがえば、右の一文は「寂滅は転依の所顕であって無漏界である」という意味を述べていると解釈できる。即ち、ここでは「転依所顕の寂滅」と説かれている。

⑦問う。当に是れ（＝転依）常なりと言うべきや、当に無常なりと言うべきや。答う。当に是れ常なりと言うべきなり。問う。何の因縁の故に当に是れ常なりと言うべきや。答う。清浄真如之所顕故。[51]

傍線のチベット文は de bşin ñid rnam par dag pas rab tu phye ba[52] である。

ここでは「真如所顕の転依」と説かれている。

以上、⑤⑥⑦をまとめると次のようになる。

1、法無我所顕の真如
2、転依所顕の寂滅
3、真如所顕の転依

このうち『成唯識論』の「二空所顕真如」に最も近いのは、1の「法無我所顕真如」である。なぜなら二空とは人空・法空の二つを言い、そのうちの法空は法無我のことであるからである。このように、繰り返し述べるが、『瑜伽論』にすでに「二空所顕真如」に通じていく所説が認められることが判明した。

ところで「法無我所顕真如」にしても「二空所顕真如」にしても、「Aが原因となってBという結果が顕れる」と解釈したが、はたしてこれでよいのかという疑問も起こる。なぜなら「A所顕B」は「AであるB」あるいは「Aと定義されるB」という意味もあるから、この意味で「法無我である真如、法無我と定義される真如」「二空である真如、二空と定義される真如」とも解釈することが可能であるからである。

だが、サンスクリット原文からすればこのようにいずれにも解釈することができるが、『成唯識論』では「二空所顕真如」「二空所顕理」「二空所顕真理」という表現が、さらには、『述記』において[53]「二空所顕実性」、『義灯』において[54]、「二空所顕理性」などと「二空所顕」という表現を好んで用いている背景には、明らかに「二空が原因となって真如（＝理＝真理＝実性＝理性）が顕れる」という点を強調する立場をとっていることが予想される。以下、この問題について考察してみよう。

まず『成唯識論』の冒頭にある文を記す。

今此の論を造することは二空に於いて迷謬する者に正解を生ぜしむるが為の故なり。解を生ぜしむることは二の重障を断ぜしむが為の故なり。我法と執するに由って二の障具さに生ず。若し二空を証せば彼の障も随って断ず。障を断ぜしむることは二の勝果を得せしめんが為の故なり。生を続する煩悩障を断ずるに由るが故に真解脱を証す。解を礙うる所知障を断ずるが故に大菩提を得す[55]。

これに関して『述記』は次のように釈す。

智が空を縁じて起こるを所由門と為し、二の真如を顕すを二空の理と名づく。理の体は有なりと雖も、有を離れ空を離る。性是れ空なるには非ざれども、説いて二空と為すことは能顕に従って説く。梵に瞬若と言うは、如空と説くべし。瞬若多と名づけるは、如是れ空性なり。即ち是れ二空所顕の実性なり。故に空と言うは能顕に従って説く。二空の性なるを二空性と名づく。依士釈の名なり。真如は空なりと言うは、未だ理に善なるにあらざるが故なり[56]。

右の文中、最初の「智が空を縁じて起こるを所由門と為し、二の真如を顕すを二空の理と名づく」という一文が重要である。即ち智が二空を縁じる、即ち二空を証することが原因（所由）となって真如が顕れるというのである。そして「空」（瞬若＝śūnya）と「空性」（瞬若多＝śūnyatā）とは相違し、空の性（空之性）が空性である、即ち二空によって顕された実性が空性であると定義する点に注目すべきである。

このように「智」が能顕、「理」即ち「真如」が所顕であるという基本的見解に立ち[57]、智が二空を証することを原因として真如が顕れると説くのである。

ここで主張したいことは、「空はあくまで真如ではなく、空性が真如である」という点である。このことは『成唯識論』の、

此れは即ち彼の依他起の上に於いて常に前の遍計所執を遠離して二空所顕の真如を性と為す[58]。

という一文に対する『述記』の次の解釈の中にも認められる。

此の円成実は依他起の上に計所執が無く二我既に空なり。此の空門に依って所顕の真如を其の自性と為す。梵に瞬若と云うは此こに説いて空と為し、瞬若多と云うは此こに空性と名づけ、如を空性と名づけ、名づけて空と為さず。故に空門に依って而も此の性を顕す。即ち円成実は是れ空所顕なり。此れは即ち表詮に約して円成実を顕す。問う。空を門と為すとは、智是れ空と為すや、空は智と異なると為すや。答う。空は是れ智の境にして、空の体は智に非ず。智が彼の空を縁じる時、此の真如を顕すが故に[59]。

と解釈する。また次の一文がまとめとして簡潔である。

真如は是れ空の性にして、即ち是れ空に非ず。空を所由と為して如が方に顕れる。(60)

この中の傍線の「空を所由と為して真如が方に顕れる」という点に注目すべきである。

では、智が二空を証するとはどういうことか。これに対して『演秘』の次の叙述が参考になる。

空を門と為すに由って、能所取を遣りて方に二の相を泯して能く理を証す。所由門に従って空が理を顕すと名づく。(61)

この中の「空を門と為す」とはどういうことか。その具体的内容は、心の中に所取・能取の二つを滅したところに真如が顕れるという状況を「空が理を顕す」と言うのである。

二、不一不異

真如は無為であり作られないもの、即ち非現象である。これに対して有為は作られたもの、即ち現象である。この「無為と有為」、即ち「真如と現象的存在（諸行・五蘊・依他起性など）」との関係を不一不異と捉えることも、瑜伽行唯識派の真如観の一つの特徴である。これについては後述する（三四〇頁以下を参照）。いまは、すでにこの考えの萌芽が『瑜伽論』の中に認められることを指摘するにとどめておく。

三、無二（不二）

真実とは何か。これは原始仏教以来、常に設定され続けてきた仏教の根本的問いかけである。仏教は真実をさまざまな用語で表現する。あるいはそれを涅槃、四聖諦とよぶ。あるいは無我、あるいは空性と語る。あるいは真如・法界・勝義ないし無分別智と命名する。時代と宗派との相違によって、用いる術語とその意味が異なる。

さて、瑜伽行唯識派は tattva というサンスクリットで真実なるものを総称し、究極的なる真実とは「真如」と「真如を対象とする智」との二つであると考えるに至った。そして、(1) 両者の存在を強調すること、(2) 両者の特質を解明すること、(3) 両者を獲得するに至る道を追究すること、の三つが、瑜伽行唯識派の中心テーマであった。このうち (2) について言えば、真実 (tattva) の特質 (lakṣaṇa) は「無二」であると言うことができる。のちに詳しく考究することになるが、もちろん各論によってその無二の内容が異なる。

ここで、この無二という言葉で特質づけられる「真実」(真如とおよびその智) という概念の思想的発展を『瑜伽論』と『大乗荘厳経論頌』において考察し、それによって両論の思想的関連および『瑜伽論』の著者問題を検討してみよう。

この際、『瑜伽論』と『大乗荘厳経論頌』との二書を選んだ理由は次の通りである。

初期唯識論書は大きく内容的に、『瑜伽論』『大乗阿毘達磨集論』『顕揚聖教論』群と『大乗荘厳経論頌』『中辺分別論頌』『法法性分別』群とに二分される。前群のうちあとの二論は最初の『瑜伽論』に基づいて作成されたものであるから、前群の中心となる書は言うまでもなく『瑜伽論』である。これに対して後群の三書のうちで最初に作られたものは、内容的に最も未整理な『大乗荘厳経論頌』である。この『大乗荘厳経論頌』は後群の他の二論と同じく弥勒作であることは、ほぼ諸学者の認めるところである。ところが『瑜伽論』の作者をめぐっては、弥勒作とみる説、無著作とみる説、複数人の手によって段階的に作成されたとみる説など[62]、さまざまな異説が主張され、未だ最終的な結論に至っていない。したがって、『瑜伽論』と『大乗荘厳経論頌』との思想的同異ないし関連を考察することは、『瑜伽論』の著者問題解決への一つの助けとなりうるであろう。その際、瑜伽行派の中心テーマである「真実」の特質を表す「無二」という概念を選び、それを手がかりとして比較検討することは、有効かつ適切な方法であると考える。なぜなら「真実」あるいは「無二」という概念は、瑜伽行派においては中心かつ重要な考察対象であるからこそ、いずれの論書の作者も、この二概念に深い思索を注ぎ、その叙述に多大な労力を費やしたからであろうし、したがって、作者による思想的独自性の差異が、真実ないし無二の叙述の中に顕著に表れているからである。

以前に筆者は、『中辺分別論頌』にみられる虚妄分別・所取能取・顕現・空性・三自性という五思想を手がかりとして、『瑜伽論』の所説と『大乗荘厳経論頌』『中辺分別論頌』『法法性分別』の所説との差異を比較し、その結果、『瑜伽論』を弥勒作とみなすには疑問があるという結論に達した[63]。これら五思想に基づく作業の結果としては、それは適切な結論であると考える。だが方法を変え、真実ないし無二という概念を中心に比較検討の作業を進めてみるならば、前述の結論とまた異なった結論に達するのではないかという想定のもとに、以下の考察を進めてみた。

1、所知真実の無二

『大乗荘厳経論頌』第六章は、第一義（paramārtha）と第一義智（paramārtha-jñāna）とに二分される。前者は真如（tathatā）あるいは法界清浄（dharma-dhātu-viśuddhi）ともよばれ、後者は無分別智（nirvikalpa-jñāna）とも称せられる。このうち前者は「知られるもの」としての真実であり、後者は「知るもの」としての真実である。換言すれば、真実は「所知の真実」と「能知の真実」との二つに分けられる。以下この両者に分けて、それぞれ無二との関係を考察してみよう。

第六章第一頌に、第一義の特質（lakṣaṇa　相）として次の五つが説かれる[64]。

①na san na cāsad（有るのでもなく無いのでもない）

②na tathā na cānyathā（その如くでもなく異なるのでもない）
③na jāyate na vyeti（生じるのでもなく滅するのでもない）
④na cāvahīyate na vardhate（減ずるのでもなく増すのでもない）
⑤nāpi viśudhyate punar viśudhyate（清浄にされるのでもなく、また清浄にされる）

これは真実である第一義の特質を五つの観点から分析し叙述したものであるが、これら五相はそれまで処々に説かれていたものを『大乗荘厳経論頌』の作者がこの一頌の中に巧みにまとめたものである。

いま五相の相違を明確にするために、それらの漢訳とおよび意味的相違を列記しておこう。無二の原語 advaya は不二あるいは非二とも漢訳される。「二は存在しない」という場合は無二を、「二ではない」という場合は不二あるいは非二を用いるほうが適当であるから、随時、表現的に使い分けていくことにする。

①存在的不二（非有非無）
②差別的不二（非一非異）
③生成的不二（非生非滅）
④量的不二（非増非減）
⑤質的不二（非浄非不浄）

以下この五つの項目に分けて、『瑜伽論』から『解深密経』を経て『大乗荘厳経論頌』に至るまでの無二の思想的発展を考察してみよう。

①存在的不二（非有非無）

第一義が非有非無の特質をそなえていることに対して、『大乗荘厳経論頌』そのものにおいては何の論理的説明もなされていない。これに対して世親は、「（第一義は）遍計所執と依他起との相としては有ではなく、円成実の相としては無ではない」と注釈し、(65)安慧も同趣意に解釈する。(66)つまり、三自性の存在性の度合いの相違に基づいて非有非無を論理づけている。ところで『大乗荘厳経論頌』の作者自身も、このような解釈を暗に意図していたかどうかは明白ではない。しかし、第一一章第四一頌に円成実相の三相の第一として「無と有」（abhāva-bhāvatā）があげられ、(67)さらに第一四章第三三頌などに「無の有」（abhāvasya bhāvaḥ）が強調されていることなどから考えて、(68)『大乗荘厳経論頌』の作者自身も同趣意の解釈をもっていたと推定することができる。

さて、真実（tattva）即ち第一義を非有非無とみる見解が生じてくる源泉は、『瑜伽論』「本地分中聞所成地」(69)などにある「二辺を遠離する中観行」であったと考えられる。存在しないものを存在するとみる増益を離れ、存在するものを存在しないとみる損減を離れ、物事を非有非無と観じる、つまり公式化すれば、「Aは存在しないから非有であり、Bは存在するから非無である」とみるものの見方である。真に存在しないAとは何か、真に存在するBとは何か、という問題に各論書の作者たちは真剣に取り組み、さまざまな概念および表現形式を用いて叙述しようと努めたのである。

さて注目すべきは、『瑜伽論』「本地分中菩薩地」の「真実義品」において、「真実（tattva）の特質を言葉で表現すれば、無二（advaya）と定義される」(70)と述べられていることである。これは真実の特質を無二と明確に定義した最初の言明であると考えられる。ここでは非有非無の無二しか説かれていないが、この、真実を無二と捉える見解がのちに、前述した『大乗荘厳経論頌』第六章第一頌にある五相不二説へ発展していったと言えよう。

さて、『瑜伽論』「本地分中菩薩地」において非有としてその存在が否定されるもの（1）と、非無としてその存在が肯定されるもの（2）との原語および漢訳をまとめると次のようになる。

1、prajñapti-vāda-svabhāvo vyavasthāpitaḥ（所安立仮説自性）
rūpam ity evam-ādi-prajñapti-vādātmako dharmaḥ（色等仮説性法）
rūpādy-ātmako dharmaḥ（色等性法）

2、prajñapti-vādāśrayaḥ（仮説所依）、vastu-mātra（唯事）、tathatā（真如）、nirabhilāpya-svabhāvaḥ（離言自性）

次に『瑜伽論』「摂決択分」における二辺遠離に関する所説を検討してみよう。「摂決択分中聞所成慧地」において真実義（tattva-artha）の理を遠離二辺の理によって随決了することが説かれているが[71]、非安立真実である真如即ち円成実自性に対する二辺遠離の見方を検討すると、その存在が否定されるもの（1）と、その存在が肯定されるもの（2）との二つは次の通りである。

1、遍計所執自性

2、依他起自性と円成実自性

このように増益辺と損減辺とを新たに三自性という概念を用いて論述したことは、「摂決択分」が「本地分」より思想的に発展していることを示す一つの証拠である（ただし、「摂決択分」のこのような三自性的見方は『解深密経』の影響を受けていることは明白である）。このように三自性によって遠離二辺の中道を捉えようとする「摂決択分」の考え方は、『大乗荘厳経論頌』の作者および注釈者に引き継がれていった。

以上の所説をまとめると次のようになる。

1、真実即ち第一義（＝真如＝円成実性）の特質を非有非無とみる見解を生み出すに至った原動力は、「増益辺と損減辺との二辺を遠離する中道行」という考えである。

2、『瑜伽論』「本地分中菩薩地」において真如の存在が強調され始め、同時に真如を非有非無とみる遠離二辺的見方が初めて主張された。

3、三自性を初めて詳しく説示した『解深密経』の影響を受けて、『瑜伽論』「摂決択分」では真実義即ち真如（＝円成実自性）への遠離二辺的見方が、三自性という概念を用いて説明されるに至った。

4、以上の思想的発展の結果が『大乗荘厳経論頌』第六章第一頌にみられる非有非無の言明であり、それに対する世親および安慧の三自性的解釈である。

ここで二、三の問題を提起しておこう。

（ⅰ）『解深密経』および『瑜伽論』「摂決択分」には、円成実自性の存在のみならず依他起自性の存在を認めようとする態度がある。これは「損減とは実有なる円成実自性を損減すること」と考える見解とは異なる。この前者の依他起自性の存在を認める態度と『摂大乗論』の二分依他起説との間に、何らかの関連性を認めることはできないであろうか。

（ⅱ）広く諸論書を検討すると、非有非無の論理は表現的には次のグループに分かれる。

（イ）仮説自性は存在しない──→非有
　　離言自性は存在する──→非無

（ロ）遍計所執自性は存在しない──────→非有
（依他起自性と）円成実自性は存在する──→非無

（八）人法の二つは無我である――→非有

二無我は存在する（二無我の有）――→非無

このうち（八）は、「Aの無の故に非有であり、Aの無の有の故に非無である」と公式化することができる。この非無の理由となる「無の有」という思想は『瑜伽論』の何処にも見当たらず、この考えが初出するのは『大乗荘厳経論頌』においてであり、それを所取・能取という概念を用いて「二取の無」と「その無の有」という表現にまとめたのが『中辺分別論頌』「相品」第一三頌である。(72) いま、『大乗荘厳経論頌』と『中辺分別論頌』の作者を同一の弥勒とみなすならば、『大乗荘厳経論頌』第六章第一頌の非有非無に対する論理づけは、世親や安慧の三自性的解釈よりも、前述した「Aの無の故に非有であり、Aの無の有の故に非無である」という論理でもって解釈するほうが、『大乗荘厳経論頌』の作者の真意にかなっているのではなかろうか。

ところで、この「Aの無の故に非有であり、Aの無の有の故に非無である」という『大乗荘厳経論頌』『中辺分別論頌』にみられる論理は、無著作とされる『大乗阿毘達磨集論』(73)『顕揚聖教論』(74)『摂大乗論』(75)のいずれにも認められる。この事実と、『瑜伽論』のいずれの箇所にも（「摂決択分」以下の箇所にも）このような論理が認められないという事実とを考え合わせるとき、『瑜伽論』の作者に関して次のような問題が提起される。

（i）『瑜伽論』の作者は『摂大乗論』などの作者である無著とは別人物であるのか。

（ii）『瑜伽論』の作者は『大乗荘厳経論頌』などの作者である弥勒とは別人物なのか。

（iii）また後述するが、『大乗荘厳経論頌』の無二の思想は『瑜伽論』「摂決択分」と深い関係にある。しかし「摂決択分」の中に「無の有」の思想が見当たらないという事実は、「摂決択分」よりあとに『大乗荘厳経論頌』が成立したことを示し、たとえ「摂決択分」が『摂大乗論』の作者無著によって書かれたとしても、無著は『大乗荘厳経論頌』を参照することなしに「摂決択分」を作成したことになる。ところで、『摂大乗論』で『大乗荘厳経論頌』を直接引用し、この論より思想的に大きな影響を受けている無著が、「摂決択分」作成にあたって『大乗荘厳経論頌』の思想を参考にしなかったということは奇妙なことである。この点をいかに説明すべきであろうか。

右の（i）（ii）の『瑜伽論』『大乗荘厳経論頌』『摂大乗論』の作者問題についてはのちに考察してみよう（一一九頁以下参照）。

②差別的不二（非一非異）

『大乗荘厳経論頌』第六章「真実品」に説かれる第一義の第二番目の特質は「その如くでもなく異なるのでもない」（na tathā na cānyathā）と表現されるが、それは漢訳の非一非異に相当する。世親釈によれば、「円成実は遍計所執と依他起との二つと一性でないからその如くではなく、その二つと異性ではないから異なるのでもない[76]」と、第一の特質の場合と同じく三自性の相互関係によって説明されている。安慧釈はより詳しいが、基本的には同趣意のものである[77]。

この非一非異の思想はすでに『瑜伽論』「本地分」に認められる。即ちその「思所成地」に四種の不可説をあげるうちの第四に、「法相法爾の安立するところの故に不可説なり。所謂、真如は所行等に於いて異とも不異とも宣説す可からず[78]」と説かれる。この考えは『解深密経』「勝義諦相品」において詳細に考究され、勝義の相と諸行の相とが異でもなく不異でもないと強調されている[79]。『解深密経』の影響を受けた『瑜伽論』「摂決択分」では非一非異の考察はさらに深まり、五事（相・名・分別・真如・正智）思想の成立とともに真如と相との不一不異へと発展していった[80]。

この「非一非異」思想を、『瑜伽論』「本地分」以前に遡って認めることができるかどうかは定かではない。しかし瑜伽行唯識派の最初期の論書である『瑜伽論』に、しかもその中でも成立的に古層に属する「本地分」中にすでに真如と諸行との非一非異が述べられているという事実、さらにその後のほとんどの唯識論書がこの問題を取り扱っているという事実から、瑜伽行唯識派が終始一貫、この非一非異思想をいかに重要視したかを窺い知ることができる。

以上の如く「非一非異」思想は『瑜伽論』「本地分」に芽を発し、『解深密経』、『瑜伽論』「摂決択分」を経て『大乗荘厳経論頌』などに引き継がれていったと考えられる。この際、注目すべき点は、『大乗荘厳経論頌』においては、非一非異のうち、とくに非異の面が強調されていることである。たとえば第一九章第五二頌に「真如を所縁とする智は非異の行相を修したものである[81]」と説かれ、真如と相との非異性を観じることのみが述べられている。この態度は、第二章第三頌で「生死と涅槃とは一味である[82]」、あるいは第一一章第二一頌で「有と無とは無差別である[83]」という言明となって表れている。このように、いわば聖と俗、真実と非真実、清浄と雑染、などの両者の非異（同一性）を強調する理由は、『大乗荘厳経論頌』の中に流れる如来蔵思想のためであろうか。

③生成的不二（非生非滅）

第一義の第三の特質である非生非滅に対して、世親は「法界は無為性であるから生じるのではなく滅するのでもない[84]」と述べ、安慧は「円成実は業と煩悩とを縁として生じるのではないから生じるのではなく、不生の法は滅することはないから滅するのでもない。即ち（円成実は）無為を自性とする[85]」と注釈する。いずれも真実なるもの（第一義＝法界＝円成実自性）を無為とみなし、無為のもつ非生非滅という特質から、真実なるものを非生非滅と定義するのである。

『瑜伽論』「本地分」には非生非滅に言及する所説は認められない。『解深密経』では「法無我を本質とする勝義無自性性は常に諸法の法性として安住する無為であり、無為であるから非生非滅である[86]」と説かれ、『瑜伽論』「摂決択分」では法性と転依との非生非滅が述べられている[87]。概していま問題としている諸経論書は、真実なるものの非生非滅に関する叙述にそれほど力を注いでいない。それは原始仏教以来、無為の非生非滅という特質は周知の事実であり、かつ瑜伽行派が説く真実なるもの（第一義＝真如＝円成実＝法界）が無為であることも何ら疑う余地のないことから、あえてその非生非滅を論理づける必要がなかったのではないかと推定される。

ただし、『般若経』にみられる「一切諸法皆無自性（niḥsvabhāva）無生（aniruddha）本来寂静（ādi-śānta）自性涅槃（prakṛti-parinirvāṇa）」の一文に『解深密経』、『瑜伽論』「摂決択分」、『大乗荘厳経論頌』のいずれの作者も言及し、いずれも無生無滅などと言われる前提に無自性性（niḥsvabhāvatā）という概念をすえ、しかも三者とも相違した説き方をしていることは注目に値する[88]。この事実から右の一文をめぐって従来からさまざまな解釈がなされ、一つの論争点になっていたのである。そして瑜伽行派は、この一文を新たに創説した三無自性性という概念によって解釈しようとしたのである[89]。

④量的不二（非増非減）

第一義の第四の特質である非増非減に対して、世親は「（第一義は）雑染品と清浄品とに増減があってもそのままで存在するから[90]」と釈し、安慧は「輪廻の時と涅槃の時とに於いて円成実は減ぜず増さない。それはあたかも虚空の如くである[91]」と解釈する。

この第四の非増非減と第五の非浄非不浄との二つは、自性清浄心あるいは如来蔵思想と関連して唱えられるに至った特質である。したがって第六章第一頌にこの両者が説かれていることは、『大乗荘厳経論頌』が如来蔵的思想をも包含していることから考えて当然である。

ところで、『瑜伽論』「本地分」と『解深密経』とには非増非減は認められない。特記すべきは『瑜伽論』「摂決択分」に至って自性清浄心が説かれ、さらにその特質を非増非減とも解釈することができるような次の一文が認められることである。即ち「摂決択分中五識身相応地意地」に、次のように説かれる。

問う、諸法は誰と相応し、何の義の為の故に相応を建立するや。答う、他性と相応し自性に非ず。自性清浄心に依って染不染法が若しくは増、若しくは減ずること有るを遍く了知するが為に、是の故に建立す。(92)

この一文の趣意を要約すれば、「自性清浄心は自己以外の染法あるいは清浄法と相応し、染法と清浄法とのみに増減があるにすぎず、自性清浄心は非増非減である」ということになる。このように『大乗荘厳経論頌』などに説かれる非増非減と同趣意のものがすでに『瑜伽論』「摂決択分」に説かれ、さらに自性清浄心あるいは法界清浄(93)といった如来蔵的術語も認められることは、「摂決択分」の著者問題、さらにはその思想的位置づけ、あるいは「摂決択分」と『大乗荘厳経論頌』との関係などを検討する際の重要な手がかりとなるであろう。

⑤質的不二（非浄非不浄）

第五の非浄非不浄という特質に対して、世親は「（第一義は）本性として汚染されることがないから清浄にされず、客塵煩悩を離れるから清浄にされないことはない(94)」と釈し、安慧も虚空・金・水界・水晶の自性清浄なる喩えを出しながら同趣意に解釈している(95)。

さて、非浄非不浄と定義するためには自性清浄心と客塵煩悩という二つの概念が必要である。このうち、前述のように『瑜伽論』「摂決択分」中にはすでに自性清浄心なる語が認められる。前に引用した箇所以外にも、「諸の識の自性は染に非ず。世尊は一切の心性は本清浄と説くに由るが故なり。所以は何ん、心自性畢竟不浄にして能く過失を生じること、猶し貪等の一切の煩悩の如しきには非ざればなり[96]」と説かれ、さらに、「問う、染心生じる時、当に自性の故に染なりと言うべきや、相応するが故なりとせんや、随眠の故なりとせんや。答う、当に相応するが故なり、随眠の故なり、自性の故に非ずと言うべし。若し彼の自性、是れ染汚ならば、応に貪等の如く畢竟不浄なり。若し爾らば大過あり。彼の自性染汚ならざるに由るが故に、心生じる時、自性清浄なりと説く[97]」とも述べられている。

このように自性清浄心の存在が説かれているのに対して、客塵煩悩という用語は見当たらない。客塵（āgantuka）という用語のかわりに、より基本的な相応（saṃprayukta）という言葉が使用されている点に注目すべきである。

このように、自性清浄心の故に「清浄にされない」（非浄）という特質、そして客塵煩悩を離れるから「清浄にされないことはない」（非不浄）という特質とがそれぞれ導き出されるのであるが、後者の客塵煩悩を離れるという点に関しては、やはりここでも、「摂決択分」にある法界清浄あるいは真如清浄という語に注目すべきである。法界即ち真如は元来清浄であるのに、「chos kyi dbyiṅs rnam par dag pa=dharma-dhātu-viśuddhi[98]」あるいは「de bṣin ñid rnam par dag pa=tathatā-viśuddhi[99]」というように、dharma-dhātu や tathatā になぜ viśuddhi が付加された表現がなされているのか。それは当然、法界・真如は通常の状態では汚れによって汚されており、それが修行によって清浄にされるという見解が前提となっているからである。事実、「法界清浄とは正智を修することによって一切の相（nimitta）を除いて得られる真如である」[100]と定義されている（ここで、除かれるものが客塵煩悩ではなく一切の相とよばれている点に注意すべきである）。

以上の考察の結果を、次のようにまとめることができる。

一方では自性清浄心という用語を説くことによって本来的に清浄なることが意図されており、他方では法界清浄・真如清浄という語によって、汚れを取り除き無垢となることが意図されている。しかし「摂決択分」では未だ自性清浄心と法界との関係が考えられておらず、したがって、前述した二つの意図を一つにまとめて「清浄にされず清浄にされないこともない」という法界の特質を打ち出すまでには至っていない。しかし、『大乗荘厳経論頌』第六章第一頌の nāpi viśudhyate punar viśudhyate（清浄にされるのでもなく、また清浄にされる）という特質を作り出す思想的素地は、「摂決択分」の中に認めることができる。

2、能知真実の無二

以下、能知としての真実の無二について考察してみよう。所知としての真実は知られるものとしての認識対象であるのに対して、能知としての真実は知るものとしての認識主体であり、総じて「智」（jñāna）と言われ、その特質を付与して「無二智」（advaya-jñāna）あるいは「無分別智」（nirvikalpa-jñāna）などともよばれる。あるいは真如を対象とする智であるから真如智（tathatā-jñāna）ともよばれる。このうち無二智という用語に的をしぼり、『瑜伽論』「本地分」以下『大乗荘厳経論頌』に至るまでの無二智という概念の思想的発展、とりわけ無二の内容を検討することによって『瑜伽論』と『大乗荘厳経論頌』との関係を考察してみよう。

（ア）『大乗荘厳経論頌』における無二智

まず注目すべき所説は、第一九章第五一頌にある次の一文である。

真如を所縁とする智は二執を遠離している。

tatathālambanaṃ jñānaṃ dvaya-grāha-vivarjitam[101]

このうち「真如を所縁とする」は智の対象が何であるかを規定する部分であり、「二執を遠離している」は智のあり方を規定する部分である。「真如を所縁とする智」は、他の箇所で「真実義を境とする智」（tattvārtha-viṣayaṃ jñānam）[102]とよばれるものと同一である。またこの智が二執を遠離していることは第一四章第二八頌の中にも説かれ、さらに同章第三二頌には「善清浄なる無二義の智」（jñānaṃ suviśuddham advayārtham）[103]という表現が認められる。まとめると見道における智は、次の二つの特質をそなえたものである。

1、真如所縁智（真実義境智）

2、無二義智（二執遠離智）

さて、『大乗荘厳経論頌』の思想的意義は、右の1と2の両者を明確に一つの智に統一したこと、および無二あるいは二執の「二」を所取能取の二と考えたことである。[104]

以下、『大乗荘厳経論頌』のこのような考えに至るまでの思想的発展過程を、『瑜伽論』と『解深密経』とに探ってみよう。

（イ）『瑜伽論』『解深密経』における無二智

『瑜伽論』を最初から検討していくと、「本地分中聞所成地」において真実（tattva）は四聖諦と真如とであると明言され、[105]さらに多くの大乗の所説句が列記される中、「真実義随至」に関して「一切の無量の（法）に遍在する真如とその智」(dpag tu med pa thams cad kyi rjes su ḥgro baḥi de bṣin ñid gaṅ yin pa daṅ deḥi ye śes gaṅ yin pa)[106] と説かれ、「真如」と「その智」との二つが併記されている。後者の「その智」(deḥi ye śes=tad-jñāna) とは、内容的には「真如を対象とする智」のことであるが、未だそのような表現ではなく、簡単に「その智」としか述べられていない。

ところで「真如」と「その智」との関係については、その後、「本地分中声聞地」を含めて「本地分中独覚地」までの箇所では何ら言及されていない。この事実に対して、

1、「本地分中独覚地」までが小乗に関する所説であるためか、

2、この部分までの成立年代が古いためなのか、

という二つの理由が考えられる。このように『瑜伽論』「本地分中独覚地」までには真如に関する叙述が乏しいという事実と、真如を縁じる智が問題とされていないという事実とは、この箇所までの思想的古さと成立年代の古さとを物語っていると言えるであろう。

では、ただ一箇所であるにしても、「本地分中聞所成地」に「真如」と「その智」という両概念が認められるという事実をどのように解釈すべきであろうか。周知の如く「真如」と「その智」とが説かれる「聞所成地」のあたりは、以後の菩薩地あるいは「摂決択分」において詳説されるに至る重要な唯識思想的術語が羅列されている。もちろん『瑜伽論』全体を一人の作者とみなすならば、「『瑜伽論』の作成にあたって、その作者は、ある構想のもと、論ずべき教義内容を、あらかじめ〈本地分〉と〈摂決択分〉とに案配し位置づけていたのであろう。〈本地分〉では、いわば通三乗的な形で所説をなし、その作者が採用、ないし抱懐する新興の、ないし独自な思想や、また、面倒な論議・解釈を必要とするような教義は、あとの〈摂決択分〉に回したのであろう。これが作者の当初からの意

図であったであろう」（向井亮氏の見解[107]）とも考えられうるが、『瑜伽論』を「個人の一時の作でなく、複数人の共同編集になるもので、諸部分が先に独立に起草され、それらが最終的に統一編集されたものである」（勝呂信静氏の見解[108]）という立場に立つならば、「本地分中聞所成地」に列記される数多くの唯識思想的術語は、最終的に統一編集される際に増補されたとも考えられうる。いずれにしても「本地分中独覚地」までには「真如」と「その智」とについてはほとんど論究されていないことは、「本地分中菩薩地」や「摂決択分」と大きく相違する点であり、『瑜伽論』の成立問題・著者問題を考える際の重要な手がかりとなる。

次に「本地分中菩薩地」を検討すると次のことが判明する。

1、真如の存在が強く主張されている。

2、真如を見る智は必ず無分別智でなければならないと強調されるに至った。

3、しかし、『大乗荘厳経論頌』にある「真如を縁ずる智」という用語はないこと、しかも真如を縁ずる無分別智（nirvikalpam jñānam）という語が独立に使用されず、無分別を言う語が、その他の語との合成語の中で用いられていること[109]、「声聞地」にも認められる無相（nirnimitta）、無分別（nirvikalpa）、寂静（śānti）という奢摩他の三要素の一つとして無分別が考えられていることなどを考え合わせると、「菩薩地」は少なくとも思想内容的に、「摂決択分」および『大乗荘厳経論頌』よりも古いと推定することができる[110]。

次に『解深密経』の検討に移る。この経の次の一文は「無二智」という概念の思想的発展過程において、一つの重大な飛躍がなされたことを物語っている。

復た次に善現よ、観行を修する比丘衆は一蘊の真如・勝義・法無我性に通達し已って更に各別に余の蘊・諸処・縁起・食・諦・念住・正断・神足・根・力・覚支・道支の真如・勝義・法無我性を尋求せず、唯だ此の真如・勝義に随う無二智に依止するが故に遍一切・一味相なる勝義諦に於いて審察趣証する。[111]

この中にある「真如（勝義）に随う無二智」（de bẓin ñid kyi rjes su ḥbraṅ ba gñis med paḥi śes pa）[112]という、「真如」（tathatā）と「無二智」（advaya-jñāna）との両概念が一つに結合された用語が、ここにおいて初めて作り出されたことは特記すべき点である。ただしここで言う無二は『大乗荘厳経論頌』などで言う「所取と能取との二の無」ではないことは言うまでもなく、さらに「無二智」という語の内容が「無二なる特質をもつ対象を見る智」という意味、あるいは「無二という特質をそなえた智」の意味のいずれかであるのか、換言すれば「無二を対象とする智」なのか「無二なる智」なのかは明白ではない。

さて、『瑜伽論』「摂決択分」には『大乗荘厳経論頌』にもある同一の用語が認められる。即ち「摂決択分中五識身相応地意地」に「真如を所縁とする智（de bẓin ñid la dmigs paḥi śes pa）[113]」の原語は、そのチベット語訳から判断して、tathālambanaṃ jñānam であり、これと同じ語が『大乗荘厳経論頌』第一九章第五一頌にも認められる。これは『大乗荘厳経論頌』に対して、「摂決択分」のほうが「本地分」よりもより一層緊密な関係にあることを示す一つの証拠となる。

さて、「摂決択分菩薩地」には無二相智（gñis su med paḥi mtshan ñid śes pa[114]=advaya-lakṣaṇaṃ jñānam）が説かれ、それは密意の語言に悟入する因として重要なはたらきをもつことが強調されるに至った。[115]しかしその内容を検討するならば無二相とは智の対象の特質を示す語であり、未だ認識主体の側の特質を表す語ではない。ただし『大乗荘厳経論頌』第一四章第三二頌にある advayārthaṃ jñānam（無二義智）は、この「摂決択分」の advaya-lakṣaṇaṃ jñānam の lakṣaṇa を artha で置き換えただけの相違であり、この点からしても「摂決択分」と『大乗荘厳経論頌』との親密性を窺い知ることができる。

さて、認識主体の側のあり方を示す無二または無二智は、「摂決択分」には説かれていないのであろうか。そのヒントとなるのが、相に名言が縛せられるということに対する教証として引用されている頌の最後の部分である。

由真智清浄　説彼為真明
二執不相応　故号為無二[116]

チベット語訳[117]によって訳すと、「真なる智は清浄であるから、真なる明（vidyā）と言われる。二執と相応しない、即ち遠離する（visaṃyukta）から無二（advaya）と言われる」という意味になるが、この中には、「真なる智（bhūta-jñāna）は二執を遠離するから無二と言われる」と、「二執遠離」の意味で「無二」と言われることが明言されている。この一頌の出典は定かではないが、「二執不相応」の原語はチベット語訳からして dvaya-grāha-visaṃyukta であると推定され、この表現は『大乗荘厳経論頌』第一四章第二八頌にある表現と一致する。[118]二執は「摂決択分」においてはその後の叙述からして、我執・法執の二執と考えられ、『大乗荘厳経論頌』の二執は所取執・能取執の二執であるから内容的には相違するにしても、両者において表現が一致すること、さらには第一九章第五一頌にも dvaya-grāha-vivarjitam と二執遠離が見道位の智の特質としてあげられていることなどを考え合わせると、『大乗荘厳経論頌』の作者は、「摂決択分」に引用された頌（あるいはその頌の出典である経典ないし論書）、あるいはこの頌を引用している「摂決択分」そのものから思想的影響を受けたであろうということが推定される。

（ウ）『瑜伽論』における所取・能取

『大乗荘厳経論頌』における無二義智あるいは二執遠離智の二は所取・能取の二であるが、この所取・能取の二の存在を否定する考えがすでに『瑜伽論』の中に認められ、『大乗荘厳経論頌』の「所取・能取の無」を生み出す要素が存在したかどうかを検討してみよう。

まず「本地分」を検討し、関係文を列記する。

①諸根と諸境とは所取・能取として互いに繋属する（本地分中聞所成地[119]）。

②有情世間と器世間とに関する一切の戯論を摂する二つの法がある。即ち、能取の法とおよびその所依たる所取の法とである（本地分中聞所成地[120]）。

③略説すれば所取法を観ずる、能取法を観ずるという二種を説く（本地分中三摩呬多地[121]）。

④このように修習しおわった者は所取と能取との二事を作意することによって諸蘊に悟入する（本地分中声聞地[122]）。

このうち①によれば、根と境とが能取と所取として認識関係において相互に関係し合うことが説かれているが、広く根・境・識の全存在にまたがってみれば、『解深密経』に説かれるように根と識とが能取、境が所取と言うべきであろう。③と④とから「本地分」中にはすでに諸法を所取と能取との二つに分けて観察する（pratyakṣa）、あるいは作意する（manasikāra）ことが説かれていることがわかる。またとくに注目すべきは、②にある「一切の戯論（prapañca）は所取法と能取法とに二分される」という考えである。涅槃・無漏界・法界・真如などの真実なる世界においては戯論は滅するわけであるが、ここですでに真実界においては所取と能取との二が存在しないことが暗に意図されている。しかし「本地分」を総観すれば、所取・能取の存在の否定を説くよりも、諸法を観察する際の方法として、諸法を所取と能取との二つに分類すべきであるということを主張しようとする姿勢が強い[123]。

所取・能取の存在を否定しようとする傾向は、「摂決択分」において強まった。まず、「摂決択分中菩薩地」において所取・能取が初めて三自性との関係で考察され、所取と能取とは遍計されたもの、即ち遍計所執自性であると捉えられるに至った[124]。遍計所執自性は畢竟無としてその存在が否定されるから、ここでは当然、所取と能取との存在が強く否定されていることになる。

さらに所取・能取の概念が無我智と関係して用いられ、「無我智は言説自性を離れ、それによる分別を離れ、相が無く、刹那に有る、とこのように観察することが能取を観察することであり、所取と能取とを観察する如理作意思惟を因として各別内証の決定智が生じることが、それ（＝所取・能取）に如実に通達することである」[125]と説かれている。このように「所取を観察し能取を観察し、もって真実を見抜く智を獲得するに至る」という修行の過程は、「所取の散乱を捨て、能取の散乱を捨てて二執を遠離した智を得る」という『大乗荘厳経論頌』第一四章第二三頌から第二八頌に至るまでの所説を生み出す原型であるとも考えられる。

さて最も注目すべき所説は「摂事分」にある次の一文である。

涅槃に於いて所取と能取との二つの施設は無い。なぜなら一切の戯論が滅するからである。[126]

前述したように、すでに「本地分中聞所成地」において一切の戯論に所取法と能取法とが摂せられると説かれているが、右の一文はこれを否定的に表現したものである。すでに「本地分中聞所成地」で暗に二取の無は意図されていたとは言え、それが明言されておらず、ここ「摂事分」に至って初めて明確に所取・能取の存在を否定する叙述が認められることは、「無二」の思想発展を考察する際に大いに考慮すべきことである。「摂事分」においては、「摂決択分」以上に所取・能取が重んじられていることは次の事実からもわかる。即ち、「本地分中修所成地」あるいは「声聞地」にある「所縁能縁平等平等智」[127]（sama-samālambyālambaka-jñāna）が、「摂事分」では「所取能取所縁平等を了知する」[128]ことであると、所取・能取という概念を用いて言い換えられている。このように少なくとも所取・能取を重んじたという点では、「摂事分」は「本地分」よりも発展した思想をもっていると言えよう。

さて、以上の考察の結果をまとめ、所期の目的であった『瑜伽論』と『大乗荘厳経論頌』との思想的関連、および『瑜伽論』の著者問題に関して導き出しうる結論を述べよう。

A、所知真実としての無二のまとめ

『大乗荘厳経論頌』第六章第一頌にある、五相不二は真実なるもの（第一義・真如・法界・円成実自性）に対するそれまでの不二的見方をまとめたものであるが、これら五相のいずれもが（非増非減と非浄非不浄との二相についてはその萌芽的思想であるにしても）すでに『瑜伽論』「摂決択分」に見出されることは、「摂決択分」と『大乗荘厳経論頌』との間に深い思想的関連のあることを示していると言えよう。

B、能知真実としての無二のまとめ

『大乗荘厳経論頌』に説かれる智、即ち「真如を所縁とし所取・能取の二執を遠離した無二義智」という考えは、『瑜伽論』および『解深密経』に存在する「真如を所縁とする智」「無二智」「所取・能取の無」という三思想を一つにまとめ上げて作り出されたものであると考えられる。ところで、この三思想のいずれもが（それぞれ関連をもつことなくしてであるにしても）、すでに「摂決択分」の中に見出されることは、前の所知真実の場合と同じく、「摂決択分」と『大乗荘厳経論頌』との思想的関係の深さを物語っている。

さて、これまでの考察によっても明らかなように、『瑜伽論』「本地分」と「摂決択分」の間には思想的発展のあとが読み取れる。たとえば非有非無に関しては『解深密経』の影響を受けてそれを三自性で説明する点、非一非異に関しては新たに五事のうちの相と真如との関係で捉える点、さらには非増非減、非浄非不浄に関しては「摂決択分」にその萌芽が認められるのに対して「本地分」では全くそのような所説がない点、さらに「摂決択分」で「真如を所縁とする智」が初出し、所取・能取の無が意識され始めた点などである。したがって思想発展的観点からすれば、『瑜伽論』「本地分」→『解深密経』→『瑜伽論』「摂決択分」→『大乗荘厳経論頌』の順で成立したことになる。

前述したように拙稿「五思想よりみた弥勒の著作」においては、『中辺分別論頌』の虚妄分別・所取能取・顕現・空性・三自性の五思想を中心とした考察の結果、『瑜伽論』の作者を『大乗荘厳経論頌』『中辺分別論頌』などの作者である弥勒と同一視するには多大な疑問があると論じた。

だが今回は真実（tattva）を所知と能知とに分け、主として無二という概念を主軸として比較検討した結果、少なくとも『大乗荘厳経論頌』の所説へと発展してゆく素地的材料をすでに「摂決択分」がもっており、両者は思想的に緊密な関係があることが判明した。

この一見相違する結論を、どのように解釈すべきであろうか。

たしかに『瑜伽論』と『大乗荘厳経論頌』『中辺分別論頌』とを比較するとき、後者は前者と次の点で相違する。

（i）虚妄分別（abhūta-parikalpa）という用語を使用すること。

（ii）真実なるもの（真如＝空性＝円成実自性）が「無の有」という特質をそなえていることを強調すること。

（iii）所取・能取の無をより一層強調すること。(129)

ところで、一般に甲論と乙論とを比較して、乙論が、（イ）甲論にない新用語を導入し、（ロ）ある同一の思想に対して（たとえば空性・真如などに対して）別様の表現方法を用いて説明し、（ハ）甲論にある思想をより一層強調していることが判明するならば、この三点を理由にして乙論の作者は甲論の作者と異なると推定することができる。この場合あくまでも推定であって、決して断定ではない。なぜなら同一人物といえどもその人物の思想的変遷ないし発展のいかんによっては、生涯において甲論と乙論との両者を作成することもありうるからである。この点が著者問題を検討する際の最大の障害となる。

いま、複数の論書を思想的に検討し、それらの著者が誰であるかを論じる際、我々は次の二つの立場のいずれをとるかをまず明確にしておかねばならない。

1、ある一人の著者の思想は不変であると考え、思想的あるいは術語的に相違のある二つの論書を同一人物の作とみなすことができないとみる立場。

2、同一の著者といえども、一生の間にその思想的成長に伴い、思想的に発展した内容の論書を新たな術語を導入して作成する可能性もあるとみる立場。

さて、「無二」という概念の思想的発展を中心にみる限り、『瑜伽論』「本地分」→『解深密経』→『瑜伽論』「摂決択分」→『大乗荘厳経論頌』→『摂大乗論』の順で成立したことになる、という本書の結果を一つの基準とし、それに、『瑜伽論』「本地分」を弥勒作とみる、あるいは無著作とみる立場、さらには前述した1か2かの二つの立場を組み合わせて諸論書の著者を推定すると、次の表の如くになる。

	弥勒とみる		無著とみる		
	A	B	A	B	
	a	b	c	d	e
本地分	弥勒	弥勒	無著	無著	無著
摂決択分	?	弥勒	?	無著	無著
荘厳経論頌	?	弥勒	?	弥勒?	無著
摂大乗論	無著	無著	無著	無著	無著

右のaからeの五つの説のうち、aとcとは「摂決択分」と『大乗荘厳経論頌』の作者を誰にするかという難点

がある。dは『大乗荘厳経論頌』を弥勒とする説を考慮に入れたのであるが、弥勒が無著の影響を受けたということになり、矛盾する。したがって整合性のある説はbかeということになる。このうち弥勒を史的人物とみるならば、b説の可能性があり、弥勒を信仰上の天上の菩薩と考えるならば、e説が有力となる。

もちろん『瑜伽論』を複数の手になるものとする立場にたてば、右の五説以外の説も可能となる。このようにいずれの立場をとるかによってさまざまな推測がなされうるのであるが、この事実こそ著者問題の最終的決定を困難にしている最大の原因であろう。

著者問題はとにかくとして、最後にもう一度強調しておきたいことは、「無二」あるいは「無二智」という概念を中心に検討する限りにおいては、『大乗荘厳経論頌』と『瑜伽論』、とりわけ、その「摂決択分」とは緊密な思想的関係をもっているということである。『大乗荘厳経論頌』の作者はその構成を「本地分」の「菩薩地」に倣び、思想的には「摂決択分」の所説をも参考にしながら、より発展、組織化した思想を築き上げたと考えられる。

以上は、「無二」という概念のみを中核としての比較検討にとどまった。その他、「無分別智」「意言」などの重要な概念、さらには修行の具体的な内容についての比較検討が必要である。

四、不可思議

不可思議・不思議の原語はacintyaで、「考えることができない」を原意とするが、cintya即ち「考える」を「思議」との二文字で訳すところに漢訳の妙がある。即ち、漢語的に訳すならば「思い、はかる」ことであり、換言すれば「考え、語ること」、即ち「対象として考え、言葉で語る」という意味になるであろう。したがって不可思議・不思議とは、「対象として考えることも、言葉で語ることもできない」という意味に解釈できる。この点を不可思議あるいは不思議について定義した文に基づいて、より詳しく検討してみよう。諸論において不可思議・不思議は次のように定義されている。

①二の因縁の故に当に知るべし、不可思議なりと。謂く、言説を離れる義の故に、及び語言の道を過ぎるが故に不可思議なり。又た出世間の故に、世間に能く譬喩と為すこと有ることなし。是の故に不可思議なり。[130]

②此の菩提は不思議たり、一切の尋思の道（tarka-mārga）を超過するが故に。[131]

③諸仏の法身は何を以って相と為すや。応に知るべし、法身に略して五相あり。（中略）五に不可思議を相と為す。謂く、真如は清浄にして自内証なるが故に。世間の喩えで能く喩えること有ることなきが故に。諸の尋思の所行の処に非ざるが故に。[132]

④此の転依の果は又た不思議なり、尋思言議道を超過するが故に、微妙甚深にして自内証なるが故に、諸の世間の喩えに喩えられるに非ざるが故に。[133]

右の四文から不可思議と言われる理由は、大きく三つある。

1、言説を離れる。語言の道を過ぎる。諸の尋思の所行の処ではない。尋思の道を超過する。尋思言議道を超過する。

2、自内証である。

3、世間の喩えで能く喩えること有ることなし。

この不可思議と言われる三つの理由は、簡潔に言えば次のようになる。

1、言葉によって考えることができる対象ではない。

2、各人が自らの内で自ら証するものである。

3、譬喩で表現することができない。

不可思議の定義がはっきりしたところで、瑜伽行唯識派が好んで用いた不可思議という概念がどのようなものを形容するのかを、さらに詳しくみていこう。

まず、『瑜伽論』において不可思議あるいは不思議が形容句として使われている事柄を列記してみよう。

①不思議なる威徳の勝解[134]。

②不可思議なる如来の法身（de bshin gśegs pa rnams kyi chos kyi sku=tathāgata-dharmakāya）、不可思議なる諸仏の境界（sans rgyas kyi yul=buddha-viṣaya）[135]。

③仏世尊及び仏弟子の不可思議なる威徳神力（anubhāva）[136]。

④諸の如来及び聖弟子の不可思議なる威徳神力（anubhāva）、不可思議なる生処の差別（upapattyāyatana）[137]。

⑤得難き最勝（śreṣṭha）の、不可思議なる、無動（acala）、無上（anuttara）の如来の果位（pada）[138]。

⑥此の無上正等菩提（anuttrā samyaksaṃbodhiḥ）は不思議なり、一切尋思道を超過するが故に[139]。

⑦諸仏及び諸菩薩の不思議にして甚奇希有なる（atyadbhuta）神変威力（prātihārya-prabhāva）[140]。

⑧已に大地に入れる菩薩の、広大（udāra）なる、無量（aprameya）なる、不可思議なる、長時（dīrghakālika）の最極難行（parama-duṣkara）の学処（śikṣā-pada）[141]。

⑨種種の最極広大（paramodāra）なる、最極甚深（parama-gambhīra）なる、不可思議なる、不可度量（aprameya）なる菩薩の精進（vīrya）[142]。

⑩種種殊勝の不可思議なる、不可度量（apramāṇa）なる、十力種姓の所摂の等持（samādhi）[143]。

⑪種種の無量（aprameya）なる、無数（asaṃkhyeya）なる、不可思議なる、一切の声聞・独覚の所行の境界を超

過せる菩薩の等持（samādhi）[144]。

⑫諸の菩薩は無上正等覚乗に於いて勤修学する時、応に知るべし、五の甚希奇（āścaryādbhuta）なる法あり。何等を五と為す。（中略）五には不思議なる大威神力（prabhāva）を具す[145]。

⑬一切の諸仏菩薩の不可思議なる、最勝広大（paramodāra）なる威力の教（prabhāva-saṃprakāśanā）[146]。

⑭仏菩薩の不可思議なる神通威力（abhijñā-prabhāva）[147]。

⑮此の菩薩の甚希奇なる（atyadbhuta）業の不可思議とは、謂く、常に実際住の中に安住して而も寂滅に於いて能く作証せず[148]。

⑯如来の不可思議なる、無上無等（niruttara）なる、一切種に遍ずる最極円満所摂の自体（ātmabhāva）[149]。

⑰何の因縁の故に静慮を修する者の静慮の境界は不可思議なりと説くや。（中略）是の故に彼れ尋思の道によっては不可思議なりと説く[150]。

⑱一の意識は一時間に於いて一境、或いは二、或いは多の自境と他境とを分別す。故に意識は不可思議なりと説く[151]。

⑲証得理門は不可思議理門に依って応に随決了すべし[152]。

⑳大乗証得とは、（中略）不可思議なる威徳の信解証得なり[153]。

㉑云何んが不可思議なるや。当に知るべし、略して六種の不可思議あり。謂く、我思議と有情思議と世間思議と有情業果思議と諸修静慮静慮境界と諸仏世尊諸仏境界となり。（中略）諸修静慮静慮境界は三種の相に由って不可思議なり。謂く、真如は甚深の義なるが故に。自在に転ずるが故に。無漏界の証得なるが故に。諸仏世尊諸仏境界は五種の相に由って不可思議なり。即ち先の所説の如き三相に由る。復た二相に由る。謂く、無障の

故に。有情所作事を成立するが故に[154]。

㉒問う、世尊は何の密意に由って静慮者の静慮の境界、諸仏の境界は皆な不可思議なりと説くや。答う、一切無自性性に依る、或いは無自性性に依らずして是の如き言を説く[155]。

㉓此の（清浄法界所顕の）転依は是れ常住の相にして不可思議なり[156]。

㉔曼殊室利菩薩摩訶薩は仏に請問して言く。世尊よ、仏の所説の如来の法身の如く、如来の法身に何等の相あるや。仏、曼殊室利菩薩に告げて曰く。善男子よ、若し諸地の波羅蜜多に於いて善く出離を修すれば転依が成満す。是れを如来の法身の相と名づく。当に知るべし、此の相は二の因縁の故に不可思議なり。戯論なきが故に。所為なきが故に。而に諸の衆生は戯論に計著し、所為あるが故に[157]（この一文は『解深密経』の所説。『解深密経』巻第五、大正・一六・七〇八中）。

㉕如来の是の如き秘密は、不可思議にして不可度量なり。一切度量境界を超過す[158]。

以上の叙述によって、不可思議なる事柄をグループ別にまとめると次のようになる。

1、如来の法身（dharmakāya）、如来の法身の相、如来の一切種に遍ずる最極円満所摂の自体（ātmabhāva）。
2、諸仏の境界（viṣaya）、諸仏世尊の諸仏の境界。
3、仏世尊および仏弟子の威徳神力（anubhāva）、諸仏および諸菩薩の神変威力（prātihārya-prabhāva）、無上正等覚乗において勤修学する菩薩の大威神力（prabhāva）、仏菩薩の神通威力（abhijñā-prabhāva）。
4、如来の果位（pada）。
5、無上正等菩提（anuttrā samyaksaṃbodhiḥ）。
6、已に大地に入れる菩薩の学処（śikṣā-pada）。

7、菩薩の精進（vīrya）。
8、十力種姓の所摂の等持（samādhi）、一切の声聞・独覚の所行の境界を超過せる菩薩の等持（samādhi）。
9、諸仏菩薩の威力の教（prabhāva-samprakāśanā）。
10、静慮を修する者の静慮の境界。
11、清浄法界所顕の転依。
12、如来の秘密。

以上の検討の結果、『瑜伽論』においては不可思議・不思議という語は多くの種類のものを形容する語として使用されていることが判明した。

このうち、いまここで問題としている瑜伽行唯識派の真理観の特徴という点からみれば、右のまとめの1〜12のうちで取り上げるべきものは、「如来の法身」と「諸仏世尊の諸仏の境界」と「静慮を修する者の静慮の境界」とである。

この三つの事柄にしぼって、以下、『瑜伽論』以外の論書の所説と比較しながら、より詳しく検討してみよう。

①「諸仏世尊の諸仏の境界」と「静慮を修する者の静慮の境界」について

「諸仏の境界」と「静慮を修する者の静慮の境界」とが不可思議であることは、すでに阿毘達磨論書にも説かれている。『婆沙論』では「世尊の願智がどうして一切の有情の心相の差別を能く知ることができるのか」という質問に対して、或る説として「諸仏の境界は不可思議であるから」という答えがあげられている。(159) また、仏の所在を知ることができない理由について、或る説として「静慮者の静慮の境界と仏の仏境界とは不可思議である」ことがあげられている。[160] さらに、慈定に住する者を刀毒水火が害することができない理由として、同じく「静慮者の静慮の境界が不思議である」ことがあげられている。[161]

また『倶舎論』では、「世尊はどうして未来の出来事を予知することができるのか」という問題に関して、世親は経量部の説を評取して、その理由として「世尊の説くが如く、諸仏の徳用と仏の境界とは不可思議なり[162]」と述べられている。

このように、「究極の悟りを得た人」（仏世尊）の「悟りの心境[163]」（諸仏の境界）は、我々凡人の思いも及ばず、言葉で追究し、言葉で語ることもできないものである、というのは、「世尊の説くが如く」という記述から、すでに釈尊の当初からの見解であったのであろう。

『瑜伽論』も、この「諸仏の境界」に「静慮を修する者の静慮の境界」を加えて不可思議であることが言及されている（前掲文中②㉑㉒）。

ただし、この二つが、思議すべきではないという意味での我思議と有情思議、世間思議、有情業果思議との四つを加えて、不可思議なるものとして六つにまとめられている点に思想的発展をみることができる（前掲文中㉑）。

②「如来の法身」について

まず、「本地分中思所成地」において、四種の不可説のうちの第二の「甚深の故に不可説である」という中で、如来の法身が仏の境界と並記されて不可思議であると説かれている（前掲文中②）。即ち、ここでは「不可思議」が「説くことができないこと」（不可説）と捉えられ、その理由として「甚深である」からであると述べられている。[164]

この「甚深」は、「不可思議」を考えるにあたり重要な概念である。即ち「甚深なるもの」は、「言葉では表現できないもの」であるから不可思議と言うのである。

これは、瑜伽行唯識派の真理観全体の底にある基本的な立場である。[165]

この立場は、究極の真理は自内証すべきもの、即ち、各人自らが自らの内で証すべきものであり、言葉では決して理解することができないものであるという立場でもある。

この「甚深」と「自内証」とは、瑜伽行唯識派が説く真理観を考えるにあたり重要な概念である。[166]

右にみたように、『瑜伽論』では如来の法身について言えば、「如来の法身は甚深であるから不可思議である」と説かれるのみである。

これに対して、『解深密経』に至って、声聞・独覚所得の転依は解脱身と名づけられるが、如来所得の成満した転依は如来の法身と名づけられ、それは不可思議であると説かれている。[167] ここで、転依という概念を導入して、如来の転依＝如来の法身＝不可思議と意図されている。

次に、『瑜伽論』と『解深密経』との影響を受けて作られた『大乗荘厳経論頌』の中の不可思議を検討してみよう。

『大乗荘厳経論頌』では、不可思議は次のような事柄にかかる形容句として用いられている。

①仏の威力（vibhutva）は不可思議である（第九章第四〇頌、M.S.A., p.40, l.22）。

②無量の転依に於ける無量の威力は、諸仏の無垢の所依に於いて不可思議なる所作（kṛtya）を成ず（第九章第四八頌、M.S.A., p.42, ll.6–7）。

③成所作智は一切の［世］界に於いて種種なる無量不可思議の変化（nirmāṇa）［身］によって一切有情の利益を

なす（第九章第七四頌、*M.S.A.*, p.47, ll.16–17）。

④その二人（已見義のものと未見義のもの）は、聖道を得たるものの為に諸有に廻向するから、不可思議なる廻向（pariṇāmikī）の生と相応する（第一一章第五六頌、*M.S.A.*, p.69, ll.13–14）。

⑤諸の善逝のかの無辺の音声（ghoṣa）は六十支を有し、不可思議である（第一二章第九頌、*M.S.A.*, p.79, l.14）。

⑥修習（bhāvanā）も成就（niṣpatti）も一切地に於いて不可思議である。自内証（pratyātma-vedanīyatva）であるから、また諸仏の境界（viṣaya）であるから（第二〇～二一章第二六頌、*M.S.A.*, p.179, ll.27–28）。

右の諸文の中で注目すべきは、⑥において、「諸仏の境界である修習と成就とが不可思議であり、かつ自内証である」という意味が説かれていることである。これまで諸仏の境界（viṣaya）は不可思議であると説かれているにすぎなかったが、ここで境界の内容が具体的に修習と成就とであると明言されている。また、「不可思議」と「自内証」と「諸仏の境界」との三概念が関連づけて説かれている点にも注目すべきである。

以上の『瑜伽論』『解深密経』『大乗荘厳経論頌』などの思想的展開を踏まえて、『摂大乗論』では、それまでの諸概念を用いて、法身のありようを次の五種にまとめて定義するに至った。(168)

法身の五相

- 転依
- 白法所成
- 無二
- 常住
- 不可思議

この五相の最後に不可思議があげられ、法身が不可思議である理由として、「真如は清浄にして自内証なるが故に。世間の喩えで能く喩えること有ることなきが故に。諸の尋思の所行の処に非ざるが故に」と、それ以前の所説や概念をすべて織り込んで巧みに述べられている。ここに至って如来の法身＝真如＝転依＝不可思議という考えが、最終的に明言されているのである。[169]

ここで、不可思議に二つの意味があることを指摘しておこう。[170]

不可思議に関する前掲文（一二五頁）の㉑に六種の不可思議があげられているが、[171] そのうちの前三つ（我思議・有情思議・世間思議）と後ろの三つ（有情業果思議・諸修静慮静慮境界・諸仏世尊諸仏境界）とは、意味の異なる不可思議である。他の箇所の所説[172]をも参考にすることによって結論を述べると、不可思議は「思議することができない」という意味に加えて、不応思とも訳されるように、「思議すべきではない」という意味もある。そして思議すべきではない対象は、大きく次の二種に分かれる。

（i）邪な見解に由って思議するから、思議すべきではない。→我思議・有情思議・世間思議

（ii）思議しても思議することができないから思議すべきではない。→有情業果思議・諸修静慮静慮境界・諸仏世尊諸仏境界

このうち、前者の三つは、外道などが説く邪な見解による「言葉によって考える」対象であり、そのように思考することは全面的に否定される。

それに対して後者の三つ、とりわけその中の二つ（諸修静慮静慮境界・諸仏世尊諸仏境界）は、言葉で考える対象ではなく、修行することによって自らが自らの内で証すべきもの、即ち自内証すべきものである。

いずれにしても、静かな場所でヨーガ（瑜伽）を修するときは、「諸の菩薩は独り閑静に居して、所聞の法に随

って思惟を楽欲し、称量を楽欲し、観察を楽欲す。先に当に不思議処を遠離して彼の法を思惟す[173]」、あるいは「云何んが正法を思うや。謂く、一あるが如く、即ち所聞・所信の正法の如く、独り空閑に処して六種の不応思処（acintyāni sthānāni）を遠離す。（中略）但だ正しくあらゆる諸法の自相・共相を思惟す[174]」と説かれるように、聴聞した正しい教え（正法）に随って思考し思惟すべきであることが強調されている。

瑜伽行唯識派は、教えとしての「法」の影像を心の中に顕現させ、ヨーガを修してそれに心を専注し、その本質を見極める、即ち、「法の本性」である「法性」即ち「真如」を証することを目指すのである。

不可思議に関して、最後に、世親によって作られた『唯識三十頌』の頌文の中にも不可思議が認められることを指摘しておこう。即ち、第三〇頌は次のように説く。

sa evānāsravo dhātur acintyaḥ kuśalo dhruvaḥ／
sukho vimuktikāyo 'sau dhārmākhyo 'yaṃ mahāmuneḥ[175]／

これは、まさに無漏界であり、不可思議であり、善であり、常である。
これは、楽であり、解脱身であり、大牟尼の法と言われる。

「これ」とは前の第二八頌に説かれる唯識性（vijñāna-mātratva）であるから、瑜伽行唯識派が唯識という語を用いて説く究極の真理である「唯識性」が「不可思議」であると、わずか三十の頌の中に述べられていることによって、不可思議という概念がいかに瑜伽行唯識派において、また世親において重要視されていたかを知ることができる。

第三項　真如を証する必要性

唯識瑜伽行派は真如を証得することを強調する。なぜそうなのか。この問題をいくつかの観点から考究してみよう。

1、深層から心を浄化するために真如を見る必要がある（自利的理由）

我々の心のはたらきである認識は、必ず何らかの対象をもつ。瑜伽行唯識派はその対象をまとめて「相」と言い、その対象へのとらわれ、束縛を相縛と言う。

ところで、安立諦の四聖諦はあくまで言葉で捉えられ表現されたものであるから、それは相としての対象となり、たとえそれが真理であっても、それを対象的な概念として理解せざるをえない。その限りにおいて相縛から解脱をすることができず、したがって麁重縛からも当然解脱できない。

そこで相縛から解脱するためには、どうしても真如を証得する必要があると瑜伽行唯識派は強調するのである。そのことは『瑜伽論』の次の一文に端的に語られている（意訳文を記す）。

安立諦を諦として説くのに、なぜまたさらに非安立諦を説くのか。それは、非安立諦を離れては相縛からの解脱と麁重縛からの解脱という二種の解脱はありえないからである。なぜか。安立諦を認識するあらゆる認識は、相を認識するのであり、相を認識する限り相縛から解脱することはできなく、相縛より解脱できない限り麁重縛からも解脱できない。非安立諦を認識する人は、相を認識しなく、相を認識しない時は相縛より解脱し、相縛より解脱するとき、また麁重縛からも解脱する。(176)

2、世間の中で真の利他行を実践するためにも、真如・真実を見る必要がある（利他的理由）

大乗の最終目的は、人々の中で、社会の中で、苦しむ衆生を救済することである。その救済の理想的ありようは、救う対象を差別してはいけない。すべての生きとし生けるものを平等視し、しかもいかなる困難に遭遇しようともひるんではならない。そのような広く平等で力強い利他行を行うためにも、究極の真実、即ち真如を見る必要があると、『瑜伽論』に次のように説かれている（サンスクリット原文を参照して訳す）。

菩薩は、法無我智によって一切法の離言自性（nirabhilāpya-svabhāvatā）を如実に知り、少法及び少品類として分別することなく、唯事（vastu-mātra）を取り、唯真如（tathatā-mātra）を取る。このように勝義を行ずるから、真如慧によって一切法を平等平等（sama-sama）と見、一切処に於いて平等見（sama-darśin）、平等心（sama-citta）を具し、最勝の捨を得る。この捨に依止するが故に諸の明処・一切善巧に於いて勤修習する時、一切の劬労、一切の苦難に遭遇すると雖も、退転せず[177]。

右の文中の「捨」（upekṣā）とは、「偏らない平等の心」と言うことができよう。利他行においてはこの心をもつことが重要である。そのために、差別的な存在のいわば奥にある一味であり平等であり遍在する真如を見ることが必要なのである。我々は、たとえば他人を怨・親・中と差別して見るが、そのように三者に分別することなく、偏らない心ですべての人々を救済することを目指すのが理想的な生き方である。そのような生き方が可能になるために真如を悟り、心の中から差別心を滅する必要があるのである。

『摂大乗論』の次の一文も参考になる。

真如に於いて通達して一切種の所知の境界に入って普く一切有情を度脱せしむ[178]。

普く一切有情を度脱せしめるためには、真如に通達し、一切の所知の境界に悟入することが要請されるのである。

註

（1）『南伝大蔵経』第五八巻、三七二〜三七四頁。
（2）『異部宗輪論』、大正・四九・一七上。
（3）木村泰賢・干潟龍祥「結集史分派史考」（『国訳大蔵経』論部第一三巻、四一頁）。
（4）『大毘婆沙論』巻第四二、大正・二七・二一七上。
（5）『大毘婆沙論』巻第四二、大正・二七・二一七下。
（6）『俱舎論』巻第六、大正・二九・三四上。
（7）龍樹は『大智度論』（大正・二五・二九八上）に「声聞法中に亦〔この如・法性・実際〕を説く処があるが、但だ少ないのみである」と言って、出典として雑阿含などをあげているから、すでに用語としては『阿含経』にも存在していたことが知られる。なお、西義雄「般若経に於ける真如（tathatā）観について」（『結城教授頌寿記念仏教思想史論集』大蔵出版、一九六四年、所収）、八三、八七頁参照のこと。
（8）『大般若経』巻第三、大正・五・一三中〜下。
（9）『大般若経』巻第五五（大正・五・三〇九下）では、これにさらに十種を加えて合計二十二種があげられている。
（10）『大般若経』巻第三二一、大正・六・六四〇中、巻第五一三、大正・七・六一九下。
（11）『瑜伽論』巻第一一、大正・三〇・三三二下。

この箇所のチベット語訳は次の如くである。

mos paḥi yid la byed pa ni／bsam gtan pa rnam kyi ji ltar hdod paḥi mtshan maḥi dṅos po la mos paḥi gaṅ yin paḥo／／de kho na yid la byed pa ni raṅ gi mtshan ñid daṅ／spyiḥi mtshan ñid daṅ／de bṣin kyi chos yid la byed paḥi yid la byed pa gaṅ yin paḥo／／（デルゲ版・唯識部・Tshi・131b1-2）.

（12）『俱舎論』巻第二二、大正・二九・一一八上。
（13）『俱舎論』巻第八、大正・二九・四〇上。『婆沙論』にもある（『婆沙論』巻第一一、大正・二七・五三上、巻第八二、大正・二七・四二二下）。
（14）『瑜伽論』巻第一三、大正・三〇・三四五下。

(15)『瑜伽論』巻六四、大正・三〇・六五三下。
(16)『瑜伽論』巻七二、大正・三〇・六九七下。
(17)『大般若経』巻第四六四、大正・七・三四四上。
(18)『瑜伽論』巻第二六、大正・三〇・四二七上〜中。
(19)『解深密経』巻第三、大正・一六・六九九下。
(20)『解深密経』巻第三、大正・一六・七〇二中。
(21)「入正性離生証会真如捨異生性」(『大般若経』巻五九一、大正・七・一〇五六上)。
(22)同じ『解深密経』「地波羅蜜多品」では、「一切諸法の法界に通達することが初地である」と述べられている(『解深密経』巻第四、大正・一六・七〇八上)。
(23)『瑜伽論』巻第六六、大正・三〇・六六三上〜中。
(24)『瑜伽論』巻第二七、大正・三〇・四三四下。
(25)『瑜伽論』巻第四七、大正・三〇・五五二上。
(26)『瑜伽論』巻第三六、大正・三〇・四八六下。
(27)真如(tathatā)という語よりもむしろ、離言説の唯事(vastu-mātra)という語がヨーガの対象として用いられている(『瑜伽論』巻第三八、大正・三〇・五〇四上、巻第四五、大正・三〇・五三九下)。
(28)『瑜伽論』巻第三〇、大正・三〇・四五一中。
(29)『解深密経』巻第三、大正・一六・六九七下。
「真見道、謂即所説無分別智。実証二空所顕真理」(『成唯識論』巻第九、大正・三一・五〇上)。
(30)『解深密経』巻第三、大正・一六・六九八中。
(31)『瑜伽論』巻第三六、大正・三〇・四八七中。
(32)『瑜伽論』巻第五一、大正・三〇・五八一中〜下。
(33)『瑜伽論』巻第六七、大正・三〇・六六八下。
(34)『瑜伽論』巻第六七、大正・三〇・六六九上。

(35)『瑜伽論』巻第七二、大正・三〇・六九六上。
(36)「初地已上菩薩、已証二空所顕理故」（『成唯識論』巻第三、大正・三一・一三中）。「此（円成実）即於彼依他起上常遠離前遍計所執、二空所顕真如為性」（『成唯識論』巻第八、大正・三一・四六中）。
「真見道、謂即所説無分別智。実証二空所顕真理」（『成唯識論』巻第九、大正・三一・五〇上）。

「根本無分別智、親証二空所顕真理」（『成唯識論』巻第一〇、大正・三一・五四下～五五上）。
(37)『瑜伽論』巻第一〇、大正・三〇・三二四下。
(38) *Y.Bh.*, p.215, ll.8-9.
(39)『瑜伽論』巻第一〇、大正・三〇・三二七上。
(40) *Y.Bh.*, p.225, l.10.
(41)『瑜伽論』巻第三六、大正・三〇・四八六下。
(42)『瑜伽論』巻第五二、大正・三〇・五八五中。
(43)『瑜伽論』巻第五六、大正・三〇・六一一中。
(44)『瑜伽論』巻第五七、大正・三〇・六一六中。
(45)『瑜伽論』巻第三六、大正・三〇・四八七上。
(46) *B.Bh.*, p.27, l.8.
(47)『瑜伽論』巻第七二、大正・三〇・六九六上。
(48) デルゲ版・唯識部・Shi・287b3.
(49)『瑜伽論』巻第五〇、大正・三〇・五七七中。
(50) デルゲ版・唯識部・Shi・282b4-5.
(51)『瑜伽論』巻第八〇、大正・三〇・七四八中。
(52) デルゲ版・唯識部・Zi・124a2.
(53)『述記』巻第一本、大正・四三・二三四下。

（54）『義灯』巻第一末、大正・四三・六七二上。
（55）『成唯識論』巻第一、大正・三一・一上。
（56）『述記』巻第一本、大正・四三・二三四下。
（57）この智が無分別智であることは『成唯識論』の次の一文からわかる。
「真見道、謂即所説無分別智。実証二空所顕真理」（『成唯識論』巻第九、大正・三一・五〇上）。
（58）『成唯識論』巻第八、大正・三一・四六中。
（59）『述記』巻第九本、大正・四三・五四六上。
（60）前註（59）と同じ箇所。
（61）『演秘』巻第一本、大正・四三・八一六上～中。
（62）『瑜伽論』を弥勒作とみる説としては、宇井伯壽説（『印度哲学研究』第一巻、三五九～三七二頁、一九二四年）、無著作とみる説としては、Wayman 説（*Analysis of the Śrāvakabhūmi Manuscript*, 1961, University of Calfornia Press, Berkley and Los Angeles, pp.25-41）、向井亮説（「アサンガにおける大乗思想の形成と空観」『宗教研究』二二七号、二三～四四頁、一九七六年、「『瑜伽論』の成立とアサンガの年代」『印仏研』第二九巻第二号、一九八～二〇四頁、一九八一年）がある。複数人の手になる段階的な作成とみる説としては、Frauwallner 説（*Die Philosophie des Buddhismus*, 1958, Akademie-Verlag, Berlin, p.265）、Schmithausen 説（*Zur Literaturgeschichte der älteren Yogacāra-Schule*, ZDMG Supplementa I, 1969, Wiesbaden, p.812, p.819）、勝呂信静説（「瑜伽論の成立に関する私見」『大崎学報』第一二九号、一～五〇頁、一九七六年）などがその代表である。
（63）拙稿「五思想よりみた弥勒の著作――特に『瑜伽論』の著者について――」（『宗教研究』二〇八号、二七～五二頁、一九七一年）。
（64）*M.S.A.*, p.22, ll.12-13.
（65）na sat parikalpita-paratantra-lakṣaṇābhyāṃ na cāsat pariniṣpanna-lakṣaṇena（*M.S.A.*, p.22, ll.14-15）.
（66）don dam pa yoṅs su grub paḥi mtshan ñid te kun tu brtags pa daṅ／gshan gyi dbaṅ gi mtshan ñid lta bur yod pa ma yin pas na yod min sches byaḥo／／don dam pa de yoṅsu su grub paḥi ṅo bo ni med pa ma yin pas na

med min shes byaḥo／／（デルゲ版・唯識部・Mi・74b6-7）「第一義であるかの円成実相は遍計所執相と依他起相との如くには有るのではないから、有るのではないという。円成実を自体とする第一義は無いのではないから、無いのでもないという」。

(67) *M.S.A.*, p.65, l.6.

(68) *M.S.A.*, p.94, l.21.

(69) 『瑜伽論』巻第一三、大正・三〇・三四五中。

(70) tat punaḥ tattva-lakṣaṇaṃ vyavasthānataḥ advaya-prabhāvitaṃ veditavyam (*B.Bh.*, p.26, l.16).

(71) 『瑜伽論』巻第六四、大正・三〇・六五六中～下。なお、『解深密経』「如来成所作事品」（大正・一六・七〇九中）には理趣として真義理趣・証得理趣・教導理趣・遠離二辺理趣・不可思議理趣・意趣理趣の六種を列記するのみであるが、『瑜伽論』「摂決択分中聞所成慧地」（大正・三〇・六五三下）では、前三は後ろの三に随決了すべきことが説かれ、以下その内容が詳しく説明されている。

(72) 「二無きと無有るとの故に有にも非ず亦た無にも非ず」（『弁中辺論』巻上、大正・三一・四六五下）。サンスクリットは、dvayābhāvo hy abhāvasya bhāvaḥ (*M.V.Bh.*, p.22, l.23)。

(73) 「何れの処に於いて誰の余が有なるか。即ち此の処の無我性は、此の我は無性であるが無我は有性である。是れ空性と謂う」（『大乗阿毘達磨集論』巻第二、大正・三一・六七五上）。

(74) 「論じて曰く、空自相とは定んで有無に非ず。（中略）定んで無に非ずとは、謂く、此の中に於いて衆生無我および法無我には実性が有るが故に」（『顕揚聖教論』巻第一五、大正・三一・五五三中）。

(75) 「応に知るべし、法身に略して五相あり、（中略）三に無二を相と為す。謂く、有と無との二無きを相と為す。一切法は所有無きに由るが故に。空所顕の相は是れ実有の故に」（『摂大乗論本』巻下、大正・三一・一四九中）。

(76) na tathā parikalpita-paratantrābhyāṃ pariniṣpannasyaikatvāt／na cānyathā tābhyām evānyatvābhāvāt (*M.S.A.*, p.22, ll.15-17).

(77) デルゲ版・唯識部・Mi・74b1-6.

(78) 『瑜伽論』巻第一六、大正・三〇・三六三上。チベット語訳は de bshin du chos kyi mthan ñid rnam par gshag

paḥi phyir ba ni ḥdi lta ste／de bshin ñid ḥdu byed rnams las gshan nam gshan ma yin par brjod par bya ba ma yin paḥo／／（デルゲ版・唯識部・Tshi・204b4）。「法の相（特質）をありのままに安立（言語表現）するならば、真如と諸行とは異と説くこともできず不異と説くこともできない」。

（79）『解深密経』巻第一、大正・一六・六九〇中以下。

（80）『瑜伽論』巻第七二、大正・三〇・六九六下。

（81）tathatālambanaṃ jñānam anākārārabhāvitam（*M.S.A.*, p.169, l.24）.

（82）yo nirvāṇe saṃsaraṇe 'py ekaraso 'sau（*M.S.A.*, p.9, l.12）.

（83）bhāvābhāvāviśeṣa（*M.S.A.*, p.60, l.13）.

（84）na jāyate na ca vyety anabhisaṃskṛtatvād dharmadhātoḥ（*M.S.A.*, p.22, l.17）.

（85）デルゲ版・唯識部・Mi・74b6-7.

（86）『解深密経』巻第二、大正・一六・六九四中。

（87）『瑜伽論』巻第八〇、大正・三〇・七四八中。

（88）『解深密経』巻第二（大正・一六・六九四中）では、「三種無自性性の密意に依って説いて一切諸法皆無自性と言い、（中略）相無自性性の密意に依って説いて一切諸法無生無滅本来寂静自性涅槃と言い、（中略）亦、法無我性所顕勝義無自性性の密意に依って説いて一切諸法無生無滅本来寂静自性涅槃と言う」と説かれるが、『瑜伽論』「摂決択分」（大正・三〇・七〇二中～下）では、このうち、最後の勝義無自性性に依る部分が説かれておらず、また『大乗荘厳経論頌』（第一一章第五一頌）では、無自性性→無生→無滅→本来寂静→自性涅槃という具合に前のものがあとのものの依止となると説く。さらに無著の『大乗阿毘達磨集論』になると、幾分表現を異にして説明がなされ（大正・三一・六八八上）、『摂大乗論』（大正・三一・一四一上）では、論理的な前後関係ではなくて、「有自性無自性無二」ないし「自性涅槃非自性涅槃無二」というように、それぞれにおける相対立する概念の無二として考えられるに至った。

（89）正確に言えば、三無自性性は『解深密経』と『瑜伽論』とには認められるが、『大乗荘厳経論頌』には説かれていない。第一一章第五〇頌では無自性性が、自然無・自体無・自性不堅住・如執取不有という四種の面から説明されている。この頌は無著の『摂大乗論』に引用されており（大正・三一・一四一上）、『摂大乗論』には三無自性説は説かれていない。しかし、同じ無著の『大乗阿毘達磨集論』では前述の四種の無自性説を述べたあと、続いて三無自性説が説示されている（大正・三一・六八七下～六八八上）。これによって無自性に対して二種の見解があることが判明するが、『大乗荘厳経論頌』、さらには『中辺分別論頌』に三無自性説が説かれていないのはどういう理由によるのであろうか。三無自性説を充分に熟知していたと考えられる無著の『摂大乗論』にも三無自性説が認められないことから、三自性を説けば、その裏返しの説とも言える三無自性を説く必要がなかったという理由をあげることができようか。なお検討の余地を残している問題である。

(90) na hiyate na ca vardhate sankreśa-vyavadāna-pakṣayor nirodhotpāde tadavasthatvāt（*M.S.A.*, p.22, ll.17–18).

(91) デルゲ版・唯識部・Mi・74b7-75a1.

(92) 『瑜伽論』巻第五六、大正・三〇・六〇八下～六〇九上。チベット語訳はデルゲ版・唯識部・Shi・76b7-77a1。

(93) 法界清浄（chos kyi dbyiṅs rnam oar dag pa=dharmadhātu-viśuddhi）の説明は次の二箇所に認められる。

（i）「云何んが名づけて法界清浄と為す。謂く、正智を修するが故に永く諸相を除いて証得する真如なり」（巻第七三、大正・三〇・七〇一下）。

chos kyi dbyiṅs rnam par dag pa gaṅ she na／yaṅ dag paḥi śes pa bsgom pa la brten nas mtshan ma thams cad bsal bas de bshin ñid gaṅ yin pa ste／（デルゲ版・唯識部・Zi・15a1）.

（ii）「云何んが大菩提の自性なるや。（中略）四に法界清浄相なり。（中略）法界清浄相とは、謂く、此の転依し已れば、能く一切の相を除遣するが故に、是れ善清浄なる法界の所顕なり」（巻第七四、大正・三〇・七〇七上）。

de la chos kyi dbyiṅs rnam par dag paḥi mtshan ñid ni mtshan ma thams cad zil gyis mnan paḥi phyir gnas gyur pa de ni chos kyi dbyiṅs śin tu rnam par dag pas rab tu phye ba yin no／／（デルゲ版・唯識部・Zi・28a5）.

(94) na viśudhyati prakṛty asaṃkliṣṭatvāt na ca na viśudhysti āgantukopakleśa-vigamāt（*M.S.A.*, p.22, ll.18–19).

(95) デルゲ版・唯識部・Mi・75a3-5.

(96) 『瑜伽論』巻第五四、大正・三〇・五九五下。デルゲ版・唯識部・Shi・44a4-5.

(97)『瑜伽論』巻第五五、大正・三〇・六〇一中。デルゲ版・唯識部・Shi・58a4-6.

(98) デルゲ版・唯識部・Zi・15a1, 28a1.

(99) デルゲ版・唯識部・Zi・122a7.

「此の転依は真如清浄の所顕なり」(『瑜伽論』巻第八〇、大正・三〇・七四七下)。

(100) 前註(93)の(i)を参照。

(101) *M.S.A.*, p.169, l.18.

(102) *M.S.A.*, p.7, l.4.

(103) *M.S.A.*, p.94, l.18.

(104)『大乗荘厳経論頌』そのものの中では、無二(advaya)あるいは二執(dvaya-grāha)の二(dvaya)が所取(grāhya)と能取(grāhaka)との二であるとは明言されていない。しかし、第一四章の第二五頌から第二八頌に至る修行の過程を内容的に分析すると、第二八頌にある二執の二は、その前に出てくる所取の錯乱(grāhya-vikṣe)と能取の錯乱(pagrāhaka-vikṣepa)にある所取・能取の二と考えられる。世親は常に無二あるいは二執の二を所取・能取と釈している。

(105)『瑜伽論』巻第一三、大正・三〇・三四五下。

(106) デルゲ版・唯識部・Tshi・162b2.

(107) 前註(62)、向井亮「『瑜伽論』の成立とアサンガの年代」二〇〇頁。

(108) 前註(62)、勝呂信静「瑜伽論の成立に関する私見」三一頁。

(109) たとえば、prajñaptivāda-svabhāva-nirvikalpa-jñeya-samena jñānena yo gocara-viṣayaḥ (*B.Bh.*, p.26, ll.12-13)、および sarvadharmeṣu yā tathatā nirvikalpa-samatā niryāṇatā prajñā (ibid., p.199, ll.14-15) など。

(110) tasmiṃśca nirabhilāpye vastumātre nirnimittatayā nirvikalpacitta-śāntyā sarvadharmasamataikaragāmi (*B.Bh.*, p.177, ll.21-22).

(111)『解深密経』巻第一、大正・一六・六九二上。

(112) *Saṃdhinirmocana-sūtra*, ed. by É. Lamotte, p.51, ll.18-19.

(113) デルゲ版・唯識部・Shi・8a3. なお「摂決択分」にはこの他に「真如を縁ずる作意」（大正・三〇・六六九上。de bshin ñid la dmigs pa yin la byed pa, デルゲ版・唯識部・Shi・224b4）、「真実義を取る慧」（大正・三〇・七〇六中。de kho naḥi don ḥdsin paḥi śes rab, デルゲ版・唯識部・Zi・27a1）などがある。

(114) デルゲ版・唯識部・Zi・120b1.

(115) 『瑜伽論』巻第八〇、大正・三〇・七四六下〜七四七上。なお、この箇所はそのまま『大宝積経論』に引用されている（大正・二六・二二九中）。

(116) 『瑜伽論』巻第七三、大正・三〇・七〇四下。

(117) yaṅ dag śes pa rnam dag de／／des na yaṅ dag rig ces bya／／ḥdsin pa gñis daṅ rnam bral ba／／des na gñis su med ces bya／／（デルゲ版・唯識部・Zi・22a6-7）

(118) 第一四章二八頌にある dvaya-grāha-visaṃyuktam（*M.S.A.*, p.93, l.27）に対するチベット語訳は、kārika では ḥdsin pa gñis daṅ bral ba（デルゲ版・唯識部・Phi・19b6）、世親の vyākhyā でも同じであり（デルゲ版・唯識部・Phi・192b3）、安慧の vṛttibhāṣya では ḥdsin gñis las rnam grol ba（デルゲ版・唯識部・Mi・272a1）である。

(119) 『瑜伽論』巻第一三、大正・三〇・三四六中。デルゲ版・唯識部・Tshi・164b2.

(120) 『瑜伽論』巻第一三、大正・三〇・三四七中。デルゲ版・唯識部・Tshi・166a6-7.

(121) 『瑜伽論』巻第一一、大正・三〇・三三四下。デルゲ版・唯識部・Tshi・136a6.

(122) 『瑜伽論』巻第二七、大正・三〇・四三一下。デルゲ版・唯識部・Dsi・86a7.

(123) 瑜伽行唯識派で諸法を所取と能取とに分けて観察する目的は、決して観察のための観察ではなく、我と法とに対する執著を離れるためである。たとえば『大乗阿毘達磨集論』（大正・三一・六六八下）には、受用我（bhoktrātman）への執著を捨てるために能取を観察し、境界我（viśayātman）への執著を捨てるために所取を観察すると説かれている。

(124) 『瑜伽論』巻第七三、大正・三〇・七〇三中。デルゲ版・唯識部・Zi・19a2.

(125) 『瑜伽論』巻第八〇、大正・三〇・七四四上。デルゲ版・唯識部・Zi・113b2-3.

(126) 『瑜伽論』巻第九八、大正・三〇・八六三中。デルゲ版・唯識部・Zi・324b3-4.

(127)『瑜伽論』巻第二〇、大正・三〇・三九三中、巻第三四、大正・三〇・四七五下。
(128)『瑜伽論』巻第八六、大正・三〇・七七八下。デルゲ版・唯識部・Zi・140b7.
なお、『大乗阿毘達磨集論』では、所縁能縁平等平等智（sama-samālambyālambaka-jñāna）によって、所取・能取の無なる真如（grāhya-grāhakābhāva-tatathā）に通達する、と説かれる（大正・三一・七三五上。*Abhidharmasamuccaya-bhāṣyam*, ed. by NATHMAL TATIA, p.76, ll.20–21）。
(129)以前に拙稿「五思想よりみた弥勒の著作」で『瑜伽論』の所取・能取は『中辺分別論』にみられる所取・能取とは内容的に縁遠いものであると述べたが、この見解は今回の考察によって訂正されるべきことが判明した。
(130)『瑜伽論』「摂決択分中菩薩地」、巻第七四、大正・三〇・七〇七中。
(131)『瑜伽論』「本地分中菩薩地」、巻第三八、大正・三〇・五〇〇中。
(132)『摂大乗論本』巻下、大正・三一・一四九中。
(133)『成唯識論』巻第一〇、大正・三一・五七中。
『成唯識論』には、この他にも不可思議である理由として、無分別智についてではあるが、「妙用が測り難きを不思議と名づく」と説かれる（『成唯識論』巻第九、大正・三一・五〇下）。
(134)『瑜伽論』「本地分中聞所成地」、巻第一三、大正・三〇・三四五下。
(135)『瑜伽論』「本地分中思所成地」、巻第一六、大正・三〇・三六二下～三六三上。
(136)『瑜伽論』「本地分中声聞地」、巻第二五、大正・三〇・四二三中。
(137)『瑜伽論』「本地分中声聞地」、巻第二九、大正・三〇・四四六中。
(138)『瑜伽論』「本地分中菩薩地」、巻第三五、大正・三〇・四八〇上。
(139)『瑜伽論』「本地分中菩薩地」、巻第三八、大正・三〇・五〇〇中。
(140)『瑜伽論』「本地分中菩薩地」、巻第三五、大正・三〇・四八一上。
(141)『瑜伽論』「本地分中菩薩地」、巻第四〇、大正・三〇・五一二上。
(142)『瑜伽論』「本地分中菩薩地」、巻第四二、大正・三〇・五二七上。
(143)『瑜伽論』「本地分中菩薩地」、巻第四三、大正・三〇・五二七下。

(144)『瑜伽論』「本地分中菩薩地」、巻第四三、大正・三〇・五二七下～五二八上。
(145)『瑜伽論』「本地分中菩薩地」、巻第四六、大正・三〇・五四五中～下。
(146)『瑜伽論』「本地分中菩薩地」、巻第四六、大正・三〇・五四九上。
(147)『瑜伽論』「本地分中菩薩地」、巻第四七、大正・三〇・五五二上。
(148)『瑜伽論』「本地分中菩薩地」、巻第四八、大正・三〇・五六〇中。
(149)『瑜伽論』「本地分中菩薩地」、巻第四九、大正・三〇・五六八下。
(150)『瑜伽論』「摂決択分中三摩呬多地」、巻第六二、大正・三〇・六四六上。
(151)『瑜伽論』「摂決択分中有心地」、巻第六三、大正・三〇・六五一中。
(152)『瑜伽論』「摂決択分中聞所成慧地」、巻第六四、大正・三〇・六五三下。
(153)『瑜伽論』「摂決択分中聞所成慧地」、巻第六四、大正・三〇・六五四上～中。
(154)『瑜伽論』「摂決択分中聞所成慧地」、巻第六四、大正・三〇・六五五上～中。
(155)『瑜伽論』「摂決択分中菩薩地」、巻第七三、大正・三〇・七〇三上。
(156)『瑜伽論』「摂決択分中菩薩地」、巻第七四、大正・三〇・七〇七上。
(157)『瑜伽論』「摂決択分中菩薩地」、巻第七八、大正・三〇・七三三下。
(158)『瑜伽論』「摂決択分中菩薩地」、巻第八〇、大正・三〇・七九四下。
(159)『婆沙論』巻第一七九、大正・二七・八九七下。
(160)『婆沙論』巻第一三、大正・二七・六六上。
(161)『婆沙論』巻第八三、大正・二七・四二七上。
(162)『倶舎論』巻第七、大正・二九・三七上。
(163)諸仏の境界（buddha-viṣaya）のviṣayaを「悟りの心境」と訳したが、悟った人の「悟りのありよう、状態」、悟った人が住する「悟りの世界」などと換言することができようか。本書の本文（一三〇頁）にも触れたが、境界（viṣaya）が修習（bhāvanā）と成就（niṣpatti）とであると説かれている。
(164)甚深については、前掲文の㉑（一二五頁）に、「諸の静慮を修するものの静慮の境界」と「諸仏世尊の諸仏境界」

が不可思議と言われる理由のありようとして「真如は甚深の義なるが故に」と、即ち「真如は甚深である」と明言されている。この、真如が甚深である、という叙述は、この『瑜伽論』の箇所を除いては、瑜伽行唯識派の他の論書には認められない。

(165) 『摂大乗論』では甚深への考察が極に至り「諸仏の法身の甚深」に関して多頌を引用し、甚深を十二種に分類している。その中の一つに「不可思議甚深」がある（『摂大乗論本』巻下、大正・三一・一五〇中～下）。

(166) 阿毘達磨論書である『婆沙論』や『倶舎論』には、「法性甚深」という語が認められる。
「問う、誰が此論を造るや。答う、仏世尊なり。所以は何ん。一切種の所知の法性は甚深微妙にして仏世尊一切智者に非ずんば、誰か能く究竟して等覚し開示せんや」（『婆沙論』巻第一、大正・二七・一上）。

「法性は甚深にして尋思の境には非ず」（『倶舎論』巻第二〇、大正・二九・一〇六中）。

しかし、甚深という語が多用されている唯識論書に比べて甚深という語の使用は少ない。

(167) 『解深密経』巻第五、大正・一六・七〇八中。

(168) 『摂大乗論本』巻下、大正・三一・一四九中。

(169) 『瑜伽論』『解深密経』『大乗荘厳経論頌』には「法身は真如である」という文は認められないが、『仏地経論』（巻第七、大正・二六・三二五下）には「法身とは究竟の転依にして真如を相と為す」と説かれている。

(170) 不可思議の重要な意味は以下に述べる二つであるが、もう一つの意味があることも考えられる。この他に不可思議が形容する事柄と不可思議と並んで用いられる他の形容句を検討すると、たとえば、前掲の諸文中にある「諸仏及び諸菩薩の不思議にして甚奇希有なる（atyadbhuta）神変威力」「已に大地に入れる菩薩の、広大（udāra）なる、無量（aprameya）なる、不可思議なる、長時（dīrghakālika）の最極難行（parama-duṣkara）の学処」「種種の最極広大（parmodāra）なる、最極甚深（parama-gambhīra）なる、不可思議なる、不可度量（aprameya）なる菩薩の精進」「種種殊勝の不可思議なる、不可度量（apramāṇa）なる、十力種姓の所摂の等持」「種種の無量（aprameya）なる、無数（asaṃkhyeya）なる、不可思議なる、一切の声聞・独覚の所行の境界を超過せる菩薩の等持」などの中にある事柄、即ち神変威力・学処・精進・等持などにかかる形容語が、広大（udāra）・無量（aprameya）・最極広大（paramodāra）・最極甚深（parama-gambhīra）・不可度量（aprameya）・不可度量

(apramāṇa)・無数(asaṃkhyeya)などであることを考えると、不可思議には、和語で言う「思いも及ばないほどに、不思議な、驚くべき、素晴らしい」という意味もあることが判明する。

(171)『顕揚聖教論』では、この六つにさらに「不可記事」と「非正法」と「一切煩悩之所引摂」との三つを加えて、全部で九の不可思議をあげている(『顕揚聖教論』巻第一七、大正・三一・五六三下)。

(172)「云何んが自性清浄なるや。謂く、九種の相を応に知るべし。(中略)二には一切の不思議処を遠離して応に思うべきところの処を審諦に思惟す」(『瑜伽論』巻第一六、大正・三〇・三六一中)。「何等を名づけて修所成慧と倶なる光明想の所治の七法と為すや。(中略)七に不応思処に於いて強く其の心を摂して諸法を思択す」(『瑜伽論』巻第二〇、大正・三〇・三九〇下～三九一上)。「善く不応思処を遠離して、時時に止観瑜伽を修習す」(『瑜伽論』巻第二四、大正・三〇・四一六中)。「云何んが十種の違逆学法なるや。(中略)七には諸法を思惟する瑜伽作意の所有の過患なり。此れ復た云何ん。謂く、十一種あり。(中略)十一に不応思処にして強く沈思する」(『瑜伽論』巻第二八、大正・三〇・四三六下～四三七上)。「云何んが菩薩が法に於いて正思するや。謂く諸の菩薩は独り閑静に居して、所聞の法に随って思惟を楽欲し、称量を楽欲し、観察を楽欲す。先に当に不思議処を遠離して彼の法を思惟す」(『瑜伽論』巻第三八、大正・三〇・五〇三下)。

(173)『瑜伽論』巻第三八、大正・三〇・五〇三下。

(174)『瑜伽論』巻第二五、大正・三〇・四一九上。

(175) *V.M.S.*, p.14, ll.31-32.

(176)『瑜伽論』巻第六四、大正・三〇・六五七上。

(177)『瑜伽論』巻第三六、大正・三〇・四八七中。*B.Bh.*, p.28, ll.9-16.

(178)『摂大乗論本』巻下、大正・三一・一四八中。

第二部　言葉と真理

第一章　名と義とについて

言語を伴わない思考は可能であるか。これは現代の言語心理学における一つの問題である。しかし日常の思考はほとんど言語を伴う。我々は何を考えるにしても言葉を用いている。パスカルは「人間とは考える葦である」と言ったが、詳しくは「言語的思考をする葦である」と言うべきであろう。このように言語で考えることは人間に固有の能力である。しかし同時に人間を束縛する要素でもある。我々は言語によって思考する。したがって言語が相違すれば思考方法にも違いがある。気質や人格にまで影響を与えるかもしれない。しかしここで強調したいことは、言語そのものが認識に与える限界と誤謬性とである。

言語的思考を仏教的に言えば「分別」である。それは妄分別・虚妄分別とも言われるように、誤った思考である。仏教の一大目的は、このような誤った分別を否定して正しい「ものの見方」を身につけることである。そこでは当然、言語的思考は否定される。とはいえ、言語に対する考究がなされていなかったのではない。煩悩に覆われた心を否定しながら、他に類をみないほどの心理分析（心心所論）がなされたように、究極的には言語を否定しながらも、綿密で鋭い言語研究がなされているのである。とくに阿毘達磨思想と唯識思想においてはそうである。以下、主としてこの両思想の所説に基づき、仏教における言語観を「名義」を中心に考察してみよう。

第一節　名の定義

名の原語は nāma である。この語は原始仏教においては名色（nāma-rūpa）という概念の中で用いられている。この名色という語は、インド哲学一般にわたって用いられている用語であり、名は精神的なるものを、色は物質的なるものを指し、両者によって現象界全体が意味せられる。仏教においても名色のこの根本的意味は変わらないが、ただ名色を五蘊に配して、名は受・想・行・識の四つの非色蘊をまとめた総称となった。そして四蘊が名（nāma）と言われるのは、それらが「所縁に対して向かうから、向かう（namati, namana）という意味で nāma である」(1)と定義される。これは俗語的語源解釈であるかもしれないが、とにかく受などの心作用を対象との関係において認識論的に捉えようとする立場を読み取ることができる。一般的に言って仏教の心理分析は認識論的色彩が強い。言語観にしてもそうである。仏教で言う言語は他人とのコミュニケーションの媒介としてではなく(2)、ものを思考する、あるいは知覚する道具として考えられている傾向が強い。

とにかく四蘊を名とみる限り、その名は直ちに言語と結びつかない。しかし言語を、精神的なるものとの関係において捉えようとする姿勢の萌芽を読み取ることができるであろう(3)。

四蘊＝名という考えから次第に名に対する考察が深まり、阿毘達磨思想に至って「名句文」という概念が成立した。大雑把に言って、名（nāma）とは単語、句（pada）とは文章、文（vyañjana）とは字のことであるが、この概念の成立によって仏教における文章論と言語論が急激に発達した。

ここで名句文の名そのものの意味を考察し、その特殊性を探ってみよう。[4]

『順正理論』巻第一四に、名は次のように定義されている。

此の中、名とは謂く、随帰赴召なり。[5]語声の帰赴するところの如く、是の如きの自性の中に於いて名は皆な随逐呼召す。[6]

この『順正理論』の所説をもとに、『倶舎論記』は次のように述べている。

梵に那摩と云うは唐に名と言う。是れ随の義、帰の義、赴の義、召の義なり。謂く、音声に随って境に帰赴し色等を呼召す。[7]

つまり、名は次の三つの特質をもつことになる。

1、音声（śabda, ghoṣa）に随って具体的となり、

2、事物（境 artha）を指向し、

3、事物を呼称する。

ここで我々は、名を一つは音声との関係、もう一つは名が指向し呼称する事物との関係、という二つの関係において考察する必要に迫られたのである。

第二節　名と声との関係

よく風の声と言うが、そのような自然界の声は人間が発する声とは明確に区別される。[8]人間の声は語（vāc）とも

言われ[9]、必ず名（nāma）と関係する。ここで「関係する」とはどういう意味か、この問題についてしばらく考察してみよう。

名と声（あるいは語）との関係について、有部と経量部とでは意見が対立する。『倶舎論』巻第五の論述[10]によって両部の見解をまとめると、次のようになる。

［有部］

名句文は心不相応行である。したがって色である語（vāc）とは別体であり、実有である。語は音声（ghoṣa）であるが、音声のみでは事物（義 artha）は理解されない。語が名に転じて名が事物を顕す（vāṅ nāmni pravartate nāmārthaṃ dyotayati）のである。

［経量部］

音声のうち事物を理解するような音声が語であり、それはさまざまな意味をもつ中で人によって事物を表す名称として決定された（kṛtāvadhi 能詮定量）声（śabda）であり、それを名と言う。

つまり有部は精神的なもの、あるいは物質的なもの、いずれでもない心不相応行に属する一つの「名」という実体が存在し、それは事物を詮表するはたらきをもち[11]、無詮表の声[12]（＝語）とは別体であると考える。これに対して経量部は、実体としての名を否定し、詮表のある特殊な声を名とみなすのである。

この論争は我々に、名に対する深い哲学的思索を促す。なぜなら、これは「事物の名称は事物そのものや我々の認識作用を離れて実在するかどうか」という哲学上の一大問題に関係しているからである。

唯識思想も名を実体視しない。唯識思想では心不相応行とは分位に仮立したもの、即ち「分位仮有」[13]であるとみなす立場より、「語声の分位の差別に依って名句文身を建立する」[14]と言い、声を離れて名という実体が存在するとは考えない。

とにかく名と声との同異いかんの問題は、学派間において大いに議論された問題であった。それは『順正理論』巻第七六に、「(名句文の)三は声の義と極めて相い隣雑せり[15]」と言われるように、両者の区別は困難を極めるからであろう。

以上の考察によって我々は、少なくとも次の問題に眼を向けるべきであることが判明した。

1、名と声との同異
2、名と声のいずれが事物(義)を顕すか
3、名と声(語)との発生的関係
4、名の存在性

第三節　義について

次に、義について考察してみよう。義の原語は artha である。この artha という語はさまざまな意味内容をもつが、仏教ではどのような意味の語として用いられているかをまず検討してみる。

主として義無礙解(artha-pratisaṃvid)、名義(nāmārtha)、文義(vyañjana)、第一義(paramārtha)、五境(pañcārtha)などの概念にみられる artha を検討した結果をまとめると次頁の図のようになる。

右図について二、三注釈をしておこう。

事とは事物・事柄という意味で用いた。仏教的に言えば、有為即ち因縁所生の一切の法を言う。『婆沙論』巻第

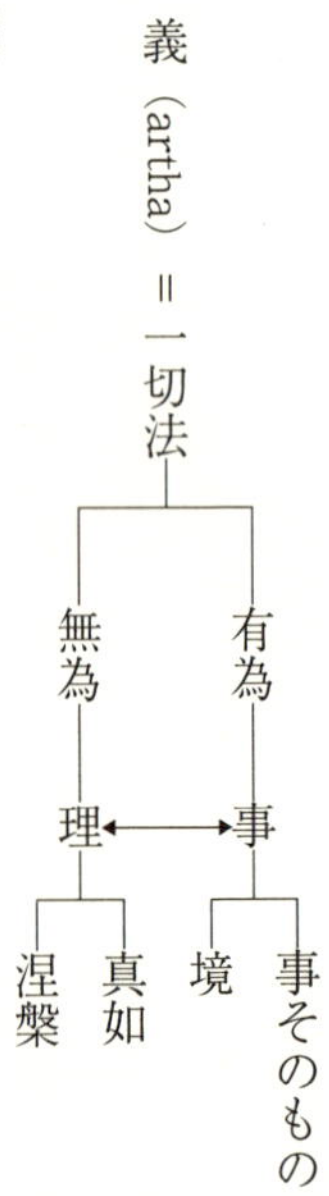

一五[16]に、義は色と非色、あるいは有見と無見との両者を含むと説かれているから、ここで言う事は、単に色（物質的なるもの）のみならず、心・心所（精神的なるもの）や心不相応行（物質でも精神でもないもの）をも含む。心不相応行の一つである名もまた義であると強調されている点に注目すべきである[17]。

事を「事そのもの」と「境」とに二分したが、両者は別なるものではない。事そのもの（vastu, dravya）のうち、認識の対象（viṣaya）となったものをとくに「境」と名づけたにすぎない。artha が認識対象を意味する場合、それはviṣayaという語で言い換えられている場合が多い[18]。仏教は事物をただ存在そのものとしてではなく、認識主体との関係において認識論的に捉えようとする傾向が強い。その顕著な例は、いわゆる外界の自然を色・声・香・味・触という五境、即ち感覚の対象として捉えることにみられる。

ところで、名によって事物を言い表すとは、事物を意味あるものとして把握することである。また、言葉には何らかの意味があるから、このような事物の意味、言葉の意味を「理」という語で表した。経の体は文と義とに分けられ[19]、義とは文によって詮表される義理・道理である。この義理・道理という意味をも「理」という語は含むことにする。

次に、真如（tathatā）も涅槃（nirvāṇa）も第一義（paramārtha）であるが、両者を分けたのは、真如は最高智の対象であるからarthaであり、涅槃は修行の目的であり、かつ利益・功徳があるからarthaであると言われるからである。[20]

以上の考察の結果、仏教で言うartha は大別すれば、主として次の三つに分類される。[21]

1、因縁所生の法
2、第一義
3、教義

ところで、本章の中心的テーマである「名義」の義は、これら三種を含むと考えてよいが、名が能詮、義は所詮と言われるように、名義の義は名によって指示されたものであるから、この義は単なる事物ではなく、名の境となった事物である。つまり、「認識論的色彩を帯びた義」であると言えよう。

第四節　名の種類

仏教は、究極の悟りの世界においては言説を否定する。なぜなら、究極の真理は言葉ではつかみ得ないし語ることができないからである。しかし、言葉で迷う我々は、まずは言葉によってその迷いからの第一歩を踏み出し始めなければならず、言葉はその歩みにおける道標の役目を果たすものである。言葉はいわばモルヒネのようなものであり、その使用法によっては毒薬にも良薬にもなる。このような観点から、仏教ほど言語の分析に力を注いだ学派は他に類をみない。言語の分類についても同様であり、原始仏教以来さまざまな分類法がある。以下、項目別に、仏教における言語の分類を検討してみよう。

①名の分類

『婆沙論』巻第一五[22]に、名の詳しい分類がなされている。これは世間で言う種々の名称をさまざまな面より分類したものである。内容の説明は省いて列記してみよう。

1、功徳名、生類名、時分名、随欲名、業生名、標相名
2、仮想名、随用名、彼益名、従略名
3、生名、作名
4、有相名、無相名
5、共名、不共名
6、定名、不定名
7、詮体名、詮用名

このうち、二、三注目すべき点を述べてみると、功徳名とは、預流・阿羅漢などの功徳の相違による名であり、仏教的色彩が強い。生類名や生名に刹帝利や婆羅門などを含めているところはインド的である。有相名とは無常・苦・空・無我など、無相名は我・人・有情などである。これによって無常などの理を肯定し、我・人などの仮有なるものを否定していることがわかる。不共名とは仏法僧・蘊界処などであるが、仏教専門語とでも言えようか。定名は、名称は元来、人間の作為を離れて決定しているかどうかの問題と関係してくる。詮体名と詮用名とは、事物を体と用とに二分して眺めようとする見方に基づいた分類である。

次に瑜伽行唯識派の論書においては、『瑜伽論』巻第八一[23]では次の十二種の名が立てられている。

仮立名、実事名、同類相応名、異類相応名、随徳名、仮説名、同所了名、非同所了名、顕名、不顕名、略名、広

名

『婆沙論』では日常的な現象に即した分類がなされているのに対して、この『瑜伽論』の分類は一段と思索が加えられた組織的な分類であると言えよう。

なお、名の分類には価値観が関係していないことにも注目すべきである。名そのものを自性無記と捉える姿勢が影響しているのであろうか。

②見・聞・覚・知の四種言説

『瑜伽論』巻第二[24]には、見に依る言説、聞に依る言説、覚に依る言説、知に依る言説の四種の言説が説かれている。この四種の言説は、他の論書にもしばしば認められる。見・聞・覚・知の四つをどのように捉えるかについては異説があるが、一説によると、見とは眼識、聞とは耳識、覚とは鼻・舌・身の三識、知とは意識のはたらきであると言う。つまりこの四種の言説は、感覚器官の相違に基づく言説の分類であると言えよう。ここでもまだ価値判断がなされていない。

③価値判断を含む分類

次に価値判断が入った言語分類例を二、三あげてみよう。

(ⅰ)非聖語と聖語

『婆沙論』巻第一七一[25]には、前述した見・聞・覚・知の四種の言説を基礎として、四つの非聖語と四つの聖語を説く[26]。このうち非聖語とは、たとえば見えないのに見たと言うことであり、聖語とは見ないのを見ないと言うことである。つまり自己の経験に照らして嘘を言うのが非聖語、真実を言うのが聖語である。虚妄は陳述には意志が関係し、そこに責任が負わされる。したがって非聖という価値判断がなされるのである。この非聖語・聖語という分類は、我々の日常的言動の虚実を基準づける根本的分類法として注目すべきである。

（ii）語悪行

価値判断の含まれた典型的な言語は、十悪業道の中の虚誑語と離間語と麁悪語と雑穢語とである。この四語は有名であるから説明は省略するが、十悪業道のうち四つまでもが語行に関するものであることに注目すべきである。ここにも仏教の言説重視の態度を認めることができる。

この他、仏教の諸経論には数多くの言説分類法が認められ、そのほとんどが善・悪という価値判断によって分けられている。

④仏の言説

仏教の経典は仏陀によって説かれたものとされている。仏教では現量と比量と聖教量を立てるが、最後の聖教量とは仏陀の説いた教えに基づく判断を言う。このように仏陀の言説は我々の言説とは全く次元を異にしたものと考えられている。したがって仏教の言語観を考察する場合、我々は、仏陀の言葉とは何か、という問題を避けて通るわけにはいかない。

註

（1）*Visuddhimagga*, p.527, p.528, p.558, p.587.
なお、『倶舎論』巻第一〇（大正・二九・五二上～中）にも、四蘊を名という理由が述べられているが、語源解釈としては同様に、namati, namana を用いている（*A.K.Bh.*, p.142, l.16, l.18）。このサンスクリットに対して、玄奘は転変と転趣と訳している。また、『瑜伽論』巻第六六（大正・三〇・六六六上）には四無色蘊を名と名づける理由の中に「流転趣向」という訳語が認められる。

（2）仏陀の言葉や聖人の教えなどは、法を説くという意味で一つのコミュニケーションの媒介であると考えられるかもしれない。

（3）四蘊を名と名づける理由を『婆沙論』巻第一五（大正・二七・七三中）では、名との関係において次のように述べている。

問。名句文身是不相応行蘊所摂。何故仏説四蘊名名。答。仏於有為総立二分。謂、色非色。色是色蘊、非色即是受等四蘊。非色聚中有能顕了一切法名故、非色聚総説為名。有説色法麁顕即説為色、非色微隠由名顕故説之為名。

（4）名は名そのものの定義という面以外に、増語（adhivacana）や想（saṃjñā）との関係においても考察されるべきである。拙稿「名と増語と想とについて」（『印仏研』第二四巻第一号、一九七五年）参照。

（5）召の字は大正蔵経では如になっているが、この字は召の間違いであるという古来の説によった。

（6）『順正理論』巻第一四（大正・二九・四一三上）。なお、『婆沙論』巻第一四（大正・二七・七〇下）にも、名の意味として、随・召・合の三義があげられている。

（7）『倶舎論記』巻第五、大正・四一・一〇八上。

（8）声は「能有呼召」と「音響」とに、また、有情名声と非有情名声とに分けられる（『順正理論』巻第一、大正・二九・三三四上）。なお、呼召という語は前述した名の定義の中にも出てくるが、その原語は何か。ちなみに、『瑜伽論』巻第三（大正・三〇・二九四上）と巻第四九（大正・三〇・五七〇上）とに呼召の語が認められるが、その原語はいずれも āhvāna であり、さらに巻第四〇（大正・三〇・五一一中）にも認められるが、その原語は āhūta である。āhvāna と āhūta は「呼ぶ」「呼びかける」を意味する動詞 ā-hvā の派生語である。

（9）玄奘訳の論書で、「語声」という語によって人間の声を単なる声と区別している例を多くみる。

（10）『倶舎論』巻第五、大正・二九・二九上～下。*A.K.Bh.*, pp.80-81.

(11) 名を能詮、義を所詮と言う。または名を能顕、義を所顕と言う。
(12) 語ではなく名が義を詮すという説は『入阿毘達磨論』巻下（大正・二八・九八七下）にもある。
(13) 『瑜伽論』巻第一〇〇、大正・三〇・八七九上。
(14) 『成唯識論』巻第二、大正・三一・六中。
(15) 有部では名と語との関係を「vāṅ nāmni pravartate」（語は名に転ずる）と説く。これに対して玄奘は「語発名」、真諦は「音声起於名」と訳す。『倶舎論』の本文では、経量部の非難文の中ではあるが、「語が名に転ずる」という意味を「語が名を生じる（utpādyati）」と「語が名を顕す（prakāśayati）」との二義に捉えている。発・起・生という概念は無なるものを初めて生ぜしめる、有らしめるという意味が強い。しかし、有部では名を実体であるとみる。したがって実体なる名に語が関係して、語によって具体的なはたらきをもつに至るという考えも可能である。前記の有部の所説の中で nāmni と locative（於格）になっている点に注目すべきである。なお、『成業論』では「或復語者、字等所依。由帯字等、能詮表義、故名為語」（大正・三一・七八六上）と言い、また、声は所依、名は能依とみる見解もある（『入阿毘達磨顕宗記』巻下、豊山全書第一五巻、二八九頁下）。
(16) 『婆沙論』巻第一五、大正・二七・七二下。
(17) 『婆沙論』巻第一五、大正・二七・七二下。『順正理論』巻第七六、大正・二九・七五一上。
(18) たとえば、五境の境（artha）については、「arthā viṣayāḥ aryante jñāyanta ity arthaḥ」（*Sphuṭārtha Abhidharmakośavyākhyā*, Part I, p.23, ll.28-29, ed. by Unrai Ogihara, 1971, Tokyo）と言われ、また、真如が第一義と言われる理由については、「tasya artho viṣaya iti kṛtvā tathatā paramārtha ity ucyate」（*M.V.Ṭ.*, p.125, ll.12-13）と説かれている。
(19) 『瑜伽論』巻第八一、大正・三〇・七五〇上。
(20) *M.V.Ṭ.*, p.125, ll.12-25.
(21) 『清浄道論』には、義（artha）として、縁所生（paccayasambhūta）、涅槃（nibbāna）、所説の義（bhāsitārtha）、異熟（vipāka）、唯作（kiriyā）の五種をあげている（『南伝大蔵経』第六四巻、八頁）。
(22) 『婆沙論』巻第一五、大正・二七・七三中〜七四上。

(23)『瑜伽論』巻第八一、大正・三〇・七五〇上。なお『顕揚聖教論』巻第一二（大正・三一・五三五下）には、この『瑜伽論』の分類に基づいたと考えられる次の十二種の名が列記されている。
仮名、実名、総名、別名、随義名、戯論名、易名、難名、顕名、隠名、略名、広名

(24)『瑜伽論』巻第二、大正・三〇・二八九中。

(25)『婆沙論』巻第一七一、大正・二七・八六一下。

(26) 八種あるいは十六種になることもある。『成実論』巻第八（大正・三二・三〇四上）、『倶舎論』巻第一六（大正・二九・八七中）を参照。

第二章　言葉の生じる機構

我々は昨日あったこと、現に行いつつあること、明日に予定していること、この三者ついてはそれが何であるかを言説で言い表すことができる。しかしいままでに見聞したことのないものを考えることはできない。ましてやそれを言葉で表現することは不可能である。つまり言説がはたらく領域には限界がある。以下、言説の領域およびその発生機構について考察を進めていこう。

第一節　想と尋伺のはたらき

『倶舎論』巻第一[1]に、有為法の異名をあげているが、そのうちの一つに言依（kathā-vastu）がある。これをYaśomitra釈[2]によって説明すると、vastuは、（1）viṣaya（境）と、（2）hetu（因）との両義をもつ。このうち言（kathā）の境には一つは現境（sākṣād-viṣaya）、もう一つは展転境（pāramparyeṇa-viṣaya）の二種があり[3]、前者が名

(nāma)、後者が義（artha）に相当する。つまり有為を言説の依と言うのは、有為を名と義とに二分し、言説はこのうち名を第一次的な境とし、義を第二次的な境とするのである。またvastuをhetuと捉えるなら[4]、言説は名を第一次的な因、義を第二次的な因として生じる。

以上の解釈をまとめると、

我々の具体的な声となって発生される言説は、有為という現象の中で生じてはたらく。そしてそれが生起する原因および生起して活動する対象はいずれも名と義とであり、このうち名は言説にとって直接的であり、義は間接的である。

となる。とにかく言説は有為を領域とし、名と義とを所依として生じることが判明した。

ところで名も義もいずれも心的作用ではない。したがって言説は名と義とによって生じるというのは、言説の発生を単に構造的に捉えたにすぎないのであるから、言説を生むためにはもう一つ心的動因がなければならないが、それが何であるかという考察が必要になってくる。

我々はある事物を認識する場合、その事物の刺激を感覚し、それが何であるかを知覚してからそれを言葉で言い表す。この事物を知覚し言説を起こす最初の動因となる心的作用を仏教では想（saṃjñā）と言う。これについて『入阿毘達磨論』巻上に、

想句義とは謂く、能く相と名との義を仮合して解すなり。即ち青黄長短等の色、螺鼓等の声、沈麝等の香、醎苦等の味、堅軟等の触、男女等の法の相と名との義の中に於いて仮合して解し、尋伺の因と為るが故に名づけて想と為す[5]。

と説かれ、『倶舎論』巻第四には、

想とは謂く、境に於いて差別の相を取るなり(6)(saṃjñā saṃjñānaṃ viṣaya-nimittodgrahaḥ)(7)。

と説かれ、『成唯識論』巻第三には、

想とは謂く、境に於いて像を取るを性と為し、種種の名言を施設するを業と為す(8)。

と説かれている。

つまり想とは、ある事物（viṣaya）に対し、「これは青であり黄ではない」などという言説をもって、その事物を決定せしめる特質（nimitta）を理解し（udgraha）、その事物の何であるかを明白に知覚する心作用である。右記した『入阿毘達磨論』の中で「相と名との義を仮合して解す」と言って、所詮の相と能詮の名とを結合せしめる力として想を考えている点に注目すべきである。すなわち、対象としての事物とその事物の名称がたとえ存在するにしても、両者を結びつけるある種の心的動力がなければ、その事物の何であるかは我々には認識され得ないのである。

想は尋伺の因となると説かれているが、想が言語発生の遠因ならば、尋伺（vitarka-vicāra）は近因と言うべき心作用である。『倶舎論』巻第四に、

尋と伺との二法は是れ語言の行なり。故に契経に言く。要ず尋伺ありて方に語言あり。尋伺なくして此れ語言の行に非ず(9)。

と説かれるように、想によって知覚された事物を尋によって麁く大まかに尋求し、伺によって細かく詳細に伺察した結果、言説を起こすのである。

以上の論述をまとめると次のように図示できる。

「尋伺」とは追究する心、「名」とは声となる以前の言葉(10)、「義」とはその言葉が指向する対象、「言説」とは具体的に声となって発せられた言葉をそれぞれ意味する。

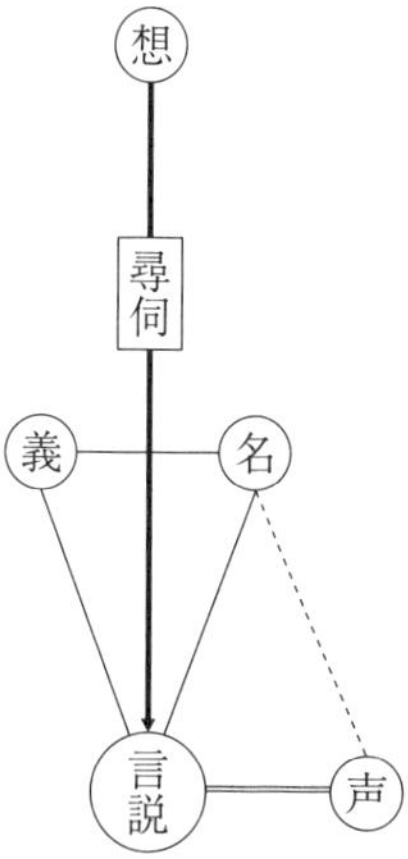

言葉が発生する機構

右図をまとめて説明すると次のようになる。

まず想という「言葉を対象に結びつけてそれが何であるかを知る統覚作用」があり、それが追究する心を機縁にはたらき始め、それに対象に言葉が向かうはたらきが加わって、最終的に具体的な言葉が生じるのである。

右の図の中で、想に始まり言説に終わる太線矢印は、想によって名と義が結合せられ、さらに尋伺によって具体的に言説が発せられるという動的発生過程を示す。名と義と言説とが細線で結ばれているのは、この三者が静的・構造的・関係的に結ばれていることを示している。言説とは名を帯びた声つまり語声である点、また名と声との同異が問題となる点を考えて名と声と言説を点線と二重線とで結んでおいた。

第二節　意識と言説との関係——とくに意言について——

『入阿毘達磨論』巻下[11]には、声・名・義・智の四種の法は同一相に似ると説かれている。これら四つは言説を伴う我々の認識を成立せしめる四大要素であると言えよう。たとえば、「机という声に依る机という名によって、机という義を机であると智る」のである。

ところで四つの要素の中の、これまで考察しなかった智について考えてみよう。智とは覚（buddhi）とも言われ、事物の何であるかを明確に認知する作用であり、八識の中の第六意識のはたらきであり、言説による事物の認識には必ず第六意識が関係してくるのである。以下、意識と言説との関係を考察してみよう。

両者の関係について『倶舎論』巻第一〇には次のように述べられている。これは第六意触を増語触と言う理由として二説あげているうちの後説である。

有るが説く。意識は語を増上と為して方に境に於いて転ず。五識は然らず。是の故に意識を独り増語と名づく。(12)

この解釈によれば、言説が関係するのは意識のみであって前五識とは無関係であるという。これは前五識は常に現量であり、意識は現量に加えて比量のはたらきをもつという事実とも関係してくる。比量とは言説を伴って対象の共相を認識するのに対して、現量とは対象の自相を直接に把握して言説を必要としないからである。

右記の一文は、意識は語（vacana）によって（adhikṛtya）生じると説く。つまり、意識は語を増上縁とするとみるのである。筆者の勉強不足かもしれないが、阿毘達磨論書にはこれ以外に意識と言説との関係を論じた箇所は見当たらないから、未だ両者の関係がそれほど鋭く追究されるに至っていなかったのであろう。

意識と言説との関係の考究は唯識思想になって急速に発展した。それは、一切を識の中に収め尽くし、我・法は実在するとみる第六意識のはたらきを強く否定するからこそ、逆に言説を伴う意識のあり方に鋭くメスを入れざるをえなかったためであろう。(13) 意識と言説との結びつきは、唯識思想においては「意言」（manojalpa）という概念にみられる。以下、この概念について考察してみよう。

まず『瑜伽論』の所説を検討する。意言が述べられている箇所を列記すると次の如くである。

①又た略して三種の心一境性有り、能く如実智見を証得せしむ。一には意言の中に於いて種種差別ある所縁の行相なり。二には意言の無間に種種差別ある所縁の行相なり。三には意言を超度して一境の専注する種種無く差別無き所縁の行相なり。(14)

②已に初静慮定に証入し、已に初静慮を得たる者は、諸の尋伺に於いて観じて麁性と為し能く正しく了知す。若しくは定地に在りて縁に於いて最初率爾にして起こり、忽ち境に務行する麁なる意言の性、是れを名づけて尋と為し、即ち彼の縁に於いて彼に随って起こり、彼に随って行じ、徐ろに境に歴行する細なる意言の性、是れを名づけて伺と為す。(15)

③当に知るべし、尋伺は慧思を性と為すこと猶し諸見の如しと。若しくは慧は意言に依止して生じ、所縁の境に於いて憧惶として推究す。慧を性と為すと雖も而も尋伺と名づく。諸の境界に於いて遽務して推求し、意言に依止する麁慧を尋と名づけ、即ち此の境に於いて甚だ遽務せずして随って究察し、意言に依止する細慧を伺と名づく。(16)

④又た諸の菩薩は意言分別して仏法僧を礼し、乃至命終まで時虚しく度ること無く、亦た他を勧導して此の礼業を行ぜしむ。(17)

前に言説を起こす直接の心的動因は尋伺であることを述べたが、右に引用した『瑜伽論』の②と③とにおいて、「意言」が次のように尋伺との関係で述べられていることにまず注目してみよう。

┌尋――麁なる意言性（audāriko manojalpaḥ）
└伺――細なる意言性（sūkṣmataro manojalpaḥ）

尋伺との関係で意言を考えていくこの捉え方は、次のような『唯識三十頌』に対する安慧釈の中にもある。

尋とは尋求する意言であり特殊な慧と思とである。（中略）伺もまた特殊な思と慧とであり、伺察する意言である（vitarkaḥ paryekṣo manojalpaḥ prajñā-cetanā-viśeṣaḥ... vicāro 'pi hi cetanā-prajñā-viśeṣātmakaḥ）[18]。

同様の定義が、同じ安慧の『大乗広五蘊論』にある。

云何んが尋なり。謂く、思と慧との差別にして、意言し尋求し、心をして麁相に分別せしめるを性と為す。意言とは意識なり。是の中、或いは思に依り或いは慧に依って起こる。（中略）云何んが伺なり。謂く、思と慧との差別にして、意言し伺察し、心をして細相に分別せしめるを性と為す[19]。

この解釈は、いずれも右の『瑜伽論』の所説を根拠にしていることは確かである。また『大乗広五蘊論』で安慧は、「意言とは意識である」と明確に定義している点にも注目すべきである。

このような捉え方の流れの最後に、『成唯識論』巻第七で、

尋とは謂く、尋求なり。心をして怱遽に意言の境に於いて麁に転ぜしめるを性と為す。伺とは謂く、伺察なり。心をして意言の境に於いて細に転ぜしめるを性と為す[20]。

と定義されるに至ったのであると言えよう。

右記したこれらの定義より、「意言の意（manas）とは意識（mano-vijñāna）であり、意言全体もまた意識である。そして意識の言語による認識作用、換言すれば尋伺あるいは伺察という特殊な心作用を意言という語で言い表そうとしている」ことが判明した。

このようなインド撰述における基本的解釈を踏まえて、中国の『述記』では、さらに考察が深められるに至った。即ち、意識を意言と言う理由については『述記』巻第七本には次のように三解をあげている。

意言の境とは、意とは即ち意識なり、遍く縁ずるを以っての故なり。此に三解有り。一には喩えに従う。即ち意識と及び相応法とは能く境を取るが故に言説の言と相似するなり。二には境に従う。言説の言は是れ声の性なり。此の言は意の所取性と為る。言に従って名と為して但だ意言と名づく。三には果に従う。意に由って能く言等を起こすが故に意言と名づく。(21)

インドにおいてすでにこのような解釈がなされていたかどうかはわからないが、意言の解釈としては貴重なものと言えよう。三解の内容を平易に表現してみると次のようになる。

1、意識の認識作用は言説の作用に似ているから意言と言う。

2、意識によって認識される言説という面より意言と言う。

3、意識が言説を起こすという面より意言と言う。

このうち、第一解によって、意識作用は言説作用に似ること、第二解によって、言説は意識の対象になること、第三解によって、言説は意識によって引き起こされることが、それぞれ言われている。第二解と第三解とをまとめると、「意識は言説を対象とすると同時に言説を引き起こす」ということになる。この点を『百法問答抄』巻一で、

語言は是れ意識の所縁なり。意識の所発なり。余の識が発するにあらず。(22)

と述べている。

ところで、意言は単に尋伺という心所のはたらきとの関係でのみで捉えられているのではない。『摂大乗論』巻中(23)においては「似法似義意言」(chos daṅ don snaṅ baḥi yid kyi brjod pa)(24)、あるいは「似文似義意言」(ye ge daṅ don snaṅ baḥi yid kyi brjod pa)[24] と言われ、唯識観における重要な概念となっている。即ち、「法と義」あるいは「文と義」とは「経文」とその経文が指し示す「対象あるいは意味」であるが、そのような法義あるいは文義をまずは心の中に言葉として、即ち意言として起こし、それに対して観察を行っていくことから唯識観が始まるのである。

以上の考察の結果、唯識思想においては、言説によって意識は活動する、意識は言説を対象とする、あるいは意識は言説を起こす、など、意識と言説との関係はさまざまに表現されているが、これは『入阿毘達磨論』で「声・名・義・智は同一相似である」と言われながらも、それら諸概念の関係は明確に定義づけられないという理由によるものであろう。

ここで、直接、意言とは関係はないが、唯識思想においては言説による認識がいかに大きく問題視されているかを、「名言熏習」[25]という概念を通して考察してみよう。

『大乗入楞伽経』巻第四には、

語とは所謂る分別習気を其の因と為し、喉舌唇齶歯の輔けに依って種種の音声と文字とを出し、相対談説する、是れを名づけて語と為す。[26]

と説かれており、語（ruta）が生じる原因を分別習気（vikalpa-vāsanā）[27]に求めており、単に語だけが習気を因とするのではないと解釈しているのである。唯識思想では阿頼耶識中の種子から一切諸法が生じると考える。その意味で、阿頼耶識はまた一切種子識とも言われる。ところで、習気（vāsanā）は阿頼耶識に熏ぜられる面から習気と言われ、諸法を生じる面から種子（bīja）とも言われる。そして阿頼耶識にあるすべての種子を名言習気あるいは名言種子と言うのである。このように「名言」を付して言われるのは、名言によって熏じられたからである。

この名言には「表義名言」と「顕境名言」の二種類があるが、前者は名（nāma）を帯び、義を詮表する声のこと、後者は境を了する心心所法のことである。[28] つまり、後者は七識一般に通じる認識作用であり、これから言説による第六意識の認識作用を分立せしめたのが前者である。言説を伴わなくても顕境名言と言われる理由として、『述記』は、心心所の境を了するあり方は、言説の名が法を顕すあり方と似ているからであると述べている。[29] それはともかくとして、諸識の作用、つまり現実のさまざまな心のはたらきによって熏じつけられたあらゆる種子を名言種子と捉えるところに、唯識がいかに言説を重くみていたかを窺い知ることができる。一切法は種子、それも名言種子から生じ、生じた一切法は名言種子を植えつける。この有機的とも言える循環運動が全存在の本質である、とみるならば、名言即ち言説による分別が占める位置を我々は改めて再確認する必要に迫られるのである。

註

（1）『倶舎論』巻第一、大正・二九・二上。
（2）*Sphuṭārtha Abhidharmakośavyākhyā*, Part I, p.21, ll.2-18.
（3）『婆沙論』巻第一五（大正・二七・七四上～中）には、言依を名と考え、展転因（依）として義を入れて、言依は十八界・十二処・五蘊という全有為を指すという説と、言依は初めから名と義とを意味するという説との二つの説をあげている。この両説に関する『倶舎論』本文の所説は、このうちのいずれの説であるのかという問題に関して、『倶舎論記』は、前説・後説いずれの説をもとっていると考えて問題ないという見解をとるのに対して（大正・四一・一四下）、『倶舎論疏』は、後説に同じであるという見方をとっている（大正・四一・四七四下）。
（4）『顕宗論』巻第一（大正・二九・七八〇下）にも、依とは因の意味であると釈している。また『大乗阿毘達磨集論』巻第二（大正・三一・六六九上）では、言事（kathāvastu）は言説所依（vyavahārādhiṣṭhānatā）と言い換えられている。
（5）『入阿毘達磨論』巻上、大正・二八・九八一下。
（6）『倶舎論』巻第四、大正・二九・一九上。

（7）*A.K.Bh.*, p.54, ll.20–21.
（8）『成唯識論』巻第三、大正・三一・一一下。
（9）『倶舎論』巻第四、大正・二九・二一中。
（10）声となる以前の言葉即ち名は、部派仏教の説一切有部は心でも声でもないもの（不相応行）として存在すると考えるが、瑜伽行唯識派はそれは潜在的には阿頼耶識の中の種子として存在し、顕在的には声の屈曲であり、名にしても言説にしても、心や声を離れては存在しないという見解をとる。
（11）『入阿毘達磨論』巻下、大正・二八・九八八上。
（12）『倶舎論』巻第一〇、大正・二九・五二下。
（13）詳しくは、倶生の我執・法執と分別起の我執・法執とがある。
（14）『瑜伽論』巻第一四、大正・三〇・三四九下。
（15）『瑜伽論』巻第三三、大正・三〇・四六七上。
（16）『瑜伽論』巻第五八、大正・三〇・六二三上。
（17）『瑜伽論』巻第四五、大正・三〇・五四〇下。
（18）*V.M.S.*, p.32, ll.19–27.
（19）『大乗広五蘊論』、大正・三一・八五四上。
（20）『成唯識論』巻第七、大正・三一・三五下～三六上。
（21）『述記』巻第七本、大正・四三・四六八上。
（22）『日本大蔵経』法相宗章疏二、五六三頁。なお、『述記』巻第八本にも「唯だ第六識のみ能く其の名を縁じ、能く其の名を発す。余は皆な縁ぜず亦た能く発せず」とある（大正・四三・五一六下）。
（23）『摂大乗論本』巻中、大正・三一・一四二中下。
（24）佐々木月樵『摂大乗論――漢訳四本対照――』付「西蔵訳摂大乗論」、No.85, ll.13–14, No.89, l.1（日本仏書刊行会、一九五九年）。
（25）名言熏習という語は『摂大乗論』にも出てくるが（大正・三一・一三七中）、名言にあたるチベット語訳は

mion par brjod pa（註24の前掲書、No.38, l.13）であるから、サンスクリットは abhilāpa であろう。

（26）『大乗入楞伽経』巻第四、大正・一六・六一〇上。

（27）南条文雄校『梵文入楞伽経』p.152, l.16（大谷大学、一九二三年）。

（28）『成唯識論』巻第八、大正・三一・四三中。

（29）『述記』巻第八本、大正・四三・五一七上。

第三章　言葉と種子

筆者は以前から、阿頼耶識の中の種子が『成唯識論』などにおいて最終的に名言種子あるいは名言習気とよばれていることに興味を抱いてきた。名言種子は名言と種子との二つに分けられる。このうち種子は阿頼耶識の別名の一切種子識として『瑜伽論』あるいは『解深密経』以来、諸法を生じる根本原因と考えられた。しかし両書においては未だ名言種子、名言習気という語は認められない。その後、名言即ち言葉への考察が深まり、加えて阿頼耶識縁起への考察が進むにつれて、名言と種子との両概念が思想的に接近し、最終的に名言種子という概念が成立したものと考えられる。

以下、阿頼耶識縁起の思想的発展を分析しつつ、同時に名言（広くは言葉）と種子（習気）との両概念が接近していった過程を『瑜伽論』『解深密経』『大乗荘厳経論頌』『摂大乗論』を中心に考察する。筆者は初期唯識論書の成立順序を大まかに、『瑜伽論』本地分→『解深密経』→『瑜伽論』摂決択分→『大乗荘厳経論』→『中辺分別論』→『摂大乗論』と捉えている。このうち、

1、『瑜伽論』の本地分と摂決択分との間には『解深密経』が介在し、両者は思想的に大いに異なることが知られている。
2、また、筆者は以前に拙稿「『無二』の思想的発展について――『瑜伽論』「摂決択分」から『大乗荘厳経論頌』へ――[1]」において、無二という観点から『瑜伽論』「摂決択分」の所説を踏まえて『大乗荘厳経論頌』が成立した。

と結論した。

ところで「名言と種子との接近」という観点からみても右の1と2との見解が適切であるかどうか、この問題をも視野に入れて以下考察してみよう。

なお次の二つの観点を意識しつつ、以下の作業を進めていく。
1、阿頼耶識縁起には『中辺分別論安慧釈』中の言で言えば、「刹那展転の生起」（現在一刹那の現象を生じるはたらき）と「他生への生起」（来世の自己存在を生じるはたらき）[2]との側面があること。
2、言葉と現象との関係をどのようにとらえたか。

第一節　言葉への目覚め――『瑜伽論』「本地分」――

第一項　「刹那展転の生起」と「他生への生起」

『瑜伽論』巻第一の冒頭では、五識身が自性・所依・所縁・助伴・作業の五方面より解説されている。このうち所依として倶有依と等無間依と種子依とをあげるうち、種子依とは「一切の種子を執受する所依にして、異熟に摂められる阿頼耶識である」と定義される[3]。倶有依などの三つの所依は、のちに『成唯識論』巻第四では順次、増上縁依・等無間縁依・因縁依とよばれることから考えると、『瑜伽論』の冒頭において阿頼耶識が四縁との関係で考察され、四縁のうちの因縁は阿頼耶識である、もっと厳密に言えば、阿頼耶識中の種子が因縁であるという、瑜伽行派の基本的な因縁観がすでに確立されていたことが判明する。このことは、巻第三において四縁の中の因縁を定義して、「因縁とは種子である」と述べていること[4]、あるいは巻第一〇において十二支縁起の十二支間ではいずれも因縁の意味はない、「なぜなら因縁とは自体である種子という縁であると定義されるから[5]」と述べていることなどからも明らかである。

さて、このように「種子こそ因縁である」と意識されていたのであるが、しかしその種子が前に指摘した「刹那展転の生起」と「他生への生起」との二つをもたらすはたらきがあるということを「本地分」の作者は強く意識していたであろうか。次にこの問題を考えてみたい。

まず注目すべきは次の二つの考えである。

1、一切種子識とは何か。それは先に戯論に楽著することを因として生起した、一切の種子を有し、異熟であるところの識である[6]。

2、一切種子識が自体を生起するとき、浄・不浄業を因とするけれども、戯論に楽著することが最勝因（karaṇa）である。しかるに浄・不浄業は、族姓・色力・寿量・資具などの果に対して主として因となる[7]。

右の二つの考えは、一切種子識、即ち阿頼耶識の生起が問題とされている。この場合の生起とはいわゆる「他生への生起」である。したがって、まずここでは阿頼耶識が過去世から現在世へと生起する輪廻の主体として捉えられている。このように阿頼耶識は一切種子識として因縁あるいは種子依として考えられるものの、「本地分」を一覧するとき、阿頼耶識の二つの側面のうち、他生への生起の面のほうが強く意識されていることは否定できない。このことから、阿頼耶識説を初めて唱えた人々は、一切の現象を生じるものは何か、ということよりはむしろ、輪廻の主体とは何かという追究の結果にこの識を立てるに至ったであろうということが推測される。

右の二つの考えのうちで注目すべきは、一切種子識が生じる原因として次の二つをあげていることである。

（a）戯論に楽著すること

（b）浄・不浄の業

これら二つの原因は、のちの名言種子と業種子に通じる考えであると言えよう。なぜならこれら二つの原因を拡大解釈するならば、浄・不浄業とは、善・不善の業であるので、この二種の業が原因となって族姓・色力などの果が生じるとは、業によって熏習された種子、即ち業種子が未来世の阿頼耶識の内容を決定することを意味するが、しかしこの業のはたらきは、あくまで増上縁であって因縁ではない。まさしく因縁即ち正因縁となるのは戯論に楽著することによって熏習された種子、即ち名言種子である、と解釈することができるからである。

この解釈が正しければ、「本地分」にある「楽著戯論を因とする」（prapañca-rati-hetu）という考えが源泉となって、次いで、（1）戯論とは何か、（2）名言（広くは言葉）とは何か、（3）種子はどのような種類に分けられるか、という問題に対する考究を通して、最終的に名言種子あるいは名言熏習・名言習気・名言熏習種子という概念が成立したものと考えられる。この楽著戯論が名言種子へと通じることは、慈恩大師が『瑜伽師地論略纂』巻第一の中で、この箇所を解釈して、

種子識中楽著戯論等とは、一に解して云く。即ち言説及び分別を皆な戯論と名づく。現行を以って因と為して

生じるところの種子異熟識なり。即ち名言熏習種子なり(8)。

と述べていることからも知られる。

右の『瑜伽師地論略纂』では、現行即ち具体的に現れた現象が戯論と捉えられ、その戯論が言説と分別とからなると考えられている。戯論の原語 prapañca は、もともとインド哲学一般では現象を意味する言葉であったが、それが漢語で戯論（戯れの論）と訳されることからもわかるように、瑜伽行派は現象を強く言葉との関係で捉えようとした。換言すれば、言葉が現象を生じると考えたのである。

もちろん「戯論イコール言葉」とみる見解だけではない。ここで『瑜伽論』にみられる戯論の定義を列記してみよう。

1、戯論とは何か。それは煩悩とおよび煩悩を有する諸蘊である(9)。

2、有情世間と器世間とに関する一切の戯論を摂する二つの法がある。即ち能取の法とおよびその所依たる所取の法とである(10)。

3、涅槃に於いて所取と能取との二つの施設はない。なぜなら一切の戯論が滅するからである(11)。

このうち、1は現象的存在を主体的に捉え、戯論（現象）とは、煩悩と煩悩を有する五蘊であるとみる見解である。概して「本地分」では、戯論は自己存在と自己を取り巻く現象界全体を意味する場合のほうが多い。たとえば、前述した「楽著戯論」とは、すぐれた欲を追い求める欲求、すぐれた身体を追い求める有求、沙門や婆羅門の解脱を追い求める梵行求であると巻第一九(12)で説明されている。即ち、広く現象世界のさまざまな事柄に執著を起こし、それらを追い求めることが戯論に楽著することである。ここでは明らかに、物質的・肉体的あるいは精神的現象世界が戯論という言葉で意味されている。

もちろん、たとえば巻第二で[13]言説句（vyavahāra）が戯論句（prapañca-pada）と言い換えられているから、prapañcaには言説の意味を、広くは言葉に依って形成された世界という意味をも付与していたであろうが、しかし、戯論という語を広く現象一般として用いる場合は、戯論は未だ言葉との関係においては強く捉えられていない。ただ注目すべきは、右の2と3との定義で、戯論が所取と能取との二つから成立すると解釈されている点である。弥勒作とされる『大乗荘厳経論頌』や『中辺分別論頌』においては、一切の現象が唯識あるいは唯心と捉えられ、唯心の世界が「認識される所取」と「認識する能取」との二つから構成されるとみる見解が前面に押し出されているが、このような見解に発展する素地はすでに『瑜伽論』の「本地分」にある。このことは『瑜伽論』と弥勒作とされる諸論書との関係を考える際に注目すべき事実である。

第二項　言葉と現象、言葉と種子

右にみてきたように、『瑜伽論』「本地分」においては阿頼耶識を生じる原因として「戯論に楽著する」ことが説かれている。しかしその戯論は、広く現象一般と捉えられている傾向が強い。これは換言すれば、言葉と現象との結びつきが未だそれほど意識されていなかったことを物語っている。

ただ『瑜伽論』「本地分」の中で初めて唱えられた十五依処説と十因説とのうちの、次の三つに注目してみよう。[14]

1、語（vāc）という因依処（hetv-adhiṣṭhāna）によって随説因（anuvyavahāra-hetu）を施設する。

2、浄不浄業習気（śubhāśubha-karma-vāsanā）という因依処によって牽引因（apekṣā-hetu）を施設する。

3、随順（ānukūlya）という因依処によって引発因（āvāhaka-hetu）を施設する。

このうち、3の随順とは善法が善法を、悪法が悪法を、無記法が無記法をそれぞれ引発することを言う。右のうち、2の習気の依処は異熟果を、3の随順の依処は等流果をそれぞれ施設すると説かれていることから考えて、のちに、2は業種子（＝異熟習気）、3は名言種子（＝等流習気）という考えに発展していくことになると考えられる。

最も注目すべきは、原因が成立する根拠（adhiṣṭhāna）の一つに、語（vāc）、即ち言葉があげられていることである。そこでは、「名（nāma）を施設するから想（saṃjñā）が起こり、想から語（vāc）が起こり、語によって見覚知に随って言説を起こす（anuvyavahriyate）」と説かれ、名→想→語→言説と展開する言葉の発生過程が述べられている。このうち十因という新しい原因説の中で、言葉というものが一つの原因として立てられたことは、初期瑜伽行派の人々が言葉というもののはたらきをいかに重要視したかということを物語っている。ただし、「本地分」では、語と習気または種子とが別々の原因として立てられ、言葉と種子との結びつきは未だ認められない。

第二節　言葉の現象への介入――『瑜伽論』「本地分中菩薩地」と『解深密経』――

第一項　真如と言葉、言葉と現象

次に『瑜伽論』「本地分」の中でも成立年代と所説の内容とが他の部分と異なると考えられる「菩薩地」と、および「菩薩地」の影響を受けて作られたと推測される『解深密経』とに眼を転じてみよう。

この二つにおいてまず注目すべきことは、真実（tattva）とは何かという考察が一段と深まり、その結果、「真実は真如（tathatā）であり、しかもそれは決して言葉で把握することも表現することもできないもの、即ち離言自性

（nirabhilāpya-svabhāva）である」という見解が確立されたことである。

このように、究極的真理である真如が言葉を離れたものと捉える態度は、見方を変えれば、仮象的存在である現象世界は、言葉と結びついたものであると捉える態度でもある。したがって現象的存在の存在性が強く言葉との関係で把握され、表現されている。実際の所説にしたがった論述は割愛し、要点のみを記すと次のようになる。即ち「菩薩地」において「存在するもの」として考えられたものには、次の三種類がある。

1、言葉によって仮に語られたもの。

2、仮に語られたものが生じる依りどころとなるもの。

3、右の依りどころとなるものの本性。

このうち1は、漢訳と原語では仮説自性（prajñapti-vāda-svabhāva）と言われ、2は仮説所依（prajñapti-vādāśraya）、3は離言自性（nirabhilāpya-svabhāva）あるいは勝義自性（paramārtha-svabhāva）、法性（dharmatā）とよばれる。2の仮説所依は、また色等想事（rūpādi-saṃjñaka-vastu）とも言われる。

ところでこれら三つは、のちに順次に遍計所執自性・依他起自性・円成実自性とよばれるようになるが、「菩薩地」では未だ三自性との関係では捉えられていない。むしろ用語的にみても、仮に語られたもの（仮説）、色などという名でよばれる事物（色等想事）、言葉を離れたもの（離言）、と表現されるように、現象的存在とその本質にまたがる存在全領域にわたって存在するものすべてを、言葉（vāda, nāma, saṃjñā, abhilāpa）との関係で捉えようとする姿勢を読み取ることができる。

この姿勢は『解深密経』にも認められる。即ち、この経典全体にわたって勝義あるいは真如の存在が強調され、勝義は、（1）内自所証、（2）無相所行、（3）不可言説、（4）絶諸表示、（5）絶諸論の五つの性質をもつから、

「一切の尋思の境を超過した相」であると説く[15]。即ち、『瑜伽論』「本地分中菩薩地」において離言自性と捉えられた真如（勝義）の離言性への考察が一段と深まり、右のような五つの形容によって、真如が言葉を超越し、言葉によって把握されることも表現されることもできないことをより強調するに至ったのである。

それと同時に、言葉と現象との結合が「本地分」以上により強く意識されるに至った。たとえば前述したように「本地分」では、単に「戯論に楽著する」と言われていたが、『解深密経』では「二に依る言の戯論に楽著する[16]」と、戯論に言を付して表現していることもその一つの証拠である。

また言葉によって把握されたものが、三自性のうちの遍計所執という語によって表現されるに至ったことも注目すべき事実である。即ち、「菩薩地」において無二の二を説明する際、たとえば、有（bhāva）というのは仮説自性であると言われるのに対して、『解深密経』「勝義諦相品」においては、同じ無二の二を説明して、有為というのは遍計所執言辞所説（kun tu rtog pa las byuṅ ba tha sñad tu brjod pa[17]）であると説かれている。遍計所執はチベット語訳からみて過去分詞の parikalpita ではないようであるが、しかし「遍計（parikalpita=kun tu rtog pa）より生じる」というチベット文よりして、やはりこの裏には三自性の一つである遍計所執性が予想されていることは否定できないであろう。

言葉と現象との関係に三自性説が強く介入していることは、依他起性を説明して「分別の所行である遍計所執相（kun brtags paḥi mtshan ñid=parikalpita-lakṣaṇa）の所依の行相である」と表現しているところにも認められる[18]。これは前述した『瑜伽論』「菩薩地」の「仮説の所依」（prajñapti-vādāśraya）という考えを三自性的に捉えたものであり、ここにも思想的発展の跡を認めることができる。

このように『解深密経』の作者は、言葉と現象との関係を、三自性説を取り入れることによってより強く意識するに至ったと言えよう。

第二項　言葉と種子（習気）

『解深密経』について特記すべきは、種子（習気）と言葉が初めて結合したことである。即ち、「心意識相品」において一切種子識、即ち阿頼耶識が維持する（＝執受する）ものとして有根身と習気があげられているが、このうち習気が、「相名分別言説戯論習気」（mtshan ma daṅ miṅ daṅ rnam par rtog pa la tha sñad ḥdogs paḥi spros paḥi bag chags）と表現されている。[19] この漢訳をどのように還梵して解釈するかは問題があるが、いまは「相・名・分別から生じる言説の世界が熏習した習気」と解釈しておきたい。とにかく、ここで「阿頼耶識中にある種子とは、言説即ち言葉が織りなす戯論の世界によって熏習されたものである」という考えが初めて明白に主張されている。そしてさらに「一切法相品」では「依他起相に於ける遍計所執相たる言説の習気（tha sñad kyi bag chags=vyavahāra-vāsanā）」[20] という表現が認められ、vyavahāra（言説）という、いわゆる言葉を意味する語が初めて習気と直接結びついて言説習気という概念が成立した。

このように現象を作り出すものは言葉であるという認識が一段と強まり、その結果、阿頼耶識中の種子とは、言葉の種子であるとみる考えが成立したと言えよう。のちにみるように、『摂大乗論』において名言熏習（習気）・名言熏習種子という語に発展する萌芽を、すでに『解深密経』の中に認めることができる。

第三節　言葉へのより深き考察——『瑜伽論』「摂決択分」——

次に、『解深密経』の影響を受けて作成されたとされる『瑜伽論』「摂決択分」の所説の検討に移る。

この「摂決択分」を一読して気づくことは、阿頼耶識縁起に対する思索が一段と進み、しかもその縁起が、いわゆる「他生への生起」としてよりもむしろ、「刹那展転の生起」としての縁起が、より多く考察されていることである。即ち、現在世の現時点の現象が阿頼耶識よりどのように生じるのかという面にも、強い関心が向けられたのである。

次に注目すべきは、「菩薩地」までの「本地分」ではほとんど認められなかった「名言」という漢訳が多く認められることである。とくに「摂決択分中菩薩地」（大正・三〇・七〇四中以下）で、『解深密経』において初めて打ち出された相縛・麁重縛のうちの相縛が「相において名言のために縛せられる」と発展的に捉えられ、名言（言葉）と事（現象）との関係がより綿密に考察されているあたりの叙述には注目すべきである。なぜなら大正・三〇・七〇四中から七〇五下にかけて、（1）所取と能取、（2）二執（hdzin pa gñis=dvaya-grāha）、（3）意名言（＝意言 yid la brjod pa=mano-jalpa）、（4）唯名（miṅ tsam=nāma-mātra）など、『大乗荘厳経論頌』などの弥勒作と言われる論書や『摂大乗論』などの無著作の論書の中で重要視されるに至った諸概念がみられることは、「摂決択分」と他の論書との思想的つながりの深さを暗示しているからである。問題は、大正・三〇・七〇四中にみられる「名言」の原語が何であったかである。

その前に『摂大乗論』で名言熏習あるいは名言熏習種子と言われるうちの名言の原語を探ってみると、名言に相当するチベット語訳が常に mṅon par brjod pa であるから、その原語は abhilāpa であると推測できる。その一つの証拠として、同じ無著作と言われる『大乗阿毘達磨集論』において「名言門によって戯論を起こす」と説かれているうちの名言が abhilāpa であり、そのチベット語訳が、『摂大乗論』の場合と同じく mṅon par brjod pa であることをあげたい。[21]

ところで「摂決択分」（大正・三〇・七〇四中）に認められる名言のチベット語訳は、brjod pa, miṅ du brjod pa, miṅ daṅ brjod pa と不統一であるから、漢訳の名言に相当する原語が一つではないことが知られる。しかし、大正・三〇・七〇八下にある「名言熏習之想所建立識」の名言のチベット語訳が mṅon par brjod pa であること、さらには、abhilāpa のチベット語訳が往々にして brjod pa であることから、「摂決択分」における名言に相当する原語のいくつかは（あるいは多くは）abhilāpa であったと考えられる。[22]

ではなぜ「摂決択分」において、このように abhilāpa が使用されるに至ったのであろうか。「本地分中菩薩地」および『解深密経』において真如・勝義を離言自性と捉え、それを表す語として nirabhilāpya が使用されている。この中で名言に相当する原語は abhilāpya である。このように真如は名言を離れていると捉える考えは、裏を返せば現象的存在は名言と切り離せないもの、名言によって生じるもの、という見解につながっていく。この見解が「摂決択分」で前面に押し出され、離言自性の原語 nirabhilāpya との関係で、現象に関与してくる名言の語を主として abhilāpa で統一しようとする傾向が生じたのではないかと推測される。

とにかく『解深密経』で「相名分別から生じる言説の戯論の習気」あるいは「遍計所執相たる言説の習気」と捉えられていた習気は、「摂決択分」では「一切諸法遍計自性妄執の習気」[23]と別様に表現され、加えて遍計所執自性へのより深い考察を通して、前述したように、一切の現象が名言即ち言葉に由来すること、または現象と言葉とが相互依存関係にあることが、理証と教証との二つの面から深く論究されるに至った（大正・三〇・七〇四中～下）。また「名映於一切」の一句が補特伽羅無我と法無我とを顕示するものと解釈されている点（同・六六三上、六七二上）、さらには、遍計所執自性に執著しないとは、ただ名だけが有ると知ることであると、「唯名」（miṅ tsam=nāma-mātra）という「本地分」にはみられない語が認められること（同・七〇五下）なども注目すべき点である。

第四節　言葉を用いた唯識観の成立――『大乗荘厳経論頌』――

『大乗荘厳経論頌』では、右にみたように「摂決択分」において言葉と現象との関係が一段と意識されたことを引き継ぎ、さらに『解深密経』から唯識（vijñapti-mātra）という概念を加味して、一切は言葉のみによって捉えられたものにすぎないという徹底した唯心論が唱えられるに至った。

ただ用語としては nāma-mātra（唯名）、saṃskāra-mātra（唯行）、kalpa-mātra（唯分別）という語も使用されているものの、新たに manojalpa-mātra（唯意言）という語が主として用いられるようになった。たとえば、（1）菩薩は諸の義（artha）はただ（意）言（jalpa-mātra）であると知って義として顕現する唯心に住する（第六章第七頌）、（2）そしてそれから、このように三昧に入った菩薩は意言（manojalpa）から離れた一切の義をみない（第一四章第二三頌）と説かれる。

ところで、この意言という語はすでに『瑜伽論』にも認められる。即ち「本地分中聞所成地」において三種の心一境性を説明して、それは、（1）意言（yid la brjod pa）において種々さまざまの所縁をとる行相（rnam pa=ākāra）と、（2）意言の無間に種々さまざまの所縁をとる行相、（3）意言を終わったのちに種々でもなくさまざまでもない、ただ一つの境即ち所縁をとる行相、との三つであると説く。[24]また「摂決択分」において、尋と伺を定義して「諸の境を性急に推求し、意言（yid la brjod pa）に依止する麁い慧が尋であり、その同じ境を性急にではなく推求し、意言に依止する細い慧が伺である」と説かれる。[25]これと、前記したように（一七〇頁）、安慧が『唯識三十頌』の注釈の中で、「尋とは尋求する意言であり特殊な慧と思とである」と述べていることから考えて、意言という概念はもともとは物事を言葉によって何だろうと追究する心理作用、即ち尋伺のはたらきを意味する語であることが判明する。言葉を発するはたらきは意識のみにあるから、その意識の意（manas）と言葉（jalpa）とを結びつけてmanojalpaという語を作り出したと想定される。

さて『瑜伽論』にも認められる意言という語が、なぜ『大乗荘厳経論頌』で重要視されるに至ったのであろうか。それは、この論書の作者が、『瑜伽論』「摂決択分」までに培われてきた唯行・唯蘊・唯識・唯名という思想を、ヨーガという実践を通して（しかもそのヨーガに基づく唯識観の修行法を五位との関係で組織体系化しつつ）確認し、そして心一境性と言われる三昧に入って、そこで経典に説かれた法（教法）を対象として観察し考察する際に、具体的にはたらくのが尋伺であり、換言すれば意言である、即ち言葉と意識とでもって教法の法の影像を心の中に生ぜしめ、その影像に対応する事物とは何かと追究する心が意言であると考えたからであろう。前述した、菩薩は「語の義は唯だ意言であると知る」あるいは「意言から離れた一切の義をみない」という観法は、いずれも見道以前の順通達分の位に配せられていることを考え合わせると、『大乗荘厳経論頌』の作者は唯識観を確立しようとする意図のもとに、『瑜伽論』に説かれる意言に基づいて観法を具体的に実践し、それによってすべては意言にすぎないという結論に達したものと考えられる。この点からみても、『大乗荘厳経論頌』は『瑜伽論』から一歩発展した思想を有していることがわかる。ただし、すでに「摂決択分」において「静慮者が内に静慮するとき、意言作意に応じて所知事と同じ影像が生起する」[26]と意言作意（yid la brjod paḥi yid la byed pa=manojalpa-manaskāra）が、即ち意言に基づく観察法が説かれていることに留意すべきである。とくに前述したようにこの叙文の付近に意言の他に、所取・能取、二執、無二、唯名、など、『大乗荘厳経論頌』で重要概念となるいくつかの語がまとめて認められることは、「摂決択分」が思想的にみて『大乗荘厳経論頌』へと発展していく前段階に位置することを物語っていると言えよう。

ここで、言葉と種子という観点から、さらに一つ指摘しておきたいことは、やはり意言を用いて「意言の習気」が遍計所執相の一つにあげられていることである。[27]このことからも、『大乗荘厳経論頌』の作者がいかに意言という語を好んだかがわかる。

第五節　言葉と種子との結合――『摂大乗論』と『成唯識論』――

無著がその主著『摂大乗論』において、それまでの諸説を受け入れつつ、新たな構成のもとに唯識思想全体を体系的にまとめあげたことは有名である。阿頼耶識縁起説、さらに「言葉と種子」「言葉と現象」という点についても同様である。たとえば直前に考察した意言を『大乗荘厳経論頌』の作者と同様に唯識観の本質をなすものと考え、新たに「法に似、義に似る、有見の意言」という表現によって、意言を通して所知の相に帰入することができると主張する。

言葉と種子という面において最も特記すべきは、阿頼耶識縁起についての従来のさまざまな見解を巧みにまとめて、阿頼耶識の差別として、（1）名言熏習と、（2）我見熏習、（3）有支熏習との三つが立てられ、[28]このうち第一の熏習で用語的にabhilāpaとvāsanāとが初めて結合した語が用いられ、さらに名言熏習種子という表現も認められるに至ったことである。

この『摂大乗論』で作られた「名言熏習」あるいは「名言熏習種子」という概念から、最終的に『成唯識論』において「名言種子」という表現が完成したと言えるであろう。

まとめ

ここで右に記した三つの熏習説が成立するまでの過程と、さらにそれ以後の発達を段階的に追って順次まとめてみよう。
1、『瑜伽論』「本地分」（「菩薩地」を除く）にある阿頼耶識の生因として説かれる「楽著戯論」と「浄不浄業」とが、名言習気と業習気へと展開していく源泉である。また言葉は十因の一つの随説因として、種子は四縁の正因縁として捉えられているが、言葉と種子との結びつきは未だない。また戯論が現象一般を意味しながらも、所取と能取との二つに分けることが指摘されている。
2、『瑜伽論』「本地分中菩薩地」においては、真如を離名言と捉える反面、現象を言葉との関係で把握しようとする姿勢が強くなった。同時に、「無二」あるいは「二」という思想が起こってきた。
3、この傾向は『解深密経』にも受け継がれ、「楽著戯論」が「二による言の戯論に楽著する」と解釈され、戯論と言葉とが結合し、さらに「言説の習気」という表現があらわれ、言葉と種子とが初めて結合した。また波の喩えを用いて阿頼耶識よりいくつかの諸識（転識）が生じると説き、阿頼耶識より現在の諸現象が生じるという、いわゆる「刹那展転の生起」が強く説かれるに至った。

4、『瑜伽論』「摂決択分」では、この『解深密経』の所説を踏まえて、さらに阿頼耶識と転識とが相互に因果となるという縁起説が打ち出された。また同時に言葉と現象との関係がより深く考察され、言葉が一切を生じるという考えにほぼ達した。同時にabhilāpa（名言）という語が多用され始め、さらに所取・能取、無二、二執、意言、唯名など、『大乗荘厳経論頌』へと発展していく思想的素地ができあがった。

5、『大乗荘厳経論頌』は『瑜伽論』「摂決択分」においてすでに用意されていた「意言による諸法の観察」を唯識観という観法にまで高め、その観法によって得られた現象観を「一切は意言にすぎない」と表現するに至った。

6、『摂大乗論』は、それまでの思想的展開を踏まえた上で、最後に名言熏習あるいは名言熏習種子という言葉を作り上げた。この語の源泉をたどれば、前述の『瑜伽論』の「楽著戯論」に求めることができる。

7、この『摂大乗論』で作られた「名言熏習」あるいは「名言熏習種子」という概念から、最終的に『成唯識論』において「名言種子」という表現が完成した。

なお、名言熏習と我見熏習と有支熏習との三つの中、名言熏習の他に立てられた残りの二つのうちで、第三の有支熏習は『成唯識論』では業習気とも言われ、その源泉はやはり『瑜伽論』の「浄不浄業」に求めることができよう。また我見熏習は末那識（染汚意）の我執作用を強く意識するに及んで、現象の一部を構成する我我所の世界を別立したものである。

さらに広く阿頼耶識縁起を考察するには、我見熏習と有支熏習とが成立する過程をも追究する必要がある。

註

（1）『宗教研究』二五四号、四七〜七七頁、一九八二年。
（2）*M.V.Bh.*, p.32, ll.16-17.
（3）『瑜伽論』巻第一、大正・三〇・二七九上。
（4）『瑜伽論』巻第三、大正・三〇・二九二上。
（5）『瑜伽論』巻第一〇、大正・三〇・三二四下。*Y.Bh.*, p.215, ll.8-9.
（6）「一切種子識、謂、無始時来楽著戯論、熏習為因、所生一切種子異熟識」（『瑜伽論』巻第一、大正・三〇・二七九中）。*Y.Bh.*, p.4, ll.11-12. デルゲ版・唯識部・Tshi・2b2.
（7）「一切種子識、於生自体、雖有浄不浄業因、然唯楽著戯論為最勝因、於生族姓・色力・寿量・資具等果、即浄不浄業為最勝因」（『瑜伽論』巻第二、大正・三〇・二八四中）。*Y.Bh.*, p.25, ll.12-14. デルゲ版・唯識部・Tshi・13a2-3.
（8）『瑜伽師地論略纂』巻第一、大正・四三・五中。
（9）「云何戯論。謂、一切煩悩及雑煩悩諸蘊」（『瑜伽論』巻第一三、大正・三〇・三四五下）。デルゲ版・唯識部・Tshi・162b6.
（10）「依有情世間及器世間、有二種法、能摂一切諸戯論事。謂、能取法及彼所依所取之法」（『瑜伽論』巻第一三、大正・三〇・三四七中）。デルゲ版・唯識部・Tshi・166a6-7.
（11）「於涅槃中、能取所取二種施設皆無所有。一切戯論永滅離故」（『瑜伽論』巻第九八、大正・三〇・八六三中）。デルゲ版・唯識部・Zi・324b3-4.
（12）『瑜伽論』巻第一九、大正・三〇・三八四中。デルゲ版・唯識部・Tshi・252a3-252b1.
（13）『瑜伽論』巻第二、大正・三〇・二八九中。
（14）『瑜伽論』巻第五、大正・三〇・三〇一中〜下。*Y.Bh.*, pp.106-107.
（15）『解深密経』巻第一、大正・一六・六八九下〜六九〇上。北京版 Nu・6a3-6b1.
（16）『解深密経』巻第一、大正・一六・六八九下。北京版 Ṅu・5b1.

(17)『解深密経』巻第一、大正・一六・六八九上。北京版Ñu・3b2.
(18)『解深密経』巻第二、大正・一六・六九六中。北京版Ñu・24b5.
(19)『解深密経』巻第一、大正・一六・六九二中。北京版Ñu・13b2.
(20)『解深密経』巻第二、大正・一六・六九三中。北京版Ñu・16a6.
(21)『大乗阿毘達磨集論』巻第五、大正・三一・六八六上。*A.S.Bh.*, p.94, l.11. 北京版Li・232a5.
(22) デルゲ版・唯識部・Shi・32a2.
(23)『瑜伽論』巻第五二、大正・三〇・五八九上。
(24)『瑜伽論』巻第一三、大正・三〇・三四九下。デルゲ版・唯識部・Tshi・171b7–172a1.
(25)『瑜伽論』巻第五八、大正・三〇・六二三上。デルゲ版・唯識部・Shi・113a4-5.
(26)『瑜伽論』巻第七三、大正・三〇・七〇四中。デルゲ版・唯識部・Shi・22a2-3.
(27) *M.S.A.*, p.64, l.13.
(28)『摂大乗論本』巻上、大正・三一・一三七中。

第四章　言語の限界と束縛

第一節　言葉と対象との関係——名義相互客塵性について——

前に、言語は人間を束縛し人間の認識に限界を与えると述べた。いま、この問題を言語による認識の基本的構造とも言える「名」と「義」の両者の関係から考えてみよう。

『入阿毘達磨論』巻下に、語と名と義との関係について興味を引く次のような論述が認められる。

即ち語音は親しく能く義を詮すに非ず。火と説く時、便ち口を焼くことなし。要ず語に依るが故に火等の名が生じ、火等の名に由って火等の義を詮す。詮とは、謂く能く所顕の義に於いて他の覚慧を生じることにして、義と合するに非ず。声には礙有るが故なり。(1)

この一文は、「たとえば我々は火という事物に対して火という言葉でそれをよぶが、具体的な声としての火という語が火を詮すのではなく、語によって起こった名が火を詮す。しかし火を詮すといっても火という事物と名とが合致するのではなく、火という事物の存在を認知せしめるだけである」、ということを述べている。(2)これは、「火」といっても口が焼けないとか、声には礙があるとかいう事実から名と義との不合致性を述べているが、客観と主観という二元対立構造をもつ我々の認識作用の限界性を、素朴な表現であるが鋭く指摘した一文であると言えよう。

名による認識はこのように限界をもつから、このように日常的認識つまり世間的分別を否定し、名によらない認識を身につけようとするのが仏教の一大目的である。無分別智や修所成慧という認識のあり方がそれである。このうち無分別智は不可言説性の真如を所縁とするのであるから、そこには言説の介入する余地はない。また三慧のうちで最高の修所成慧は、「名に依らずして義を了する」[3]と言われている。

だが、阿毘達磨思想は名あるいは言説による認識の限界を認めながらも、概して名義の存在性を否定しなかった。それは阿毘達磨思想が根本的には我空法有の立場をとることに由来するからであろう。

ところが大乗思想に至り、名義そのものの存在に疑問を投げかけ、まず中観思想では「一切皆空」の立場より「名」の否定から「義」を否定し[4]、次いでその影響を受けた唯識思想は「名義相互客塵性」という高度の論証によって両者の存在を否定するに至ったのである。以下、「名義相互客塵性」について検討してみよう。

名義の相互客塵性という考えは唯識独自の観法である「四尋思」の中で成立した。四尋思とは諸法を名・義および自性・差別の四種に分けて観察し、それぞれの存在性を否定していく観法である。この名義の相互客塵性は『大乗荘厳経論』巻第一二、『顕揚聖教論』巻第一六、『摂大乗論本』巻中[5]、『三無性論』巻上などに述べられている[6]。このうち客塵性である理由を述べている『顕揚聖教論』と『三無性論』の所説にしたがって名と義との関係を検討してみよう。まず両論の所説を列記する。

①問う。若し遍計所執相自体有ること無くんば、云何んが能く遍計執を起こすや。答う。名が義に於いて転ずるに由るが故なり。謂く、彼の仮名が義に於いて流転するに随って、世間の愚夫は名と義とは決定して相称し真実の自性有りと執するなり。問う。云何んが此れは是れ邪執なりと知るべし。答う。二は更互に客と為るを以

っての故なり。所以は何ん。名は義に於いて体が称うに非ざるを以っての故に、之を説いて客と為す。義も亦た名の如く所有無きが故に、之を説いて客と為す（『顕揚聖教論』巻第一六）(7)。

②外に曰く。此の法、若し体相無くんば、云何んが分別するや。答えて曰く。但だ名有りて義無し。何を以っての故なり。世間は義の中に於いて名を立つるが如く、凡夫は名が義の性を分別すると執して、名は即ち義の性なりと謂う。此れを顚倒と為す。是の故に但だ分別のみにして実体有ること無し。外に曰く。云何んが此の分別は是れ虚妄執なりと知るや。答えて曰く。此の名と及び義とは皆な是れ客なるが故なり。然る所以は、名は義の中に於いて客にして義類に非ざるが故なり。義も名の中に於いて亦た客にして名類に非ざるが故なり（『三無性論』巻上）(8)。

この他、『摂大乗論』に対する世親釈（玄奘訳）と無性釈とにも関係文があるから、それらも記しておく。

③名は事に於いて客と為り、事も名に於いて客と為り、彼の体に称わざるが故なり(9)（世親釈）。

④名は事に於いて客と為り、事も名に於いて亦た爾なり。一類が声は義と相称して生じ互相に繫属すると謂うが如くには非ず(10)（無性釈）。

右の諸文から名義相互客塵性とはどういうことかを考えてみると、次のように言えるであろう。

我々は、たとえば「机」という名称で「机」という事物を指示するが、その名称と事物とは一定不変の結合関係にあり、しかも「机」という事物を表すような名称と、および「机」という名称によって表されるような事物は、ともに実在すると考える。この一定不変の関係にあるということを右記した諸文では、「決定相称」「称体」「互相繫属」と表現している。しかし詳しく言えば、名と義とには一定の結合関係があると、論理的に両者を結びつけるだけではない。相称する、あるいは繫属するとみるのは、真諦が『三無性論』の中で言っているように、名は即ち義の性であると邪執することである。つまり「机」という名称は「机」という事物の本性そのものを意味し、その事物が実体として存在すると考えることである。

ところが、このような我々のものの見方は誤りであるという。そしてその理由として名義の相互客塵性をあげるのである。客塵（āgantuka）とは、自性清浄心に対して客塵煩悩と言うように、ある事物にとって本来的・本質的でないことを言う。したがって名は義にとって非本来的・非本質的なるものであり、義は名にとって非本来的・非本質的なるものであるというのが名義相互客塵性の根本的意味である。このところを玄奘訳の論書では「非称」と言い、真諦は「非類」と言っている。

ところで名と義とは相互に客塵である理由として、前記した①の『顕揚聖教論』巻第一六の文に続いて、さらに詳しく、「①名より先に覚は生じない、②一つの義に多くの名がある、③名は一定していない」という三種の事実をあげている。そして、「もしも名は義の自体であるとするならば、①名を知らなくても義の何であるかを認知（＝覚）することができ、②一つの義に数多くの自体があることになり、③一つの義の自体も一定しないことになる、という矛盾におちいるから、名は義の自体ではなく、名と義とは客塵である」と論証している。

以上はあくまで名義相互客塵性を論理的に証明したものであるが、このような考えは四尋思や四如実智という実践、広くはヨーガという実践を通して得られた体験から生じたと言えるであろう。

第二節　執著を生じる言葉

第一項　遍計所執性について

右にみてきた名義相互客塵性は当然、「心」を離れては「もの」は存在しない、即ち、「三界唯心、心外無別法」とみる瑜伽行唯識派独自の思想につながっていく。

しかし、我々の日常の分別心はその事実に気がつかず、〝自分〟と言って、言葉で言われた〝自分〟は心を離れて有ると考えて、その〝自分〟に執著する。あるいは〝もの〟、たとえば〝金〟と言って、言葉で言われた〝金〟は心を離れて有ると考えて、その〝金〟に執著する。この執著こそが迷いと苦しみとを生じるから、執著を無くすために、〝自分〟も〝もの〟も心を離れては存在しない、即ち「一切は唯識である」という事実を智るべきであると瑜伽行唯識派は主張するのである。

この言葉で語られ、しかも執著された〝自分〟と〝もの〟との「ありよう」は、遍計所執性・依他起性・円成実性の三性で言えば、遍計所執性にあたる。以下、遍計所執性について検討し、言葉がいかに我々の生き方を狂わしているかを考察してみよう。

三性説は『解深密経』に初出するが、その後、ほとんどの唯識論書の中で言及され、さらに思想的にも発展をとげている。内容的に大別すれば、

1、『解深密経』『瑜伽論』『顕揚聖教論』

2、『中辺分別論』『大乗荘厳経論』『摂大乗論』『三性偈』
3、『唯識三十頌』『成唯識論』
4、『転識論』『三無性論』『顕識論』（三書とも真諦の訳）

の四群に分類される。

ここでは、言葉と関係する遍計所執性に限ってその定義を列記してみよう。

①云何んが諸法の遍計所執相なるや。謂く、一切法の名の仮安立せる自性と差別となり、乃至、言説を随起せしむることを為す。(11)

②遍計所執自性とは、謂く、諸のあらゆる名言の安立せる諸法の自性なり。仮の名言に依って数数諸法を周遍計度して建立するが故なり。(12)

この箇所のチベット語訳は、kun brtags paḥi ṅo bo ñid ni tha sñad las byuṅ ba gaṅ ci yaṅ ruṅ ste／kun brtags śiṅ miṅ daṅ brdar rnam par gźag pa ñid yin paḥi phyir ro／／(13) であるから、「名言」にあたるチベット語訳は tha sñad である。したがって、「名言」にあたるサンスクリットは vyavahāra であろう。また、「仮の名言」にあたるチベット語訳は miṅ daṅ brda であるから、原語は nāma-saṃketa であろう。ちなみに、この原語は仮名・仮立名字・名字仮説などとも訳される（『瑜伽師地論に基づく梵蔵漢対照・蔵梵漢対照佛教語辞典』七〇五頁左参照）。

③云何んが遍計所執自性なるや。謂く、言説に随い仮の名言に依って建立せる自性なり。(14)

この箇所のチベット語訳は、kun brtags paḥi ṅo bo ñid gaṅ ẓe na／ji tsam du rjes su tha sñad gdags paḥi phyir miṅ daṅ brda las byuṅ baḥi ṅo bo ñid gaṅ yin paḥo／／(15) であるから、「言説」にあたるチベット語訳は tha sñad である。したがって、「言説」にあたるサンスクリットは vyavahāra であろう。また、「仮の名言」にあたるチベ

ット語訳は②と同じく miṅ daṅ brda であるから、原語は nāma-saṃketa であろう。

③遍計所執自体とは、謂く、名言の仮立に依る自体にして、世間の言説に随順せんと欲するが為の故なり。(16)

「世間の言説」という語は『瑜伽論』巻第六(17)と巻第四八(18)にもあり、その原語は前者が saṃvyavahāra(19)、後者が laukika-vyavahāra(20)である。

④遍計所執自性とは、謂く、諸の愚夫が色等の相に於いて、周遍計度して増益の執を起し、此は是れ色、乃至、此れは是れ涅槃なりと謂う。此の所執の義は無実無体にして、唯だ名言の所施設あり。(21)

⑤虚妄分別の境に依止するが故に遍計所執自性ありと説く。(22)

この箇所のサンスクリットである arthaḥ parikalpitaḥ svabhāvaḥ(23)によれば、「境が遍計所執性である」と簡潔の遍計所執性を定義しているが、漢訳は「境」を「虚妄分別の境」と虚妄分別（abhūta-parikalpa）という語を補って訳している。

⑥彼彼の遍計に由って種種の物を遍計す。此れ遍計所執なり。自性は所有なし。(24)

この箇所のサンスクリットは yena yena vikalpena yad yad vastu vikalpyate／parikalpita evāsau svabhāvo na sa vidyate／／(25)である。

⑦分別性とは名言所顕の諸法の自性にして即ち塵に似る識の分なり。(26)

第二項　遍計について

右に列記した所説を検討すると、遍計所執性（遍計所執自性・遍計所執自体・遍計所執相とも言われている。なお、

⑦の真諦訳の分別性は玄奘訳の遍計所執性にあたる）とは、総じて言えば、「言葉によって仮に設定されたもの」（名の仮安立、名言の安立、名言の仮立、仮の名言の建立、名言の建立、名言の所施設）である、と定義することができる。『瑜伽論』だけに限っての検討であるが、漢訳の「名言」にあたる代表的なサンスクリットには、vyavahāra（チベット語訳 tha sñad）と abhilāpa（mṅon par brjod pa）とがある。[27] このうち前者の vyavahāra は右記の③の中にも認められるが、この語に laukika（世間）を付して laukika-vyavahāra（世間の言説）とも言われるように、vyavahāra は日常会話などで用いられる言葉である。これに対して、言葉を論理的ないし哲学的に考究する際に用いられるのが abhilāpa である。

いずれにしても、日本語の「言葉」に相応するものは、すでに名義相互客塵性でみてきたように、決して対象そのものの「真のありよう」ではなく、あくまで「仮のありよう」を言い表すにすぎない、という見解から、言葉によって表現され、語られ、設定される、そのようなはたらきを「仮建立」「仮設」「仮説」「仮立」などと、漢訳では「仮」を付して訳されているのである。また言葉（名、名言）にも仮を付して、「仮名」「仮名言」と訳されている。[28]

以上みてきたように、「言葉によって仮に設定されたもの」を瑜伽行唯識派は新たに創唱した三性説の中の遍計所執性のありようとして捉えるのであるが、この遍計所執の原語として parikalpita を用いた点に注目すべきである。即ち、それまでは、言葉を用いた思考である「分別」を意味する語として vi-kḷp から派生した vikalpa を用いていたが、『解深密経』で三性説を創唱した瑜伽行唯識派の人々は、接頭辞 vi- のかわりに pari- が付された pari-kḷp から派生した parikalpa を「分別」にあたる語として選択し、遍計所執性の遍計にあたる語として、その過去分詞である parikalpita を用いたのである。

ではなぜpariという接頭辞をもつ語を選んだのか、と言えば、遍と訳されるように、また周遍と言い換えられるように、言葉を用いた思考は「ありとあらゆる全存在」を「ありとあらゆるありよう」として認識することが可能であるという事実を、瑜伽行唯識派の人々は強く自覚したからであろう。「ありとあらゆる全存在」は「諸法・一切法」と言われ、「ありとあらゆるありよう」は「無辺の行相」と言われる。具体的には、前記の⑤の中に「諸の愚夫が色等の相に於いて、周遍計度して増益の執を起こし、此は是れ色、乃至、此れは是れ涅槃なりと謂う」とあるように、「これは色である、（中略）これは涅槃である」と言葉で考えることである。この中で、「中略」として省略されたものは何かを探るときに参考となるのが、『瑜伽論』巻第三六の「菩薩地中真実義品」の中にある次の所説である。[29] [30]

そこでは、真実義の相は無二の所顕であり、無二の「二」とは有と非有とである、と定義したあとに、「有とは、謂く、安立せられた仮説の自性にして、即ち是れ世間の長時の所執なり、亦た是れ世間の一切の分別戯論の根本なり」と述べたあとに、有として考えられたものとして次のようなものがあげられている。

色・受・想・行・識、眼・耳・鼻・舌・身・意、地・水・火・風、色・声・香・味・触・法、善・不善・無記、生滅、縁生、過去・未来・現在、有為・無為、此世・他世、日月、所見・所聞・所覚・所知、所求・所得、意随尋伺、涅槃。

このように、五蘊の最初の色から始まって、最後の涅槃に至るまでのさまざまな言葉をあげることが定型化されていたのであろうが、とにかく、言葉は無量無数にあり得るであろうから、言葉で認識されるものも無量無数である。

しかし、無量無数の言葉の中でも、最も根本となる言葉は何か、という観点から、最終的には、『成唯識論』巻第八において遍計所執性が次のように定義されるに至った。

遍計とは斯（＝依他二分）に依って妄に定んで実に有なり無なり、一なり異なり、倶なり不倶なり等と執する。此の二を方に遍計所執と名づく[31]。

愚夫は此れ（＝依他起性）に於いて横に我法は有なり無なり、一なり異なり、倶なり不倶なり等と執す。空花等の如く性相は都て無し、一切を皆な遍計所執を名づく[32]。

この所説によって、有無・一異・倶不倶という相対立する概念からなる三群の言葉が最も根本的概念であることが判明する。とりわけ有無が最初に置かれていることは、有無が諸概念の中でも最も根本であり、その上に他の概念が成立するからである。

有と無とが根本の概念であることから、中道が次のように有と無（非有）を使って定義される。

有及び非有の二を倶に遠離せる法相に摂むるところの真実性の事、是れを無二と名づく。無二に由るが故に説いて中道と名づく[33]（「有を離れ無を離れるが故に中道に契う[34]」）。

何が根本の言葉であるか、という問題はとにかく、瑜伽行唯識派の人々はヨーガを修して静かに心の中を観察することによって、「心の中に生じた影像（pratibimba）ないし相（nimitta）に言葉を付与して色づけし、しかもそれらが心を離れて存在すると誤認し、しかもそれらに執著することによって迷い苦しむという、我々凡夫の愚かさ」を遍計所執性という語で強く指摘しているのである。

第三項　所執について

次に、遍計所執性の中の所執について検討してみる。遍計所執の原語である parikalpita の中には所執にあたる語はなく、真諦訳では単に分別性を訳しているのに、玄奘が訳語に所執という語を入れて訳した理由は、「遍計されたもの」は執著の対象となるという点を考慮したからであろう。訳としては直訳ではないが、真諦訳の分別性よりはすぐれた訳と言えよう。

ここで、所執を付加した理由を、所執・執・執著と関連づけて遍計所執性を定義あるいは解釈した文の中に探ってみよう。

まず、『瑜伽論』巻第七三（大正・三〇・七〇四上）に「微細な執著」として五種をあげる中、最初の四つは無常・苦・不浄・無我を常・楽・浄・我と間違って執する四つの執をあげたあとに、最後の五つ目に新たに三性を考慮して「遍計所執自性執」をあげている。この中の「遍計所執自性執」の執のチベット語訳は kun brtags paḥi ṅo bo ñid du mṅon par ṡen pa[35] であることから、執・執著の原語は abhiniveśa であろう。そして「遍計所執自性執」は「遍計所執性への執著」となる。即ち原語から言えば、「遍計されたもの（parikalpita）への執著（abhiniveśa）」となる。この点を考慮して、玄奘訳は parikalpita-svabhāva の訳の中に「所執」を入れたのであろう。

ただし、『弁中辺論』巻中[36]に、「此の蘊等の十の各に三義あり。且く色蘊の中に三義ありとは、一には所執の義の色なり。謂く色の遍計所執性なり」と述べられている中の所執の義の「所執」も遍計所執性の「遍計所執」と同じく parikalpita[37] であるから、parikalpita 自体を所執と訳した例もある。いずれにしても、遍計されたものへ執著するという点を強調しての訳である。

では、具体的には、どのようなものへの執著があるのか。これに関しては『瑜伽論』巻第七四[38]に、遍計所執自性に五つのはたらき（業）がある中に補特伽羅執と法執とを生じるというはたらきがあげられている。補特伽羅執は、のちに『成唯識論』で我執と法執との二つの執があげられる中の我執に相当するものであるが[40]、遍計所執自性への執著は、具体的には一つは我（ātman）、即ち「自己」への執著であり、もう一つは法（dharma）、即ち存在の「構成要素」[41]への執著である。

ところで遍計所執性への執著は無である遍計所執性を有であるとみる見解であるから、当然、無なるものを有なるものとみる増益辺とも関係してくる[42]。即ち、『瑜伽論』巻第六四[43]に、「依他起自性、或いは円成実自性の中に於けるあらゆる遍計所執自性妄執を当に知るべし、増益辺と名づく」と説かれる。また巻第八一[44]に、遍計所執自性の別名の一つに「所増益」があげられている。

第四項　遍計する主体（能遍計）と遍計される客体（所遍計）について

これまでは遍計所執性を言葉との関係で、遍計所執性とは「言葉（名・名言・仮名言）によって仮に設定されたもの（仮説・仮設・仮立・仮建立）」と定義した。

ところで、次第に遍計する主体（能遍計＝kun tu rtog pa＝parikalpa）は何か、遍計される客体（所遍計＝kun tu rtog par bya＝parikalpita）は何か、という考察が進み、『摂大乗論』[45]では次のように説かれるに至った。

能遍計あり所遍計ありて、遍計所執自性乃ち成ず。此の中、何者か能遍計なるや、何者か所遍計なるや、何者か遍計所執自性なるや。当に知るべし、意識が是れ能遍計なり、分別あるが故に。所以は何か。此の意識に由って自の名言熏習を用いて種子と為し、及び一切の識の名言熏習を用いて種子と為す。是の故に意識は無辺の行相の分別にして転じ、普く一切に於いて分別計度するが故に遍計と名づく。又た依他起自性を所遍計と名づく。又た若し此の相に由って依他起自性を所遍計に成ぜしむ。此の中、是れを遍計所執自性と名づく。(46)

この中では、能遍計は（八識の中の）「意識」であり、所遍計は「依他起自性」であると述べられている。言葉を発することができる識は八識の中では第六意識であるから、当然、能遍計は意識のみに限られる。これに対して、所遍計は広く依他起性であると言われるのはなぜであろうか。

それは、唯識思想はただ識、即ち心しか存在しないという基本的立場から、「心が心をみる」という認識構造を考えるからである。換言すれば、能遍計も所遍計もいずれも心であるとみなすのである。したがって縁によって生起した心すべてが、即ち依他起性が所遍計となるのである。

右の『摂大乗論』の所説は能遍計を明確に意識であるとみなしたことに加えて、もう一つ特記すべきは、「此の意識に由って自の名言熏習を用いて種子と為し、及び一切の識の名言熏習を用いて種子と為す」と、「名言によって熏習された種子」、即ち阿頼耶識の中の種子が遍計所執性に関与していることが初めて説かれていることである。

意識が言葉を用いて思考するはたらきを「分別」（vikalpa）と言う。したがって、遍計する主体としてこの分別（妄分別）が用いられることも多い。この vikalpa という語を用いて遍計所執性を定義した典型が、『唯識三十頌』第二〇頌である。

yena yena vikalpena yad yad vastu vikalpyate／

parikalpita evāsau svabhāvo na sa vidyate／(47)／
あれこれの分別によってあれこれの事物が分別される。
それ（事物）は実に遍計所執性であり、それは存在しない。

また、この『唯識三十頌』の第一頌に注目してみよう。ここでは次のように説かれる。

ātmadharmopacāro hi vividho yaḥ pravartate／
vijñānapariṇāme 'sau pariṇāmaḥ sa ca tridhā／(48)／
実に我と法との設定は、種々に行われるが、それは識の転変においてであり、その転変は三種である。

世親は『唯識三十頌』を書き始めるにあたり、『唯識二十論』で初めて使用した vijñāna-pariṇāma（識転変）という概念を用いて、「識の転変において我と法とが設定される」と述べている。この頌に続く第二頌では、その転変は、異熟識（＝阿頼耶識）と思量識（＝末那識）、了別境識（＝六識）の三種であると説かれることから、我と法との二つにまとめられる種々の事物が設定されるのは、「識の転変」が原因であるという考えが世親によって創唱されたのである。

この考えから、『成唯識論』においては識変という語が確立された。そして変が能変（変化せしめるもの）と所変（変化されたもの）とに分けられ、二つの関係の上にさまざまな存在が仮に設定されるという考えが成立した。能変は右に述べた異熟識と思量識と了別境識の三つに分けられ、所変は相分と見分の二つに分けられる。変とは広くは阿頼耶識が変化することであるが、狭くは「変とは謂く、識体転じて二分に似る」と定義され、八識それぞれの本体（自体分・自証分）が客観（相分）と主観（見分）とに分かれて変化することを意味する。この相分と見分とは三性（遍計所執性・依他起性・円成実性）で言えば心である依他起性に属し、仮に存在するもの（仮有）であり、この相分と見分の関係の上に言葉と情念がはたらいて、実体として存在しない（都無）が心の外の実体としてあると考えられ執著されるさまざまなもの、即ち遍計所執性が設定される、と説かれるのである。

以上、名義相互客塵性の検討に続いて遍計所執性の思想的展開を検討してきたが、これによって、瑜伽行唯識派が言葉への考究を通して言葉の限界性と束縛性とを鮮明にしたことは他派にみられない大きな業績であったことが判明した。

註

（1）『入阿毘達磨論』巻下、大正・二八・九八七下。
（2）名は義と合致しないという反面、我々は、古くから決められたある名称によって、その名称が指示する事物の何であるかを知ることができる。したがって、名と義とは不合不離であるという見方もできる（『大智度論』巻第二五、大正・二五・二四六中）。
（3）『婆沙論』巻第四二、大正・二七・二一七下。
（4）『大智度論』では「語言の空を知る」（大正・二五・二四六下）とか、「名字は不可得なり」（大正・二五・三六五下）と言われ、言説が全面的に否定されている。そして「諸字を破散し、言語も亦た空なり。言語が空なるが故に名も亦た空なり。名が空なるが故に義も亦た空なり」（大正・二五・四〇九中）、「語言が能く義を持するも亦た是の如し。若し語言を失すれば、則ち義は不可得なり」（大正・二五・六二〇上）と説かれ、言説の否定より義が否定されている。
（5）『大乗荘厳経論』巻第一二、大正・三一・六五三下。
（6）『摂大乗論本』巻中、大正・三一・一四三下。
（7）『顕揚聖教論』巻第一六、大正・三一・五五七下。
（8）『三無性論』巻上、大正・三一・八六八上。

(9) 世親釈『摂大乗論釈』巻第六、大正・三一・三五三中。
(10) 無性釈『摂大乗論釈』巻第六、大正・三一・四一七下。
(11)『解深密経』巻第二、大正・一六・六九三上。
(12)『瑜伽論』巻第六四、大正・三〇・六五六下。
(13) デルゲ版・唯識部・Shi・194a7-b1.
(14)『瑜伽論』巻第七三、大正・三〇・七〇三上~中。
(15) デルゲ版・唯識部・Zi・18b2.
(16)『顕揚聖教論』巻第六、大正・三一・五〇七中。
(17)『瑜伽論』巻第六、大正・三〇・三〇七中。
(18)『瑜伽論』巻第四八、大正・三〇・五五八下。
(19) *Y.Bh.*, p.137, l.5.
(20) *B.Bh.*, p.234, l.3.
(21)『雑集論』巻第一二、大正・三一・七五一中。
(22)『弁中辺論』巻上、大正・三一・四六四下~四六五上。
(23) *M.V.Bh.*, p.19, l.19.
(24)『唯識三十頌』第二〇頌、大正・三一・六一上。
(25) *V.M.S.*, p.14, ll.11-12.
(26)『三無性論』巻上、大正・三一・八六七中。
(27)「無相分別者、謂随先所引、及嬰児等不善名言者所有分別」（『瑜伽論』巻第一、大正・三〇・二八〇下）の中の名言の原語は vyavahāra（*Y.Bh.*, p.12, l.13）、「或立二種。謂堕施設意。不堕施設意。初謂了別名言者意、後謂嬰児意」（『瑜伽論』巻第三、大正・三〇・二九二下）の名言も vyavahāra（*Y.Bh.*, p.65, l.2）である。
　これに対して、「名言熏習之想」（『瑜伽論』巻第七四、大正・三〇・七〇八下）、「勝義諦有五種相。一離名言相」（『瑜伽論』巻第七五、大正・三〇・七一三下）のチベット語訳は minon par brjod pa であるから（『漢梵蔵対照・

瑜伽師地論総索引』九九六頁左）、その原語は abhilāpa であろう。
(28)『瑜伽論』に限ってではあるが、「仮建立」「仮設」「仮説」「仮立」「仮名」に相応するサンスクリットは次のようなものがある（『漢梵蔵対照・瑜伽師地論総索引』による）。

仮建立　prajñapti, vyava-sthā
仮設　prajñapti, pra-jñā, saṃketa
仮説　upacāra, prajñapti, prajñapti-vāda, saṃvyavahāra
仮立　upacāraṃ kṛtvā, prajñapti, vyava-sthā, saṃketa, saṃjñāta, saṃvyavahāra
仮名　nāma, nāma-saṃketa

(29)「周遍計度故名遍計」（『成唯識論』巻第八、大正・三一・四五下）
(30)『瑜伽論』巻第三六、大正・三〇・四八六下〜四八七上。
(31)『成唯識論』巻第八、大正・三一・四六上。
(32)『成唯識論』巻第八、大正・三一・四六下。
(33)『瑜伽論』巻第三六、大正・三〇・四八七上。
(34)『成唯識論』巻第七、大正・三一・三九中。
(35) デルゲ版・唯識部・Zi・21a1.
他の箇所の「遍計所執自性執」のチベット語訳も、あるいは「遍計所執自性妄執」のチベット語訳も mion par sen pa である（『漢梵蔵対照・瑜伽師地論総索引』九四七頁左）。
(36)『弁中辺論』巻中、大正・三一・四七〇上。
(37) *M.V.Bh.*, p.44, l.16.
(38)『瑜伽論』巻第七四、大正・三〇・七〇五下。
(39) この箇所の所説を引用したと考えられる『顕揚聖教論』巻第六（大正・三一・五〇八中）の記述では補特伽羅執と法執とが衆生執と法執となっている。補特伽羅と衆生との原語は同じ pudgala か、それとも衆生は sattva か。
(40) 補特伽羅執と我執とを同一としたが、正確に言えば、我とは「諸の凡夫は自体の上に於いて我我所を計す」（『瑜伽論』巻第二、大正・三〇・二八四中）と述べられる中の我であり、行動の主体者と考えられる「自己」である（『成唯識論』の冒頭にある「我謂主宰」と定義される我）。他方、補特伽羅は、いわば「生命的存在」として我・有情・意生・摩納縛迦・養育者・補特伽羅・命者・生者の八種の別名がある（『瑜伽論』巻第八三、大正・三〇・七六四中）中の一つである（『成唯識論』の冒頭ではこれらのうちの我が代表的な語となり、「我種種相。謂有情命者等」と説かれる）。また、「補特伽羅の品類差別に二十八種あり」（『瑜伽論』巻第二六、大正・三〇・四二四上）として以下二十八種が説明されるように、補特伽羅は人間の種々のありようを区別するときに用いられる語でもある。『瑜伽論』においては『成唯識論』におけるように、「我と法」あるいは「我執と法執」というように並記される用語が未だ認められず、「補特伽羅と法」「補特伽羅執と法執」という表現があるのみである。その補特伽羅と法とを関連づけて説いたものとして、次の一文がある。

　云何んが仮施設なるや。謂く唯法に於いて補特伽羅を仮立し、及び唯相に於いて諸法を仮立す（『瑜伽論』巻第一三、大正・三〇・三四六上）。

(41) 存在の構成要素の数として阿毘達磨（『倶舎論』）では七十五法を、唯識（『百法明門論』）では百法を立てる。
(42) 「若し増益を取れば即ち是れ執著なり」（『瑜伽論』巻第七三、大正・三〇・七〇四中）と、増益することは執著であると端的に述べられている。
(43) 『瑜伽論』巻第六四、大正・三〇・六五六下。
(44) 『瑜伽論』巻第八一、大正・三〇・七五一上。
(45) デルゲ版・唯識部・Ri・16b1.
(46) 『摂大乗論本』巻中、大正・三一・一三九中。
(47) *V.M.S.*, p.14, ll.11–12.
(48) *V.M.S.*, p.13, ll.3–4.

第五章　正しい言葉——善説・正法——

これまで、言葉の限界性と束縛性という、言葉の否定的な面を検討してきたが、言葉は決して全面的に否定されるべきものではない。なぜなら、言葉で迷う我々を正しい方向に向かわせるためには、正しい言葉が必要となるからである。

この正しい言葉で正しく語られたもの、それが釈尊によって語られた法（教法、教え）である。あの有名な「自灯明・法灯明」の法である。釈尊以後の学派は「この法とは何か」ということに深い思索を加え、種々の考えを打ち出していった。

その流れの中で、各派が共通して有していたのは、「釈尊が説かれた法は真理に裏づけされたものである」という見解である。その見解に基づく最終的な思想が、瑜伽行唯識派が打ち出した「法界等流の法」という考えである。即ち、釈尊所説の教え（法）は法界（真理の世界）から流れ出た正しい教えであるとみる見解である。以下、釈尊の所説のみに限らず、正しい言葉で正しく語られたものは何かを検討してみよう。

まずその手がかりとして、「善説」という語が『瑜伽論』の中でどのような意味に使われているかを検討してみる。

善説と訳されるサンスクリットには、su-pravyāhṛta, su-bhāṣita, su-lapita, sv-ākhyāta などがある。[1] このように「説」にあたるサンスクリットには種々あるが、「善」はすべて「よく、うまく、正しく」を意味する接頭語 su- の訳である。この su- は妙とも訳され、su-bhāṣita を妙説と訳すこともある。[2]

では、善く、あるいは妙に、説かれたもの、それはどのようなものであるのか。

これに関して、『瑜伽論』巻第七〇に次のように説かれる。

二の因縁に由って仏世尊の法を名づけて善説を為す。一には言詞文句が皆な清美なるが故に。二には通達す可きこと易きが故に。二の因縁に由って通達す可べきこと易し。一には若しくは文、若しくは義が覚了し易が故に。二には出離し等覚するが故に。[3]

ここでは、釈尊所説の法が次の二つの理由で善説であると言う。

1、言詞文句（tshig ḥbru=vyañjana）がみな清美（legs par rnam par phye ba ñid=su-vivṛta）[4] であるから。

2、通達しやすいから（文と義とが覚了しやすいから。出離し、等覚するから）。

即ち、釈尊によって説かれた教えの文句（vyañjana）は清らかで美しく、文句もその意味も理解しやすいから「善説」と言われるのである。

また、『瑜伽論』巻第八三には、

善説と言うは、謂く、諸の文句が善く円満なるが故なり。[5]

と説かれている。ここでは善説の理由として、

3、文句（tshig daṅ wi ge=pada-vyañjana）が善円満（phun sum thogs pa=saṃpatti）、即ち完全である、と言い換えられている。[6]

さらに、『瑜伽論』巻第八四には、

善説とは文義が巧妙なるが故なり。[7]

と説かれている。

ここでは善説の理由として、

4、文義（tshig ḥbru daṅ don=vyañjana-artha）が巧妙（bzuṅ po=praṇita）、即ち巧みで勝れていることがあげられている。

以上の善説の説明をまとめると、「説かれた文句（vyañjana, pada-vyañjana）が美しく（清美）、完全であり（円満）、巧みで勝れており（巧妙）、その文句とその意味とは理解されやすい」から善説と言われうるのである。[8]

以上みてきたように「善説」とは「善く説かれた教え」であるが、[9]善説という漢語は正法と結びついて、「正法を善く説く」という文脈の中でも使われる。即ち、「善く説かれた教え」とは「正法」（sad-dharma）のことなのである。

正法とは、根本的には釈尊によって説かれた教えを言うが、釈尊の弟子たちによって説かれたものをも含む場合がある。そして具体的には十二分教を言う。[10]

正法という漢語に対しては dharma, sad-dharma, samyag-dharma などの原語があるが、そのような正法を聞くことの重要性が経論で強調されている。

その典型が、後述するように（二二五頁以下参照）、「親近善士」に始まって「聴聞正法」「如理作意」「法随法行」

と展開する修行の過程における「正法を聴聞する」という実践である。

正法を聞くことがなぜ重要なのか、これについてはのちに言及する。

註

（1）『漢梵蔵対照・瑜伽師地論総索引』六六六頁右。

（2）『漢梵蔵対照・瑜伽師地論総索引』九九九頁左。

（3）『瑜伽論』巻第七〇、大正・三〇・六八七中～下。

（4）デルゲ版・唯識部・Shi・268a3.『漢梵蔵対照・瑜伽師地論総索引』三一七頁左と『瑜伽師地論に基づく梵蔵漢対照・蔵梵漢対照佛教語辞典』七二八頁左とを参照。清美のチベット語訳は legs par rnam par phye ba ñid であるから、その原語は su-vivṛta か。もしそうならば、「善く顕された、善く述べられた」という意味になり、漢訳の清美と一致しない。

清美という語は、「流泉や浴池の水が清美である」（『婆沙論』巻第八一、大正・二七・四一九中）、「其の声が清美である」（『瑜伽論』巻第八一、大正・三〇・七五〇下）、「清美な音」（『顕揚聖教論』巻第一二、大正・三一・五三六中）などの用例がある。

（5）『瑜伽論』巻第八三、大正・三〇・七六一下。

（6）デルゲ版・唯識部・Hi・26a3.

（7）『瑜伽論』巻第八四、大正・三〇・七六六下。

（8）「言詞文句清美」「文義巧妙」「文句円満」などに関しては、次の『婆沙論』の所説を参照。

有情の為に正法を宣説し、初善・中善・後善にして文義巧妙なると純一・円満・清白なる梵行とを開示（『婆沙論』巻第一七八、大正・二七・八九四上）。

この所説を引き継いだと思われる叙述が、『瑜伽論』に次のように説かれている。

復次初善（thog mar dge ba）者。謂聴聞時生歓喜故。中善（bar du dge ba）者。謂修行時無有艱苦。遠離二辺依中道行故。後善（tha mar dge ba）者。謂極究竟離諸垢故。及一切究竟離欲為後辺故。義妙者。謂能引発利益安楽故。文巧者。謂善緝綴名身等故。及語具円満故。純一者。謂不与一切外道共故。円満者。謂無限量故。最尊勝故。清浄者。謂自性解脱故。鮮白者。謂相続解脱故（『瑜伽論』巻第八三、大正・三〇・七六三中）。

この中で、「中善とは修行時に艱苦あることなしを謂う。二辺を遠離して中道行に依るが故に」と、瑜伽行唯識派が強調する「中道」という概念を用いて解釈している点に注目すべきである。

（9）「如来所説正法」という語は、『瑜伽論』では二箇所に認められる（巻第二四、大正・三〇・四一六中、巻第四六、大正・三〇・五四六上）。如来所説は正法以外には次のような語を形容する。「如来所説甚深経」「如来所説契経」「如来所説経義」「如来所説微妙法句」「如来所説諸法」「如来所説経典」「如来所説教」「如来所説法律」「如来所説法教」「如来所説無上法教」。

（10）「云何んが名づけた正法を聞思すると為すや。謂く、正法（sad-dharma）とは、若しくは仏世尊、若しくは仏弟子の正士・正至・正善丈夫が宣説開顕し分別照了せるものなり。此れ復た云何ん。所謂、契経・応頌・記別、広く説くこと前の如く、十二分教、是れを正法と名づく」（『瑜伽論』巻第二五、大正・三〇・四一八中）。

「仏の所説、若くは弟子の説くあらゆる正法を聴き、是の法を聞き已って正信を獲得する」（『瑜伽論』巻第一八、大正・三〇・三七六上）。

第三部　真理に至る道

――心の浄化、ヨーガ――

第一章　ヨーガの対象としての真如

第一節　真如を証する智と生じる根源的力

これまで第一部では「真理とは」を、第二部では「言葉と真理」との関係を考察してきたが、以下、第三部として「真理に至る道」、即ち、どのような実践を通して真理に至ることができるかという実践法を検討してみよう。

まず、究極の真理を唯識思想は真如という語で表現する。以下、この真如について考究してみる。

たとえて言えば、真如はいわば厚い雲の向こうに隠れている満月のようなものである。我々はその雲のような障害・障礙を少しずつ取り除き、徐々にその月を顕現せしめ、最後にその光輝く全体を心の中に顕現せしめなければならない。

ところで、もともとその真如が心の中に存在しなければその真如という月は現れてはこない。そこで、たとえ凡夫であってもそのような真如を証する智が生じる可能性を本来的に有しているという考え、即ち如来蔵的な考えがすでに『瑜伽論』の中に認められる。これについて以下検討してみよう。まず関係文を列記する。

①諸の出世間法は真如所縁縁種子より生じ、彼の習気積集の種子より生じるには非ず。(1)

②云何んが趣入の自性なりや。謂く、種姓に安住する補特伽羅は本性として涅槃の種子を成就する。(2)

③云何んが名づけて種姓に安住する補特伽羅にして唯だ種姓に住するのみにして未だ趣入せず、亦た未だ出離せずと為すや。謂く、一の補特伽羅有るが如き、出世聖法の種子を成就せるも未だ善士に親近して正法を聴聞することを獲得せず、未だ如来の正覚正説法の毘奈耶に於いて正信を獲得せず、未だ浄戒を受持せず、未だ多聞を摂受せず、未だ慧捨を増長せず、未だ諸見を調柔せず、是の如きを名づけて唯だ種姓に住するのみにして未だ趣入せず、亦た未だ出離せざる補特伽羅と為す。(3)

④復た次に此の一切種子識は、若しくは般涅槃法の者は一切の種子皆な悉く具足す、不般涅槃法の者は三種の菩提の種子を闕く。(4)

⑤界増長とは、謂く、本性として善法種子を具足するを所依止と為し、先来、諸の善法串習するが故に後後の位の中に善法種子が転増し転勝して生起し堅住する、是れを界増長と名づく。(5)

これらのうち、①は、阿頼耶識の中の種子は「一切の諸法の遍計自性に妄執する習気」であるとする立場に対して、そのような習気が一切の種子であるならば出世間の法はどのような種子から生じるのかという問いに対して、「出世間の法は真如を所縁縁とする種子」より生じるのであり、「習気によって積集された種子」より生じるのではないという答えである。

これは、阿頼耶識の中にはもともと「真如所縁縁種子」というものがあるという見解を述べている。「真如所縁縁種子」に対するチベット語訳は de bsin ñid la dmigs pahi rkyen gyi sa bon (6)（真如を所縁とする縁の種子）であるから、「真如所縁縁種子」とは「真如を所縁とすることができる種子」という意味に解釈することができよう。

すなわち、ここでは、世間において凡夫は未だ真如を対象としてみていないのに、見道において初めて無漏智という出世間智が生じるのは、もともと阿頼耶識の中に真如を対象とする無漏智を生じる種子が存在しているからであるという見解が説かれているのである。[7][8]

②では「種姓に安住する補特伽羅」は本性として涅槃の種子を成就すると説かれている。[9]

③では「種姓に安住する補特伽羅」、即ち「出世間法（＝出世聖法 lokottara-dharma）の種子を成就した人でも、善士に親近して正法を聴聞するなどの縁に遇うことがなければ、涅槃を得ることや正性離生に趣入することがない」と説かれている。[10][11]

④では一切種子識即ち阿頼耶識は一切の種子を有する識であるから、その中には一切の種子が存在することになるが、それは涅槃に入ることができる可能力を有した者、即ち般涅槃法者が一切の種子を有するのであって、涅槃に入る力のない者には声聞・独覚・菩薩の三種の菩提の種子が欠けていると説かれている。ここでは涅槃に入り得る人は声聞・独覚・菩薩のいずれの菩提にしても、菩提を生じる種子を有していると説かれている。[12]

⑤では本性として（prakṛtyā）善法の種子を具足していることが説かれている。[13]

以上の考察より、涅槃を獲得する、あるいは正性離生に趣入することができるのは、本来的に本性として「出世間法種子」「涅槃種子」「真如所縁縁種子」「菩提種子」などを有しているからであるという見解が説かれていることが判明した。[14]

このように本来的に本性として有する種子は、まとめて『瑜伽論』の表現で言えば「本性住種姓」と言うことができる。この種姓即ち種子は次のように定義される。

云何んが種姓なりや。謂く略して二種有り。一には本性住種姓、二には習所成種姓なり。本性住種姓とは謂く諸の菩薩の六処殊勝にして是の如き相有り、無始の世より展転伝来し法爾に得る所なり。是れを本性住種姓と名づく。[15]

『成唯識論』ではこの「本性住種姓」を無漏種子が法爾として本有である例証としてあげている。[16]

ところで、『成唯識論』では「無漏種子」という表現がいくつか認められるが、この語は『瑜伽論』にはない。[17]

また『摂大乗論』にも無漏種子の語はない。

ただし、『摂大乗論』には『瑜伽論』にはない「法身種子」「出世心種子」などの語が認められる。即ち、正聞熏習種子には上中下の三品あるが、それらはいずれも法身種子（chos kyi sgu̇hi sa bon）[18]であり、出世心種子（ḥjig rten las ḥdas paḥi sems kyi sa bon）[18]であると説かれている。

第二節　出世間智が生じるための第二次的な力

以上検討してきたように、阿頼耶識の中に「出世間法種子」「涅槃種子」「真如所縁縁種子」「菩提種子」「法身種子」「出世心種子」「無漏種子」などとよばれる第一義的な力として種子が先天的に本性としてそなわっているから、出世間法・涅槃・真如・菩提・法身・出世心・無漏とよばれるものが生じるのであるが、それだけでは不充分であって、それら種子を成育せしめるいわば肥料のような第二次的な後天的な力が必要である。このうち第一義的な力を「因」、第二次的な力を「縁」と言うことができる。

┌因――阿頼耶識の中の第一義的な力としての種子（「出世間法種子」「涅槃種子」「真如所縁縁種子」「菩提種子」「法身種子」「出世心種子」「無漏種子」など）
└縁――それら種子を成育せしめる第二次的な力

以下、真如を証する智、即ち出世間智が生じるためにはどのような第二次的な力、即ち縁が必要か、という考察の中で、広くそのような縁にどのようなものが考えられているかを考察してみよう。

第一項　正法を聞くことの重要性

すでに述べたように、我々は「自分」（我）と「もの」（法）とは存在しないのに、それが厳として実体としてあると思い間違い、それらに執著して迷い苦しんでいる。即ち我執から煩悩障が生じ、法執から所知障が生じ、この二障によって苦の大海を漂っている。また観点を変えて言えば、表層心の相縛と深層心の麁重縛という二つの束縛に縛られて苦しみ悩んでいるのであるが、そのような状況から解脱するためには、心を深層から浄化して心を変する必要がある。そのような変革のいわば「縁」となるのが、「正聞熏習」（聞熏習）であると唯識思想は強調する[19]。

この正聞熏習とは、正しい師から正しい教えを繰り返し聞いて、それを深層の阿頼耶識に熏じつけることであり、それによって右に述べてきた「出世間法種子」「涅槃種子」「真如所縁縁種子」「菩提種子」「無漏種子」などに、いわば水や肥料を与えて成育せしめ、その結果、それらが縁を得て芽をふくことになるのである。このことを『成唯識論』の次の一文は端的に表現している。

其の聞熏習は唯だ有漏にあらず。正法を聞く時亦た本有の無漏種子を熏じて漸く増盛せしめ、展転して乃至出世心を生ず。故に亦た此れを説いて聞熏習と名づく[20]。

即ち、正法を聞くことが無漏種子に熏じてそれが増盛し、その結果、出世心が生じるのであると説かれている。以下、この聞熏習あるいは正聞熏習という考えの検討に移る。

しかしその前に、仏教では、「正しい師について正しい師から正しい法を正しく聞く（聴く）」ということから修行を始めることが要請されるが、この正しい法を正しく聞くこと、即ち、「聞法」「聴聞正法」ということについて検討してみよう。

一、正法を聴聞しようとする原因は何か

まず、正法を聴聞しようとする原因は何か、を考察してみよう。これに関して『顕揚聖教論』の次の記述が参考になる。

五因有って正法を聴聞す。①我れ当に未だ聞かざる所を聞かん。②我れ当に聞き已って研究せん。③我れ当に疑心を除断せん。④我れ当に諸見を調伏せん。⑤我れ当に深き義句に於いて慧を以って通達せん。(21)

ここには、師に従って正法を聞こうとする聴聞者の意志・願いが巧みにまとめられている。②の「聞き已って研究せん」という中の「研究」(22)は、表現を変えれば「転令明浄」（転じて明浄ならしめる）とも言われている。即ち、同じ『顕揚聖教論』に次のように説かれる。

未だ聞かざる法を聴聞し、已に聞いた法に於いて転じて明浄ならしめんと常に楽う。(23)

この一文は次の『瑜伽論』の所説に基づいたものである。

若し其の義に於いて未だ解了せざる者をして開悟して解せしめ、解了し已った者をして転じて明浄ならしむ。(24)

この『瑜伽論』の一文のサンスクリット文は、

avyutpannañ caiṣām arthaṃ vyutpādayati／vyutpannañ ca paryavadāpayati[25]
であり、「明浄ならしむ」（令明浄）に相当するサンスクリットは paryavadāpayati であるが、この語は「浄める、清浄にする」という意味の動詞 dā から派生した pary-ava-dā の使役形である。聞いた法、あるいはすでに解了した義を明浄ならしむとは、さらにその理解の程度を深めることと解釈することができるであろう。vyutpanna というサンスクリットの漢訳である「解了」は、現代で言う「理解」に相当する語と考えてよいであろうか。もちろん理解というのも知的理解と智的理解とに分けるべきであるが、法を聞くだけで生じる聞慧による理解はあくまで知的理解であるから、この場合の「明浄ならしむ」は知的理解を深めることであると解釈すべきである。

二、どのような人から正法を聞くのか

次にどのような人から正法を聞くのか、という問題を考えてみる。

前に「正師」という語を用いて、「正しい師について正しい師から正しい法を正しく聞く（聴く）」と述べたが、実は、この「正師」という語は『婆沙論』『倶舎論』などの阿毘達磨論書と『瑜伽論』などの唯識論書には出てこない。では、その人に親しく近づいて（親近）、その人から正法を聞くという、そのような人はどのような語で表現されているのかを、広く『婆沙論』『倶舎論』の阿毘達磨論書と『瑜伽論』などの唯識論書に探ってみよう。

1　『婆沙論』

『婆沙論』では次の二種の表現が出てくる。

「親近善士」

「親近善友」

そして「親近善士とは謂く、親近善友なり[26]」と説かれ、親近善士と親近善友とは同じであると説明されている。また、「親近善士とは謂く、親近善友なり。善友とは仏及び仏弟子を謂う[27]」の一文によって、善士＝善友であり、具体的には仏と仏弟子であると定義されている。

2　『倶舎論』

『倶舎論』には善友・善士という語はみられず、親近という語もない。

3　『瑜伽論』

『瑜伽論』には善士（sat-puruṣa）に親近（遇う、値う、依止する）して正法を聴聞することが重要な修行のありようであると、処々に次のように述べられている。

善士に遇って正法を聞くことを得て、如理作意す[28]。

仏の出世に値い善士し親近し、正法を聴聞し、如理作意す[29]。

善士に親近し正法を聴聞し如理作意す[30]。

善士に親近し善友に依止して自の愆犯に於いて審諦に了知し深く過失を見る[31]。

帰依に四の正行あり。一には善士に親近する、二には正法を聴聞する、三には如理に作意する、四には法随法行する[32]。

是の如き三法は当に知るべし、人中の四種の多所作法を顕示すると。謂く、親近善士と聴聞正法と如理作意と法随法行となり。[33]

親近善士に依止するに由り、他の法音を聞き、如理作意する衆の因縁の故に、乃至、二の心解脱を獲得す。[34]

復た後時に於いて、善説法毘柰耶の中に於いて、善士に親近し、正法を聴聞し、如理作意する。[35]

これらの諸文にみるように、「親近善士」（sat-puruṣa-saṃsevā）という表現が多く出てくる。とくに「親近善士→聴聞正法→如理作意→法随法行」という修行の過程の最初では、親近善士が使われている。

これに比べて善士[36]（sat-puruṣa）と同じ者である善友（kalyāṇa-mitra）を用いた「親近善友」（kalyāṇa-mitra-saṃsevā）という表現は、巻第四四の二箇所（大正・三〇・五三四下、五三五中）に認められる。[37]

ただし、その箇所において「善友」に関して次の七項目の問いを設定している。

①菩薩は幾くの相を成就して能く善友となるや。
②幾種の相に由って善友となり、所作は虚しからざるや。
③幾種の相を成就して善友の性をして信の依処と作らしむるや。
④幾種の善友菩薩ありて所化の生に於いて善友の事を為すや。
⑤菩薩は幾種にして善友に親近するや。
⑥幾種の想に由って善友の所に於いて正法を聴聞するや。
⑦幾種の処に由って善友の所に於いて法を聴聞する時、説法師に於いて異意を作さざるや。

そして、これら問いの一つひとつに対して詳しい答えが説かれているが、それらの内容はここでは割愛する。ただ、この箇所の叙述によって、菩薩には次の二種があることが判明する。

（1）善友となる菩薩

（２）善友に親近する菩薩

これまでの論述をまとめると、その人から正法を聞く者として、善友・善士があげられ、具体的には、前述したように、『婆沙論』に「親近善士とは謂く、親近善友なり。善友とは仏及び仏弟子を謂う」と説かれるように、仏と仏弟子であるが、善友・善士は仏弟子以外のすぐれた者を意味する場合もある。(38)

またその人から正法を聞く者として、大師(39)（仏・如来・釈尊）、説法師(40)、説法者(41)などがあげられている。

三、正法とはどのような法か

次に、聞くべき正しい法とはどのような法であるかを検討してみよう。

まず、『婆沙論』には次のように説かれる。

正法を聴聞するとは流転を毀呰して還滅を讃歎し勝行を引く教を名づけて正法と為す。彼は能く耳を属てて無倒に聴聞す。(42)

これによれば　正しい法とは、生死流転することを呰め、その流れから還った涅槃を讃歎し、すぐれた修行に導く教え、であると定義されている。

次に、『倶舎論』には右のような正法に対する内容的な定義は認められないが、ただ、

世尊の正法の体に二種あり。一には教、二には証なり。教とは謂く、契経と調伏と対法となり。証とは謂く、三乗の菩提分法なり。(43)

と説かれ、正法の本体は、教（āgama）と証（adhigama）であり、このうち教とは契経と調伏と対法、即ち、経と律と論との三蔵であると説かれている。

次に『瑜伽論』では、十二分教（契経・応頌・記別・諷頌・自説・縁起・譬喩・本事・本生・方広・希法・論議）を正法（正法教）と名づける、と説かれている。(44)

これは、釈尊が説いた教えを十二種に分類したもので、右の『婆沙論』の所説のような内容的な定義ではない。

次に、『摂大乗論』に「最清浄法界等流」という表現が初めて用いられ、「経などの教法は最清浄なる法界から流れ出たものである」という考えが打ち出された。(45)

「最清浄法界等流法」という考えは、「法界等流法」あるいは「浄法界等流正法」という表現で『成唯識論』に引き継がれている。(46)

このように「唯識」に至って、世尊によって語られた正法は、いわば究極の真理の世界（最清浄法界・浄法界）から流れ出たものであり、それを繰り返し聴聞することが阿頼耶識の中にある無漏の種子に熏習して、その結果、無漏心、即ち出世心が生じることになる、という考えが確立したのである。

四、「正しく聞く」とはどういうありようか

次に、「正しく聞く」とはどういうありようか、という問題を考えてみよう。

まず、『婆沙論』には次のように説かれる。

①復た経に言うこと有り。若し我が弟子が一心に耳を属てて正法を聴聞すれば能く五蓋を断ず。(47)

②正法を聴聞するとは、謂く、耳を属てて如理所引の流転を訶毀し還滅を讃歎し瑜伽に順ずる法を聴聞す。(48)

③正法を聴聞するとは流転を毀呰して還滅を讃歎し勝行を引く教を名づけて正法と為す。彼は能く耳を属てて無倒に聴聞す。(49)

これらの中にある「耳を属てて正法を聴聞する」という表現は、次の如く、『瑜伽論』や『顕揚聖教論』にもある。

④若し諸の菩薩が善友より法を聴聞せんと欲する時、説法師に於いて五種処の不作異意に由って純浄心を以って耳を属てて法を聞く。(50)

⑤薄伽梵が説くが如し。我が聖弟子が専心に耳を属てて正法を聴聞すれば能く五法を断じ能く七法を修することを速疾に円満す。(51)

右の諸文中にあるように、耳を属てる、即ち聴覚をはたらかせて一心に専心に正法を聞くことが要請されている。この「耳を属てて聴く」という表現の他に、「審諦に聴く」(52)「無倒に聴く」(53)などの表現もある。

五、修行の過程

仏道の修行は最終的には悟りを獲得することであるが、それに至るための過程がどのように考えられているかを以下検討してみよう。

まず、『婆沙論』には次のように説かれる。

復た次に世尊の説くが如し。二因と二縁により能く正見を生ず。一には外には他の法音を聞く。二に内には如理に作意するなりと。（中略）復た次に契経に説くが如し。人に四法を有するものは、多く所作有り。一には善士に親近し、二には正法を聴聞し、三には如理に作意し、四には法随法行なりと。(54)

右の文中には契経(55)の文句を引用して、

親近善士→聴聞正法→如理作意→法随法行

という修行の四つの段階が説かれている。

この四段階は、『瑜伽論』でもみられる。即ち、

当に知るべし、帰依に四正行あり。一に親近善士、二に聴聞正法、三に如理作意、四法随法行なり。若し此の四正行を成就せば、乃ち帰依と名づく。(56)

と説かれる。

以上、『婆沙論』と『瑜伽論』における修行の過程をみてきたが、

親近善士（sat-puruṣa-saṃsevā）→聴聞正法（saddharam-śravaṇa）→如理作意（yoniśo-manaskāra）→法随法行（dharma-anudharma-pratipatti-caryā）

という順序は一定して説かれている（善士が善人・善友とも訳され、聴聞正法が従他聞法とも言い換えられている）。

では、このような修行によって何を得るかということに関しては、次のように説かれる。

1、「二因と二縁により能く正見を生ず。一には外には他の法音を聞く。二には内には如理に作意するなり(57)」と説かれることより、外的な聴聞正法と内的な如理作意によって「正見」が生じる。

2、「眼根に由るが故に善士に親近し。耳根に由るが故に正法を聴聞し、此れによって能く如理作意と法随法行とを引き、乃至、展転して涅槃を証得す(58)」と説かれるように、右の四段階を経て最終的に「涅槃」を得る。

3、「所聞の法の如くに如理正思惟する時、無我の理に悟入す(59)」と説かれるように、聴聞正法と如理作意とによって「無我」の理に悟入する。

即ち、正見を生じる(60)、涅槃を証得する、無我の理に悟入する、などのいわば悟りに至るためには四つの修行段階が、あるいはその中の二つの「聴聞正法」と「如理作意」とが、欠かせない重要な要素であることが強調されてい

るのである。

これが「出世間智が生じるための第二次的力」として、一つは聴聞正法による正聞熏習、もう一つは如理作意との二つが説かれる所以である。[61]

六、「正聞熏習」成立までの思想的展開

次に、真理に至る道の中で重要視される「正聞熏習」という考えが成立するまでの思想的展開を検討してみよう。

1、『婆沙論』における熏習

聞熏習あるいは正聞熏習は『成唯識論』では重要な概念として確立されたのであるが、それに至るまでの思想的展開を検討してみよう。

『婆沙論』や『倶舎論』などの部派仏教には阿頼耶識という考えはないから、教法を聞くことが阿頼耶識の中に何らかの影響を与えるという思想は当然なかった。しかし、部派仏教においても何らかの形で表層の行為が心に影響を与える、即ち「熏習」するという考えが認められるかどうかをまず探ってみよう。

『婆沙論』では、「熏習」という語は「この善根の勢力威猛に由って身に熏習する」という文中の一箇所に認められるだけであるが、[62]そのかわりに「熏修」という語がいくつか認められ、それは「奢摩他・毘鉢舎那（止観）が心に熏じる」という意味に使用されている[63]（熏修については後述する）。

また「熏」という語が「大悲が心に熏じる」という意味に用いられている。[64]

2、『倶舎論』における熏習

次に、『倶舎論』では熏あるいは熏習という概念に関して一段と考察が深まった。その用例を検討してみよう。

①後に彼の貪の熏習を転滅せる時、心は便ち解脱す。(65)

ここでは「貪が心に熏習する」という意味である。なお、熏習のサンスクリットは vāsanā(66) である。

②当有と言うは、謂く、未来の生なり。彼の当生に於いて思食が能く引く。思食が引き已って、業の熏ずる所の識の種子の力に従って後有が起こることを得る。(67)

ここでは「業によって熏習された識の種子」という考えが成立している。なお、「熏習された」のサンスクリットは paribhāvita(68) である。

③諸の受者が施物を受用するに由って功徳摂益に差別有るが故に、後に於いて施主の心に異縁ありと雖も、而も、前に施を縁じたる思の熏習する所の微細に相続し漸漸に転変差別して生じ、此れに由って当来に能く多果を感ず。(69)(70)

これは、布施などの福業が時間的経過を経てその結果を生じる機構を「相続転変差別」という概念で説明する経量部の考えを記述した文中にみられる「熏習」である。即ちここでは能熏が思業であるが、相続転変差別（saṃtati-pariṇāma-viśeṣa）する所熏が何かということが問題となり、これについて論議がなされている。

瑜伽行唯識派はこのような経量部の考えを基盤にしながら、所熏の場として阿頼耶識を考え、たとえば能熏は転識、所熏は阿頼耶識であると簡潔に説明するに至ったのである。

④我執は何を以って因と為すや。謂く、無始より来た我執が熏習し、自相続を縁じて垢染の心有り。(71)

ここでは能熏として我執（ahaṃkāra）があげられ、所熏としては自の相続（sva-saṃtati）が考えられている。な

判明した。

お、熏習の原語はparibhāvita[72]である。

以上の検討によって、『倶舎論』においては『婆沙論』においてより一段と熏習に対する考察が深まったことが

3、『瑜伽論』における熏習

次に、『瑜伽論』における熏習を検討してみよう。

まず、どのようなありようが熏習するのか。即ち能熏とは何か、また熏習されるところ・場所、即ち所熏は何かを探ってみよう。

①云何んが生なりや。我愛は無間に已に生じるに由るが故に、無始より戯論に楽著する因、已に熏習[73]するが故に、浄不浄業の因、已に熏習[73]するが故に、彼の所依の体、二種の因の増上力に由るが故に、自の種子より即ち是の処に於いて中有の異熟無間に生じることを得る。[74]

ここでは能熏として次の二種が説かれている。

1、楽著戯論

2、浄不浄業

これらの二つは、のちの「名言種子」と「業種子」とを熏じるという考えにつながっていくことになる。[75]

ここでは所熏が説かれていないが、「一切種子識とは謂く、無始の時来た戯論に楽著して熏習するを因と為して生じるところの一切種子異熟識なり」[76]という一文を考え合わせると、右の二つの能熏が熏じる所熏は一切種子識、即ち阿頼耶識ということになる。[77]

まとめると、『瑜伽論』の冒頭部分において、すでに次のような能熏・所熏の考えが意図されていた。

（能熏）┬ 楽著戯論[78] ─→ （一切種子識＝阿頼耶識）（所熏）
　　　　└ 浄不浄業 ─→

②云何んが止相なりや。謂く、二種有り、一には所縁相、二には因縁相なり。（中略）因縁相とは、謂く、奢摩他に熏習せられる心に依って後時に奢摩他の定を皆な清浄ならしめんが為の故に修習する瑜伽毘鉢舎那のあらゆる加行、是れを因縁相と名づく[79]。

この中の「奢摩他所熏習心」のサンスクリットは śamatha-paribhāvite cetasi[80] であり、このあとに出てくる「毘鉢舎那所熏習心」のサンスクリットは vipaśyanā-paribhāvite citte[81] あるいは vipaśyanā-paribhāvite cetasi[82] である。これによって、ここで説かれる能熏と所熏とは次の如くになる。

（能熏）奢摩他・毘鉢舎那 ──→ 心（所熏）

以上は「本地分」までにある熏習の用例であるが、これを踏まえて「摂決択分」以下の用例の検討に移ろう。

③現法中に於いて彼の種子を長養するとは、謂く、阿頼耶識に依止して善不善無記の転識転ずる時、是の如く是の如く一依止に於いて同じく生じ同じく滅して阿頼耶識に熏習し、此の因縁に由って後後の転識の善不善無記性転じ、更に増長して転じ、更に熾盛して転じ、更に明了にして転ずるが如し[83]。

ここで初めて表層の転識が深層の阿頼耶識に熏習することが説かれている。しかしこの箇所のチベット語訳にあたってみると、「熏習阿頼耶識」に相当するチベット文は bag chags sgo bar byed pa[84] であり、チベット語訳によれば、ここは「習気（bag chags = vāsanā）を熏習する」という意味になる。しかしここでは阿頼耶識と転識とが互いに縁性となると、また転識は現法中においては種子を長養し後法中においては種子を摂殖すると説かれているから、「阿頼耶識」が、原文にない付加訳であるにしても、ここでは明らかに転識が阿頼耶識に熏じることが意図されている。即ち「摂決択分」に至ってはっきりと能熏が「転識」、所熏が「阿頼耶識」という考えが成立したことになる。

（能熏）転識 → 阿頼耶識（所熏）

④衆苦の引因とは、謂く、無明は行に縁たり、乃至触は受に縁たり、現法の中、識は福非福及び不動の業の為に熏習せられ、後後の種子に随逐せられ、能く当来の余身の識等の生老死の苦を引く(85)。

この中の熏習はチベット語訳で yoṅs su bsgos pa(86) であるから、サンスクリットは paribhāvita であろう。ここでの能熏と所熏は次のようである。

（能熏）福非福不動業 → 識（所熏）

⑤復た次に云何んが過去法なりや。謂く、因已に受尽し、自性已に滅し、無間に縁と為って余法を生じることを為す。阿羅漢の最後の心心所を除く。相続に熏習して復た已に滅して百千劫を経ると雖も猶ほ能く彼の愛非愛果の異熟をして当に熟せしむ(87)。

この中の漢訳「熏習相続」に相当するチベット語訳は sems kyi rgyud la yoṅs su bsgos pa(88) であるから、チベット語訳によれば原文は citta-saṃtati-paribhāvita であり、したがって熏習相続は「（心）相続に熏習する」という意味に解釈すべきことになる。ここでは所熏として心相続（citta-saṃtati）が説かれている。

以上の用例の中で能熏と所熏とがはっきりしたものをまとめると、次のようになる。

（能熏）┬ 楽著戯論 ┐
　　　　└ 浄不浄業 ┴→ 一切種子識＝阿頼耶識（所熏）

（能熏）奢摩他・毘鉢舎那──→心（所熏）
（能熏）転識──→阿頼耶識（所熏）
（能熏）福非福不動業──→識（所熏）

4、言葉による熏習

以上は能熏として広く浄不浄業、あるいは福非福不動業、さらには転識などが考えられているが、のちに『成唯識論』で強調される名言種子あるいは名言習気などは、名言即ち言葉によって語るという行為が阿頼耶識の中に熏じた種子である。この言葉による熏習、即ち名言熏習について次に考察してみよう。

まず、『瑜伽論』全体を眺めるとき、「本地分」では「楽著戯論熏習」という語は認められるが、「名言熏習」という語は「摂決択分」以前には認められない。ところが「摂決択分」以後においては、「名言熏習」という語と、そしてこの語と同様の意味である「言説熏習」とが次の箇所に認められる。

①世俗名言熏習[89]（tha sñad kyis yoṅs su bsgos pa）[90]
②名言熏習[91]（mṅon par brjod pa la yoṅs su goms pa）[92]
③名言熏習[93]（brjod pa la goms pa）[94]
④言説熏習心[95]（rjes su tha sñad btags pas yoṅs su bsgos pa）[96]

右の四例では「名言」（vyavahāra, abhilāpa）と「言説」（anuvyavahāra）が能熏としてあげられているが、このようないわば言葉が心に熏習するという考えは、『瑜伽論』においては「摂決択分」以後のみに認められるということは、「摂決択分」がそれ以前の「本地分」以後に成立したとみることができる一つの証拠になるであろう。

ヨーガによる心の観察を通して言葉による認識の虚妄性・虚偽性をますます強く確認していった瑜伽行唯識派の人々は、我々の言葉を用いた認識（識・分別）が心に熏習するさまを深く観察した結果、名言熏習あるいは言説熏習という考えを生み出したのであろう。

ところで、この「言葉による熏習」という考えの萌芽はどこに認められるであろうか。

唯識思想以前の部派仏教の論書である『婆沙論』二百巻には、名言という語はわずか十三箇所にしか認められないし、言説という語は名言に比べてかなり多く認められるにしても、いずれにしても名言熏習あるいは言説熏習という考えは未だ成立していなかった。

さらに『倶舎論』では名言という語はなく、言説については「言説（vyavahāra）を起こす」[97]、「言説（upacāra）を興す」[98]に認められるが、『婆沙論』同様、言説熏習という考えはない。

以上、少なくとも『婆沙論』『倶舎論』の両論書においては、「言葉が心に熏習する」という考えは未だ成立していなかったということが判明した。

これに対して、「唯識」関係の経論に至ってこの考えが深まっていく。

即ち、瑜伽行唯識派の人々は言葉への考察を深め、言葉による人間の認識の虚妄性を明確にして、名言熏習という考えを、さらには三性説における遍計所執性という考えを成立せしめるに至ったのである。すでに述べたように、名言熏習という概念は『瑜伽論』の「摂決択分」以後に強く認識されるようになったが、「摂決択分」以前に成立し「摂決択分」に影響を与えたと考えられる『解深密経』においては、この「言葉による熏習」という考えが存在するのかどうかを次に検討してみよう。

『解深密経』巻第二に次のように述べられている。

> 然るに有情が依他起自性上に於いて遍計所執自性を増益するに由るが故に、我れ三種の無自性性を立てるなり。遍計所執自性相に由るが故に彼の諸の有情は依他起自性及び円成実自性中に於いて言説を随起し、如如に言説を随起す。是の如く、是の如く、言説熏習心[99]に由るが故に、言説随覚に由るが故に、言説随眠に由るが故に、依他起自性及び円成実自性中に於いて遍計所執自性相に執著す。[100]

このように『解深密経』において、三自性との関係で「言説が心に熏習する」（言説熏習心）という考えが明確に述べられていることは、心として阿頼耶識を前面に打ち出し、さらに「唯識」という概念を最初に用いたことと合わせて注目すべきことである。

以上の結果、言葉の心への熏習は『解深密経』に端を発し、その影響を受けた『瑜伽論』「摂決択分」でさらに考察が深まったことが判明した。

この流れは『摂大乗論』に受け継がれ、「名言熏習」という概念が確立した。即ち次のように説かれる。

> 復た次に此の阿頼耶識の差別は云何ん。略説するに、応に知るべし、或いは三種、或いは四種なり。此の中、三種とは、謂く、三種の熏習の差別の故なり。一には名言熏習差別、二には我見熏習差別、三には有支熏習差別なり。[101]

この名言熏習のチベット語訳は mṅon par brjod paḥi bag chags[102] である。したがってその原文は abhilāpa-vāsanā であると推測されるから、熏習にあたる原語は vāsanā であり、『瑜伽論』における名言熏習の熏習の原語が paribhāvita であった点と相違する。即ち、『摂大乗論』では熏習の過程と同時に、熏習された結果としての種子の意味をも含んだ熏習であると言えよう。

なお名言熏習種子という表現も『摂大乗論』にはあり[103]、そのチベット語訳は mṅon par brjod paḥi bag chags kyi sa bon[104] であるから、その原文は abhilāpa-vāsanā-bīja であろう。

以上の考察をまとめると、広く「言葉による熏習」という考えは次のように発展していったと言えよう。

楽著戯論熏習（『瑜伽論』本地分）──→言説熏習（『解深密経』）──→名言熏習（『瑜伽論』「摂決択分」、abhilāpa-paribhāvita）──→名言熏習（『摂大乗論』、abhilāpa-vāsanā）

以上、熏習という概念が諸経論でどのように使われているかを検討してきたが、いまここでまとめてみよう。

1、『婆沙論』では熏習という語よりも熏修という表現が多くみられ、それらは「奢摩他・毘鉢舎那（止観）が心に熏じる」という意味での熏習である。

2、『倶舎論』に至り、熏習に対する考察が一段と深まり、刹那に滅していく表層の業が時間的経過を経て未来に結果をもたらすのは、その業が身心（相続）にその影響を熏習するからであるという考えが成立した。

3、『瑜伽論』に至って阿頼耶識という概念が導入され、熏習される場が根本心である阿頼耶識であるという考えが「本地分」以前の所説に初めて認められる。その考えは『解深密経』の影響を受けて作られたと考えられる「摂決択分」ではさらに深められ、「摂決択分」に至ってはっきりと能熏が「転識」、所熏が「阿頼耶識」という考えが成立した。

5、二つの意味の熏習

ここで、熏習という語は次のように二つの意味があることを指摘しておこう。

熏習┬（ｉ）阿頼耶識の中に種子を熏じつける（paribhāvita）はたらき
　　└（ii）熏じつけられた結果、即ち種子（vāsanā）

前者のサンスクリットは paribhāvita（ときには bhāvita）であり、「熏習」あるいは簡単に「熏」と訳されるのに対して、後者のサンスクリットは vāsanā であり、ほとんど「習気」と漢訳され、[105] それは熏じつけられた結果、即ち「種子」（bīja）と同義語である。

しかし、このように「種子を熏じつけるはたらき」と「熏じつけられた結果」との二つに分け、前者と後者のサンスクリットは paribhāvita と vāsanā とで相違するとしたが、実際には vāsanā を熏習と訳し、その一語の中に、「種子を熏じつけるはたらき」と「熏じつけられた結果」の二つの意味を含めている場合もある。その典型を、正聞熏習に関する次のような見解にみることができる。

この正聞に由って起こるところの熏習を名づけて熏習と為す。或いは復た正聞即ち是れ熏習なり、是の故に正聞熏習と名づく。[106]

6、『摂大乗論』における熏習

ここで、『瑜伽論』「本地分」から『解深密経』を経て『瑜伽論』「摂決択分」となり、それが最終的に、『成唯識論』にまで発展する間にある『摂大乗論』における熏習の考えを、検討してみる必要がある。

まず阿頼耶識の三相（自相・因相・果相）を安立する中で、次のように説かれている。

阿頼耶識の自相を安立するとは謂く、一切の雑染品の法の所有る熏習に依って彼の生因と為り、能く種子を摂持し相応するに由る。[107]

ここでは一切の雑染法が阿頼耶識に熏習すること、そして熏習された種子が再び雑染法を生じる因となること、そして阿頼耶識がその種子を摂持していることが説かれている。この玄奘訳の熏習は真諦訳では習気となっており、[108]チベット語訳も bag chags であるから、[109]その原語は vāsanā である。したがって玄奘訳の熏習は習気とも訳すことができるが、ここでは熏じつけられた結果としての種子を意味すると同時に、熏じつけられる過程をも意味すると捉えることができる。[109]

次に特記すべきは、右の一文に続いて熏習とはどういうことであるか、即ち、熏習の詳しい定義が次のようになされていることである。

何らを名づけて熏習と為す。熏習は能詮なり。何らを所詮と為す。謂く、彼の法と倶に生じ倶に滅するに依って此の中に能く彼を生じる因性有り、是を所詮と謂う。苣藤の中に花の熏習有るが如し。苣藤と華と倶に生じ倶に滅し、是の諸の苣藤は能く彼の香を生じる因を帯びて生ず。又た所立の貪等の行者の貪等の熏習の如く、彼の貪等と倶に生じ、倶に滅するに依って此の心、彼を生じる因を帯びて生ず。或いは多聞者の多聞の熏習は聞作意と倶に生じ倶に滅するに依って此の心、彼を記する因を帯びて生じ、此の熏習は能く摂持するに由るが故に持法者と名づく。阿頼耶識の熏習の道理も当に知るべし亦た爾り。[110]

波線をほどこした「彼の法」とは、この文の前文にある「雑染法」であり、「此の中」とは「阿頼耶識」の中であり、「能く彼を生じる因性」とは「種子」のことであるから、右の一文は、熏習とは、「能熏の雑染法と所熏の阿頼耶識とが同時に生滅することによって阿頼耶識に種子が熏じつけられ、その中に雑染法を再び生じる因を有することになる」という全過程を表現していることになる。そして自然界にみられる「苣藤（胡麻油）に華の香りが熏じる」という現象を喩えに出し、さらに「貪欲等の行為が心に貪欲等を熏じる」「多聞者の聞作意が心に多聞を熏じる」という心の熏習のありようを喩えに出して、そのような道理が阿頼耶識の熏習にも通じるのであると結論づけているのである。喩えのうち前者は不浄品の熏習であり、後者は清浄品の熏習である。

このように、『婆沙論』『倶舎論』さらには『瑜伽論』などにはみられなかった熏習の定義が『摂大乗論』の作者である無著によって初めてなされ、それによって阿頼耶識の熏習が教説として確立されたのである。

そして、さらに特記すべきは『瑜伽論』『解深密経』などになかった聞熏習・正聞熏習という考えと術語が確立されたことである。

聞熏習あるいは正聞熏習の語は次の箇所にみられる。

1、聞熏習。チベット語訳は thos paḥi bag chags である。(111)

2、正聞熏習。チベット語訳は聞熏習と同じく thos paḥi bag chags である。(112)

チベット語訳から、聞熏習あるいは正聞熏習の原語は śruta-vāsanā であると推測される。

7、『成唯識論』における熏習

以上の『摂大乗論』における正聞熏習という考えは『成唯識論』に受け継がれ、たとえば次のような文中で使用されている。

聞熏習聞浄法界等流正法而熏起故。是出世心種子性故。(113)

これは種子が先天的か後天的か、即ち新熏か本有かという論議の中で難陀の新熏説を述べる文中に『摂大乗論』の所説(114)を引用した箇所であるが、原文より少し表現を変えて簡潔にまとめている点に注目すべきである。(115) 即ち波線をほどこした「而熏起」という文は、『摂大乗論』にはない。

また二種の種姓を説く中で、習所成種姓について次のように説かれる。

習所成種姓とは、謂く、法界等流の法を聞き已って、聞所成等の熏習の所成なり。[116]

ここでは聞熏習だけではなく聞慧・思慧・修慧の三慧による熏習が説かれているが、この一文も『瑜伽論』の次の所説を根拠にしながらその表現を変えている。

習所成種姓とは、謂く、先の串習の善根の所得にして、是を習所成種姓と名づく。[117]

右の二つの文を比較するとき、『成唯識論』では、『瑜伽論』にはなく『摂大乗論』で初めて打ち出された「法界等流の法を聞く」という概念を導入して習所成種姓を説明していることがわかる。ここにも『瑜伽論』→『摂大乗論』→『成唯識論』と発展してきた思想の流れをみることができる。

さらに、「所熏と能熏とは各、四義を具して種を生長せしむ。故に熏習と名づく[118]」と、熏習を所熏と能熏とに分け、さらにそれぞれが四義を有する、と説かれ、熏習が一層詳しく定義されるに至った。[119]

第二項　熏習の具体的なありよう

前述したように、『成唯識論』に「其の聞熏習は唯だ有漏にあらず。正法を聞く時亦た本有の無漏種子を熏じて漸く増盛せしめ展転して乃至出世心を生ず。故に亦た此れを説いて聞熏習と名づく[120]」と説かれるように、正法を聞くという表層心の行為が深層の阿頼耶識の中の無漏種子に熏習して、それを「漸く増盛せしめる」と説かれている。ここでは増す、強める、盛んにするという意味の「増益」という語が使用されているが、広く表層の業が深層の阿頼耶識に及ぼす影響を、即ち熏習の具体的ありようを、『成唯識論』以前の経論ではどのように表現しているかを考察してみよう。

一、『瑜伽論』

まず、『瑜伽論』を検討してみよう。

①復た次に諸の転識は阿頼耶識の与に二の縁性と作る。一には現法中に於いて能く彼の種子を長養するが故に。二には後法中に於いて彼の生を得んが為に、彼の種子を摂殖するが故なり。[121]

ここでは転識が阿頼耶識の中の種子を長養する（yoṅs su brtas par byed pa）[122]、摂殖する（yoṅs su ḥdsin pa）[123]と説かれている。

長養に対応するチベット語訳 yoṅs su brtas pa に対しては、『瑜伽論』の中では「増盛」[124]「強盛」[125]「勢力増長」[126]などの訳があるから、長養とは転識が熏習して阿頼耶識中の種子の勢いを増し強めることであると言えよう。この箇所の長養の原語はそのチベット語訳 yoṅs su brtas par byed pa から還梵すると、動詞形では pari-puṣ であろう。[127]なお『瑜伽論』巻第三では、色聚の三種の流転の一つとして長養が説かれているが、その原語は upacayika であり、続いて等流に四種あるうちの長養等流の長養の原語は upacaya であるから、[128]長養という訳語は upacaya に対してもなされていることがわかる。

次の摂殖とはどういうはたらきであろうか。そのチベット語訳 yoṅs su ḥdsin pa からしてこの原語は動詞形で pari-grah であると推測されるが、この語は「維持する、保つ」の意味である。したがって「種子を摂殖する」とは種子を維持するという意味になるが、ここで摂殖（異本では植）と言うように、「摂める」という意味に「殖える（植える）」という意味をも付加して訳していることから、転識が阿頼耶識に種子を熏習し、同時に阿頼耶識が熏習された種子を維持するという二つのはたらきを含めて摂殖と訳したのであろうか。

いずれにしても転識は、

（1）もともとある種子を成育せしめるはたらき

（2）新しく種子を植えつけるはたらき

の二つをもつことが、ここで説かれていると言えるであろう。

②問う、世尊の言うが如き、過去の業有り、若し過去の業体是れ無ならば応に今時に一たび有損害の受を領納すること有るべからず、或いは復た応に一たび無損害の受を領納することあるべからず、と此れ何の密意ぞ。答う、過去生の中の浄不浄業は已に起こり、已に滅し、能く当来の愛不愛の果を感ず、此の業種子、摂受熏習して行に於いて相続して展転して断ぜざるなり。世尊是の如きの相続を顕さんが為に、是の故に説いて過去の業有りと言う[129]。

この中の「此の業種子、摂受熏習して行に於いて相続して展転して断ぜざるなり」[130]のチベット語訳は dehi sa bon gyis hdu byed kyi rgyud pyi ma pyi ma yoṅs su bzuṅ śiṅ yoṅs su bsgos pa であるから、業の種子が行の中で維持され（yoṅs su bzuṅ=parigṛhīta）、熏習されて（yoṅs su bsgos pa=paribhāvita）相続することが説かれている。ここでは、種子が熏習され維持されるところが、阿頼耶識ではなく行（saṃskāra）と言われている。

以上の検討の結果、転識あるいは業が阿頼耶識に新しく種子を植えつける、あるいはもともとある種子を発育せしめる、そして種子は阿頼耶識に中で維持され、そして再び転識あるいは業を生じる因となる、という一連の過程がさまざまに表現されていることが判明した。

いま理解を容易にするために、これらのありようを次のように簡単な言葉で言い表してみよう。

種子を植えつける――熏習
種子を発育せしめる――増盛
種子を維持する――――摂受
再び生じる因となる――生縁

このうち、種子に生縁と摂受と増盛の三つの属性があることが、『瑜伽論』において得・獲・成就を説明する中で次のように説かれている。

復た次に云何ん、得・獲・成就なるや。謂く、若し略説せば、生縁・摂受・増盛の因を説いて名づけて得と為す[131]。

若し加行所生の善法及び一分の無記法の生縁所摂受の増盛の因なる種子を自在成就と名づく[132]。

ここにみられる生縁・摂受（所摂受）・増盛のチベット語訳は次の如くである[133]。

生縁　ḥbyuṅ baḥi rkyen
摂受　yoṅs su zin pa
増盛　yoṅs su brtas pa

このうちチベット語訳から判断して生縁の原語は upapatti-pratyaya、摂受の原語は parigṛhīta、あるいは parigraha であろうが、増益の原語は何であろうか。『瑜伽論』巻第三には、熏習との関係ではないが、色聚の三種の流転の中の一つの長養として「相増盛長養」が説かれているが[134]、その原語は lakṣaṇa-puṣṭa-upacayika であり[135]、そのチベット語訳が mtshan ñid brtas par byed paḥi rgyas pa las byuṅ ba であることから考えて[136]、『瑜伽論』の巻第五二にある右の増盛の原語は paripuṣṭa であると推測される[137]。

二、『摂大乗論』

次に『摂大乗論』を検討してみよう。

①如如に熏習する下中上品が次第に漸増し、是の如く是の如く、異熟果識が次第に漸減して即ち所依を転ずる。既に一切種の所依が転じ已って、即ち異熟果識と及び一切種子は種子無くして転じ、一切種は永断す[138]。

右文中の「如如に熏習する下中上品」とは、この前の所説から法界等流の教法を聞くという正聞熏習のことであるから、「この正聞熏習が次第に漸増、即ち増すことによって異熟果識即ち阿頼耶識が次第に減る。その結果、所依を転じて一切の種子が断じられて無くなる」というのが右の一文の意味である。ここでは熏習のありようが、正聞熏習が増す（漸増のチベット語訳は増すという意味の ḥphel ba[139] である）ことによって異熟果識（阿頼耶識）が減る（漸減のチベット語訳は減るという意味の ḥbri ba[140] である）と表現されている。阿頼耶識が減るとは、阿頼耶識の中の種子が次第に断ぜられ、最終的には一切の種子がなくなり転依が完成する、とここでは述べられている。

ここで問題となるのは、断じられる種子は雑染なるものを生じる種子即ち雑染種子だけであり、清浄なる種子あるいは無漏種子などは残っているのかということである。これに関しては無性は、「種子無くして転じるとは、唯だ一切の雑染の種子が無くなることであり、永断するとは一切種子の品類が断じることである」と釈している[141]。一切の種子の品類とは善・悪・無記のことであるとするならば、転依をすればそのような価値的な色づけはされなくなるという意味となり、種子が全く無くなるという意味ではなく、ただ雑染の種子のみが断じられるという解釈であると言うことができよう。

三、『成唯識論』

熏習が種子に与えるはたらきをみる前に、『成唯識論』の次の一文に注目してみよう。

世尊依此説有情心染浄諸法所熏習故。無量種子之所積集。諸論亦説。染浄種子由染浄法熏習故生。(142)

これは種子が先天的か後天的か、即ち新熏か本有かという論議の中で護法の新旧合生説を述べる中にある一文であるが、この一文からして、阿頼耶識や転識、所熏・能熏などの考えが成立しない以前においては、それらの概念を用いないで熏習を広く定義すれば、

「染浄法が心に種子を熏習する」

と言うことができることがわかる。そしてこの染浄法の中で、浄法の熏習の一つが正聞熏習であるということになる。

さて、次に『成唯識論』では熏習が種子に与えるはたらきがどのように説かれているかを検討してみよう。

①無漏種由熏習力転変成熟。(143)

②其聞熏習非唯有漏。聞正法時亦熏本有無漏種子令漸増盛展転乃至生出世心。故亦説此名聞熏習。(144)

③所熏能熏各具四義令種生長。故名熏習。(145)

右のうち①と②は無漏種子についての熏習であるが、熏習によって種子が「転変し成熟する」「漸く増盛する」と、そして③では広く種子が「生長する」と表現されている。

『成唯識論』本文のサンスクリットは判明しないが、①の転変の原語は、『倶舎論』に初出する相続転変差別の転変の pariṇāma であり、①の成熟と③の生長との原語は、前に検討したように『瑜伽論』の長養の原語にあたる

pari-pus、あるいはそれから派生する語であり、そして②の漸増盛の増盛はこれも前に検討したようにparipuṣta であると、それぞれ推測することができるであろう。
このように、『成唯識論』に至って熏習の種子に与える具体的ありようが、
①変化する（転変）
②成熟する
③力を増す（増盛）
④生長する
などのそれまでの論書にみられる術語を用いて、種々に表現されていることが判明した。

第三項　理の如くに思考する（如理作意）ことの重要性

修行の過程の中には、他者より正法を聞く（聴聞正法）、そしてそれを繰り返し聞くことと同時に、次にその聞いた法を自ら思惟すること、即ち如理作意することが『婆沙論』以来要請されている。すでにこれについては検討したが、再度まとめた形を記してみよう。

（『婆沙論』）
外聞他法音→内如理作意→能生正見
（『瑜伽論』）
親近善友（親近善士）→従他聞法（聴聞正法）→如理作意→法随法行→涅槃

教授↓他音に依る如理作意↓正見

以下、悟りに至るためにどうしても欠かせない「如理作意」という概念について検討してみよう。

一、如理作意の原語

まずこの如理作意と訳される原語を検討してみると、『瑜伽論』に限れば原語は yoniśo-manaskāra[146] である。なお、如理作意は如理思惟とも訳されることがある。たとえば『瑜伽論』だけに限ってみても、yoniśo manasi-karoti[147] が如理思惟と訳されているが（巻第二四、大正・三〇・四一二中、巻第四八、大正・三〇・五五七下）、さらに、大正・三〇・三三二下、大正・三〇・三八一中、大正・三〇・七六三中などにある如理思惟は、そのチベット語訳がいずれも tshul bźin yid la byed pa であるから、如理思惟の原語は如理作意と訳される原語と同じであると推測される。

このように、如理作意あるいは如理思惟の如理にあたるサンスクリットは yoniśas であり、この語の yoni は「子宮」という意味であり、śas は「〜から」という意味の接続詞であるから、yoniśas は「子宮から」というのが原意である。

ところで、この「子宮から」というのをどのように解釈するかには問題があるが、子宮は子を生み出す根源であるから、yoniśo-manaskāra とは「根源からの思考、深い領域で行う思考」などと言うことができようか。いずれにしても漢訳者たちは中国でもともと重要視されている「理」という語を用いて、yoniśas を如理即ち「理の如くに」と訳したのであろう[148]。

なおサンスクリット原文が出版されていない部分ではあるが、そのチベット語訳（tshul bźin, tshul bźin du）から判断して、次の語の如理も yoniśas であると言えよう（『漢梵蔵対照・瑜伽師地論総索引』八一七〜八一八頁参照）。

如理勤修（巻第八〇、大正・三〇・七四五中）
如理修者（巻第八六、大正・三〇・七七九中）
如理請問菩薩（巻第七五、大正・三〇・七一三下）
如理諦観法忍（巻第一八、大正・三〇・三八〇下）
如理攀縁（巻第九八、大正・三〇・八六三中）
如理方便（巻第六三、大正・三〇・六五一上）
如理問（巻第九四、大正・三〇・八三九中）
如理問記（巻第八八、大正・三〇・七九七中）
如理聞思（巻第八九、大正・三〇・八〇一中）
如理来請問者（巻第八一、大正・三〇・七五四上）

二、『瑜伽論』における如理作意

次に、『瑜伽論』において如理作意がどのような意味で使われているかを調べてみよう。

1、巻第五で、「煩悩離繫の涅槃」（kleśa-visaṃyoga-nirvāṇa）を証得するための内分力の一つとして如理作意があげられている。(149) また同じく巻第五で、如理作意の施設建立が八相から詳しく論じられ、(150) ここでは「如理作意相応の尋伺」（yoniśo-manaskāra-prayukta-vitarka-vicāra）が問題とされている。(151)(152)

2、続いて巻第六では、不如理作意として十六種の異論があげられ、(153) 一つひとつについてそれらが、「道理に応ぜず」、「非如理の説」（a-yoga-vihita）であることが論証されている。

ここでは如理作意が尋伺と結びつき、それが広くさまざまな生き方、ものの考え方と関係して論じられている。
3、巻第一一で、貪欲蓋・瞋恚蓋・惛沈睡眠蓋・掉挙悪作蓋・疑蓋の五蓋を断ずるために、それぞれに対応する相（不浄相・仁慈賢善相・光明相・奢摩他相・縁起相）を如理作意することが説かれている。[154]
4、巻第一一で、身受心法を如理思惟（チベット語訳 tshul bsin yid la byed pa = 如理作意）する、さらに自相・共相・真如相を以て諸法を如理思惟することが説かれている。[155][156]
5、「他音を聞いて如理作意する」、あるいは「正法を聞いて如理作意する」という表現が多く認められる。[157]
6、彼れ是の如き四処に於いて二十二相を以って正しく観察する時、便ち是の如きの如理作意を生ず。謂く、我れ是の如き事を求めるが為の故に、誓って下劣なる形相、威儀及び資身の具を受け、誓って禁戒を受け、誓って精勤を受け、常に善法を修せん。（中略）我れ今、苦に随逐せられて未だ勝定に於いて自在を獲得せず、中路に止息し或いは復た退屈すべからずと。[158]
ここでは所聞の法を如理作意するのではなく、右に記されているような内容のことを言葉でもって考えて誓うことが如理作意であるということになる。
言葉でもって考えるという意味での用法は、次の文にも認められる。
云何んが菩薩、怨害ある諸の有情の所に於いて、宿生の親善の想を修習するや。謂く、諸の菩薩は応に是の如く学すべし。少分の有情の長世を経歴せんに、昔の余生の中に曽つて我れ若しくは父、若しくは母、兄弟姉妹、親教、軌範、尊似、尊等と為らざるを得べきこと易きに非ず。是の如く如理に正思惟するが故に、怨害ある諸の有情の所に於いて、怨憎の想を捨て、親善の想に住し、親善の想に依って諸の怨害に於いて悉く能く堪忍す。[159]
この文中の「如理に正思惟する」の原文は yoniśo manasikurvataḥ である。[160]

7、其の実有に於いて実有を了知する。謂く、無常苦空無我の一切法の中に於いて無常苦空無我なりと了知する。能く是の如く如理思惟する（yoniśo manasikurvan）[161]を以って便ち仏所に於いて惑無く疑無し。[162]

ここでは、「無常苦空無我の一切法の中に於いて無常苦空無我なりと了知する」ことが如理思惟することであるということになる。[163]

8、如理作意と倶行する妙慧を説いて正知と名づく。[164]

如理作意と相応する念（yoniśo manasikāra-saṃprayuktā smṛtiḥ）[165]を名づけて背念と為す。[166]

如理作意と相応する尋伺[167]（yoniśo manaskāra-prayuktānāṃ vitarka-vicārāṇām）。[168]

これらでは、如理作意と倶行する、あるいは相応する心のありようが「妙慧」「念」「尋伺」であると説かれている。

9、貪欲を断ぜんが為、此の正法に於いて、聴聞受持し、言善通利し、意善尋思し、見善通達す。即ち此の法に於いて是の如く宴坐して如理思惟す。是の因縁に由って、貪欲纒蓋未だ生ぜず。[169]

右の一文中の波線の部分はサンスクリット原文とチベット語訳とにはなく、漢訳のみに認められる部分であるが、これによれば、如理作意（ここでは如理思惟となっているが、その原文は yoniśo manasikaroti）[170]が対象とする正法とは、「聴聞し、受持し、言が善く通利し、意が善く尋思し、見が善く通達した法」であることになる。このうち「言善通利」という語は次の一文の中にも使われている。

復た一有るが如し、先の所聞に随って、先の所習に随って、言善通利し、諸法を究竟し、独り空閑に処して其の義を思惟し籌量し観察す。[171]

この一文と前の一文とから、如理作意するとは、「聞き、記憶し、言葉でもって善く熟知した（言善通利した）教えの意味を、一人静かな場所に住して、思惟し（cintayati）、熟考し（tulayati 籌量し）、観察する（upaparikṣate）」ことであるということがわかる。[172]

第三節　真如の観察

『般若経』によって育まれた真如という概念は、瑜伽行唯識派を通してさらに一段と成長発展した。総じて言えば、『般若経』は「一切法の真如」と説き、「如来の真如は即ち一切法の真如なり」と真如の同一・無二・無別を強調し、そのような真如に通達しようと欲するならば般若波羅蜜多を学すべし、と主張するが、そこには、真如に達するための具体的な修行方法が説かれていない。

これに対し、瑜伽行唯識派は、その学派名が示すように、ヨーガ（瑜伽）の実践を重んじる立場より、いかなる行を通して真如に通達することができるか、と追究した。また、ただ識（＝心）のみの存在を認める立場より、心と真如との関係についても考察の眼を向け始めたのである。この二点を中心に、唯識思想の源泉と言われる『瑜伽論』と『解深密経』とから始まって、瑜伽行唯識派の真如観の変遷をたどってみよう。

第一項　真如の強調（四聖諦と真如との区別）

『般若経』から受け継いだ「真如」を、大乗独自の思想として強調し始めた最初は『瑜伽論』である。まず関係文を列記する。

①云何んが四十作意なるや。謂く、縁法作意、(中略)真実作意、(中略)真実作意とは、謂く、自相と共相を及び真如相とを以って諸法を如理思惟する作意なり[173]。
②云何んが真実なるや。謂く、真如と及び四聖諦なり[174]。
③無上大乗の七行相とは、一には離言説の事なる一切法中のあらゆる真如を縁ずる無分別平等性出離慧なり[175]。
④云何んが安立真実なるや。謂く、四聖諦なり。(中略)云何んが非安立真実なるや。謂く、諸法の真如なり[176]。
⑤勝義諦教とは、謂く、四聖諦教と及び真如・実際・法界等の教なり[177]。
⑥繋属瑜伽作意に略して四種の所縁有り。一には遍満所縁、(中略)四には浄煩悩所縁なり。(中略)此の中、浄煩悩所縁とは謂く、世尊の説く四聖諦と及び真如なり[178]。

右文中の①によれば、真実作意とは自相・共相・真如相によって諸法を思惟することであるという。このうち自相と共相とによる作意は、すでに『婆沙論』や『倶舎論』において三種作意(自相作意・共相作意・勝解作意)の中の二つとして説かれている[179]。このうち勝解作意とは、「不浄観と四無量と有色解脱と勝処と遍処と是の如き等の観に相応する作意なり」と説かれるように、具体的な事物を直接観ずるのではなくて、その仮想を観ずる観法である。これに対して自相作意と共相作意は真実作意と言われ、具体的な個々の事物を直接観じて、それらの自相と共相とを思惟する作意である。このようにアビダルマ文献では真実作意として自相と共相とによる作意のみを考えていたのに対して、右のように、『瑜伽論』ではそれらに真如作意を加えた点に注目すべきである。

ではなぜ瑜伽行唯識派の人々は真如を加えたのであろうか。真実作意(tattva-manaskāra)の真実、即ち、tattvaはtad(それ)という指示代名詞に抽象名詞を作る語尾tvaが付されて作られた名詞で、原意は「それたること」という意味であり、普通は「真実」と漢訳されるように、いわゆる真実・真理を表す言葉である。瑜伽行唯識派はこの tattva によってさまざまな内容の真実を表現したが、根本的には、tattva とはそれら諸真実の根拠となる唯一の真実、即ち tathatā を意味すると考えたのである。

次の共相作意とは、四諦の十六行相をもって作意することである。苦諦について言えば、無常・苦・空・無我の四相が共相である。のちに瑜伽行唯識派はこの苦諦の四つの共相を「諸法の共相」とみなし、この四つによる諸法の思惟・作意を強調する。アビダルマ論師たちは、tattva を考える場合に、共相の観察までにとどまった。たとえば自己の肉体（rūpa 色）を観察し、「色は変礙を相となす」とその自相を観じ、「色は無常・苦・空・無我を相となす」とその共相を観ずるのである。だが瑜伽行唯識派の人々は、その自相・共相を超過した、より深き相即ち真如の相の観察を強調するのである。なぜなら、「存在の究極」としてのありのままの存在をありのままに観察することを要求するからである。

このような真如の強調は右文中の②④⑤⑥にみられるように、真実として四聖諦の他にもう一つ、真如を加える見解にも端的に認められる。

まず②によれば「本地分」において、真実とは真如と四聖諦とであると説かれる。このように原始仏教以来、部派仏教に至るまで真実と考えられてきた四聖諦とは別に、真実として真如を加えるべきことが初めて明確に主張されたのである。そして「摂決択分」に至ってさらに考察は深まり、四聖諦は安立真実、諸法の真如は非安立真実であると明言する。(180) 言説によって説く四聖諦よりも、言説の及ばない真如のほうがより深い真実であると主張するのである。

このように『瑜伽論』「本地分」で真如と四聖諦との二真実が説かれてから、「摂決択分」で真如を非安立真実とみなすに至るまでの中間に、『解深密経』の真如観の影響があったものと推測される。これは『瑜伽論』と『解深密経』との成立年代前後論、さらには『瑜伽論』自体における「本地分」と「摂決択分」との前後論にも関係することであるから、その要点のみを簡潔にまとめてみよう（大きく流れを捉えるために『般若経』の所説も含めて叙述する）。

1、『般若経』において、一切法を「如所有性」（yathāvad-bhāvikatā）と「尽所有性」（yāvad-bhāvikatā）とに分けて観察する方法が起こった。(181)

2、『瑜伽論』「本地分中声聞地」において、この二つはヨーガ（瑜伽）の四種の所縁境事（ālambana-vastu）の一つである遍満所縁（vyāpya-ālambana）の中の「事辺際性」（vastu-paryantatā）として捉えられ、このうち「尽所有性」は五蘊所摂の一切有為と界・処所摂の一切諸法と四聖諦所摂の一切所知事とであり、「如所有性」は所縁の真実性（bhūtatā）と真如性（tathatā）とであると定義されている。(182)

3、『解深密経』「分別瑜伽品」は右の思想を受け継ぎながら、さらにそれを次のように発展せしめた。

（1）如所有性を一切染浄法中の真実と捉え、それを流転真如・相真如・了別真如・安立真如・邪行真如・清浄真如・正行真如の七種に分類した。(183)つまり、漠然と観察対象（所縁）の究極性として考えられていた真如が、具体的に、さまざまな真理概念と結合して考えられ始めたのである。このうち特記すべきは、了別真如として、初めて唯識性（vijñapti-mātratā）という概念が成立したことである。少なくとも『瑜伽論』の「本地分」までには、このvijñapti-mātratāの語は存在しない。そこには、vastu-mātra（唯事）、saṃskāra-mātra（唯行）、dharma-mātra（唯法）、skandha-mātra（唯蘊）などの語が認められるだけである。真実そのものをありのままに捉えようとする『般若経』以来の姿勢が、『瑜伽論』「本地分」の右のmātraという表現となり、それが『解深密経』「分別瑜伽品」において毘鉢舎那所行の影像を唯識所現とみるヨーガ体験を通して、ついにvijñapti-mātratāという考えを生み出すに至ったのである。

右の七真如説で注目すべき点は、安立真如から正行真如に至るまでの四つの真如が順次、苦・集・滅・道の四諦に相当することである。前述したように『瑜伽論』「本地分」で四聖諦と真如とが対比されていたが、ここでは、四聖諦が真如の中に包含されるに至ったのである。ここであえて「包含されるに至った」と述べた。それは真如が四聖諦と同格化されたということではなく、四聖諦という概念によって表示される真実そのもの（即ち真如）への帰入を目指さんがために、四聖諦をも真如とよぶに至ったのである、と考えられるからである。ここに至って真如は、まさに真実・真理を表す総称となった。

（2）右のことは同じく、「分別瑜伽品」にある次の一文からも窺い知ることができる。

是れ従り已って後に七真如に於いて七の各別自内所証通達智が生じること有るを名づけて見道と為す。此れを得るに由るが故に菩薩の正性離生に入り如来家に生じ、初地を証得すると名づく。[184]

部派仏教までは見道とは四聖諦を現観することであるとみるが、ここに真如という概念を導入して、「真如に通達することが見道である」という新たな考えが打ち出されたのである。[185]

いずれにしても真如は、無漏の出世間智を起こす見道において初めて通達されるのであるから、それは自内証のものであり、一切の尋思を超えた不可言説性たるものである。このような「分別瑜伽品」の思想を踏まえた上で『瑜伽論』「摂決択分」の作者は、明白に真如を非安立真実と定義するに至ったのであろう。

なお、「本地分」と「摂決択分」との間に『解深密経』の思想が介入したであろうことは、次の事実からも窺い知ることができる。即ち、前にあげた④の引用文によれば、浄煩悩所縁として四聖諦の他に真如をも加えている。この箇所はヨーガの四種の対象を列記し、「是の諸の所縁は声聞地に広く弁じるが如く応に知るべし」と断わっておきながら、浄煩悩所縁についてのみ、それは四聖諦と真如であると説明する。その理由は、「本地分中声聞地」においては浄煩悩所縁（＝出世間道浄惑所縁）として四聖諦のみしかあげられていなかったからである。『瑜伽論』「摂決択分」の作者は、『解深密経』の「真如に通達することが見道である」とみる思想を踏まえた上で、浄煩悩所縁として新たに真如を加えたものと考えられる。

第二項　ヨーガの対象としての真如

仏道修行の目的は、一言で言えば「煩悩を滅して涅槃を得る」ことである。煩悩を滅するとは、換言すれば「清浄になる」ことである。『般若経』の作者たちは、涅槃を真如と捉え、般若波羅蜜多の実践を通して自己の浄化を完成し、それによって真如の体得を目指したのである。これに対して瑜伽行派の人々も基本的にはこの路線を受け継ぐのであるが、自己の心の浄化の動力をヨーガの実践に求めたところに、瑜伽行唯識派とよばれる所以がある。

瑜伽行唯識派の説くヨーガの実践は、『瑜伽論』「本地分中声聞地」において初めてその大要が紹介された。次に「ヨーガの対象としての真如」という点に問題をしぼって、その所説を検討してみよう。

「本地分中声聞地」においては、奢摩他と毘鉢舎那とのさまざまな所縁に関して非常に詳しい論述がなされている。[186] 真如はそれらの中で第一の遍満所縁の中の一つ、事辺際性の如所有性であると考えられている。そして、それは奢摩他に依止した四種の毘鉢舎那の対象である。[187] このように、たしかに真如はヨーガの対象ではあるが、「本地分中声聞地」においては、ヨーガの対象としての真如は未だ前面に出ていない。用語としても如所有性のほうが優勢である。その理由は、それが「声聞地」の所説であるからか、それともこの「声聞地」が書かれた時代の思想を反映しているからであろうか。

ところが「本地分中菩薩地」に至ると、突然、「ヨーガの対象としての真如」という概念が前面に打ち出されてくる。そしてこの概念は『解深密経』に引き継がれ、さらに、『解深密経』の影響を受けた『瑜伽論』「摂決択分」において強調されるに至ったのである。この推移展開については、本書八八頁から九一頁までに記述したので、その箇所を参照のこと。

註

（1）『瑜伽論』巻第五二、大正・三〇・五八九上。
（2）『瑜伽論』巻第二一、大正・三〇・三九九中。
（3）『瑜伽論』巻第二一、大正・三〇・三九八下。
（4）『瑜伽論』巻第二、大正・三〇・二八四上～中。
（5）『瑜伽論』巻第三七、大正・三〇・四九七上。
（6）デルゲ版・唯識部・Shi・27b4.
（7）無漏には次のように三種がある。

無漏者此亦三種。一出世間無漏、二此等流無漏。三離繫無漏（『顕揚聖教論』巻第二、大正・三一・四八六中）。

また、初めて真如を証する智が生じるのは「住自心智、謂、於見道位証真如智」（『顕揚聖教論』巻第一五、大正・三一・五五六中）と説かれるように、見道においてである。

なお出世間正智によって真如に通達することが次のように説かれている。

何等名為唯出世間正智。謂、由此故声聞独覚諸菩薩等通達真如。又由此故彼諸菩薩於五明処善修方便、多住如是一切遍行真如智故速証円満所知障浄（『瑜伽論』巻第七二、大正・三〇・六九六上）。

（8）『瑜伽論』では、次の一箇所に「真如種子」という語が認められる。

由此転依（阿羅漢の転依）真如清浄所顕、真如種性・真如種子・真如集成（『瑜伽論』巻第八〇、大正・三〇・七四七下）。

（9）ここでの「本性として成就する」に相当するサンスクリットは欠落している。「本性として」に相応するチベット語訳もない（デルゲ版・唯識部・Dsi・10b2）。

なお、『瑜伽論』巻第二九（大正・三〇・四四六下）にある「本性成就」のサンスクリットは、prakṛtyaiva samanvāgato bhavati である（*Ś.Bh.*, p.338, ll.6–7）。

（10）*Ś.Bh.*, p.19, l.16.

（11）「成就」に相当するサンスクリットは、梵本は mohāgata（*Ś.Bh.*, p.19, l.16）となっているが、チベット語訳は daṅ ldan pa（デルゲ版・唯識部・Dsi・8b6）であるから、サンスクリットは samanvāgata に訂正すべきである（大正大学総合仏教研究所研究叢書　第４巻『瑜伽論声聞地――サンスクリット語テキストと和訳　第一瑜伽処――』p.30, l.6、山喜房佛書林、一九九八年）。

（12）この一文は『成唯識論』に種子の新熏・本有を分別する中で、護月の本有説の例証として引用されている（『成唯識論』巻第二、大正・三一・八上）。

（13）*B.Bh.*, p.56, l.23

（14）この他にも「出世種子」という語も認められる（『瑜伽論』巻第一四、大正・三〇・三四八下）。

（15）『瑜伽論』巻第三五、大正・三〇・四七八下。

（16）『成唯識論』巻第二、大正・三一・八中。

（17）ただし、菩提分法を生起する因として「無漏菩提分法種子」（anāsrava-bodhipakṣa-dharma-bīja, *B.Bh.*, p.71, l.26）が説かれている（『瑜伽論』巻第三八、大正・三〇・五〇二上）。

（18）デルゲ版・唯識部・Ri・10b7, 11a1.

（19）『摂大乗論本』巻上、大正・三一・一三六下。

（20）『成唯識論』巻第二、大正・三一・九上。

（21）『顕揚聖教論』巻第一三、大正・三一・五四〇中。

(22)『顕揚聖教論』のこの一文は、『瑜伽論』の次の諸説に基づいている。
我当聞已研究。我当除断疑網。我当棄背諸見。我当以慧通達一切甚深句義。諸仏世尊説此五種（『瑜伽論』巻第八二、大正・三〇・七五五上～中）。

「研究」という語は『瑜伽論』の次の叙述の中にみられる。

順正論とは、謂く、善説の法律の中に於いて、諸の有情の為に正法を宣説し、研究し、決択し、教授し、教誡するなり。有情の疑惑する所を断ぜんが為の故に、甚深の諸の句義に達せんが為の故に、知見をして畢竟して浄からしめんが為の故に、正行に随順し、解脱に随順す。是の故に此の論を順正論と名づく（巻第一五、大正・三〇・三五六中）。

なお、『瑜伽論』ではこの他の七箇所にも「研究」という語が認められる。この「研究」という語は「外道の書論に於いて精勤し研究す」「仏教中に於いて精しく研究す」「甚深なる素怛纜の義を研究す」という文脈の中で使用されていることから、現代でも言う「学ぶ、調べる」の意味である。また、そのサンスクリットは、yoga, yogya, pravicaya である（『漢梵蔵対照・瑜伽師地論総索引』二五四頁右）。

(23)『顕揚聖教論』巻第一三、大正・三一・五四〇中。
(24)『瑜伽論』巻第四八、大正・三〇・五六四上。
(25) *B.Bh.*, p.250, ll.8-9.
(26)『婆沙論』巻第六、大正・二七・二七中。
(27)『婆沙論』巻第四三、大正・二七・二二三中。
(28)『瑜伽論』巻第一七、大正・三〇・三七〇下。
(29)『瑜伽論』巻第三四、大正・三〇・四七七下。
(30)『瑜伽論』巻第三八、大正・三〇・五〇一下。
(31)『瑜伽論』巻第四〇、大正・三〇・五一一中。
(32)『瑜伽論』巻第六四、大正・三〇・六五三上。
(33)『瑜伽論』巻第八八、大正・三〇・七九三下。

（34）『瑜伽論』巻第九〇、大正・三〇・八一〇下。

（35）『瑜伽論』巻第九七、大正・三〇・八五六下~八五七上。

（36）善士の原語 sat-puruṣa は正士とも訳される。ただしこの訳は、『婆沙論』では二箇所（大正・二七・五八六下、九〇〇下）、『瑜伽論』では四箇所（大正・三〇・三九六下、四一八中、四一九上、八七四中）に認められるのみである。また同じ sat-puruṣa は善丈夫とも訳され、『瑜伽論』（大正・三〇・六四二下）には親近善丈夫という表現も認められる。また『顕揚聖教論』（大正・三一・五一一中）では、親近善士が親近善人となっているから、sat-puruṣa は善人とも訳されている。

なお、波羅頗伽羅蜜多羅訳である『大乗荘厳経論』では、sat-puruṣa が丈夫・善人・善友と訳されている（*Index to the Mahāyāna-sūtrālaṃkāra*, ed. by Ganjin M. Nagao, 1958, Tokyo. p.253, l.3.）。

（37）親近善友という表現はこの二箇所であるが、善友に関する考察は多くなされている。たとえば、『瑜伽論』巻第二五（大正・三〇・四一八中）にはどういう者が善友であるかが説かれている。また『瑜伽論』巻第三五（大正・三〇・四八一中）には、菩薩が遇う者がどういう者であれば菩薩が善友を具足しているかが説かれている。

（38）『瑜伽論』に「云何名為聞思正法。謂正法者、若仏世尊若仏弟子、正士正至正善丈夫、宣説開顕分別照了」（『瑜伽論』巻第二五、大正・三〇・四一八中）と説かれるが、原文は、

buddhaiś ca buddha-śrāvakaiś ca sadbhiḥ samyaggataiḥ satpuruṣair ākhyātaḥ deśita uttāno vivṛtaḥ（*Ś.Bh.*, p.135, ll.7–8）.

であるから、この箇所の漢訳は、「云何んが名づけた正法を聞思すると為すや。謂く、正法とは、若しくは仏世尊、若しくは仏弟子、正士・正至・正善丈夫が宣説開顕し分別照了せるものなり」と読み下し、仏弟子と正士・正至・正善丈夫とは別であると捉えることができる。

（39）従大師、或余尊所、聞見諦法（『瑜伽論』巻第一三、大正・三〇・三四三上~中）。見大師、聞正法、得浄信（『瑜伽論』巻第一四、大正・三〇・三五三下）。なお、「大師」の説明は『顕揚聖教論』（巻第一三、大正・三一・五四四中）に詳しい。

（40）若説法師為此義故宣説正法、其聴法者即以此意而聴正法（『瑜伽論』巻第二〇、大正・三〇・三八九中）。

(41) 説法師のありようが『顕揚聖教論』（巻第一二、大正・三一・五三九下）に説かれている。聴者、謂如是説法者説正法時、応安処他令住恭敬無倒聴聞（『瑜伽論』巻第八二、大正・三〇・七五五上）。なお、説法者の説法の次第が、『顕揚聖教論』（巻第一二、大正・三一・五三八中）に説かれている。

(42) 『婆沙論』巻第四三、大正・二七・二二三下。

(43) 『倶舎論』巻第二九、大正・二九・一五二中。

(44) 『瑜伽論』巻第二五、大正・三〇・四一八中。

(45) 『摂大乗論本』巻上、大正・三一・一三六下。世親釈『摂大乗論釈』巻第三、大正三一・三三三下。

(46) 『成唯識論』巻第九、大正・三一・四八中。

(47) 『婆沙論』巻第一、大正・二七・二中。

(48) 『婆沙論』巻第六、大正・二七・二七中。

(49) 『婆沙論』巻第四三、大正・二七・二二三下。

(50) 『瑜伽論』巻第四四、大正・三〇・五三五中。

(51) 『顕揚聖教論』巻第一三、大正・三一・五四〇下。

(52) 『瑜伽論』巻第七〇、大正・三〇・六八七下。

(53) 『瑜伽論』巻第一四、大正・三〇・三五〇下。世親釈『摂大乗論釈』巻第三、大正三一・三三三下。『顕揚聖教論』巻第一三、大正・三一・五四〇下。

(54) 『婆沙論』巻第五四、大正・二七・二八〇上。少し表現を変えて次のようにも説かれる。

経説有二因縁能生正見。一外聞他法音、二内如理作意。又契経説有四法、人多有所作。一親近善友、二従他聞法、三如理作意、四法随法行（『婆沙論』巻第一、大正・二七・二中）。

(55) 『増一阿含経』巻第一七、大正・二・六三二中。

(56) 『瑜伽論』巻第六四、大正・三〇・六五三上。
この一文は『顕揚聖教論』にも引用されている。有四種帰趣正行。応知。一親近善人。二聴聞正法。三如理作意。四法随法行（『顕揚聖教論』巻第六、大正・三一・五一一中）。

(57) 『婆沙論』巻第五四、大正・二七・二八〇上。

(58) 『婆沙論』巻第一四二、大正・二七・七三一上。

(59) 『瑜伽論』巻第八九、大正・三〇・八〇七中。

(60) 聴聞正法と如理作意とが正見が生じるための原因であることが各所で説かれる。次の二例をあげておく。
教授為先、由依他音如理作意、生正見、能断邪見（『瑜伽論』巻第八六、大正・三〇・七八二下）。

云何出世清浄不成。謂世尊説。依他言音及内各別如理作意、由此為因、正見得生（『摂大乗論本』巻上、大正・三一・一三六中）。

(61) 『瑜伽論』には十種の諦の一つとして、聴聞正法と如理作意とが一緒になって「聴正法如理作意諦」（tathā śravaṇa-yoniśo-manaskāra-satyam, *B.Bh.*, p.199, l.4）と表現されている（『瑜伽論』巻第四六、大正・三〇・五四七下）。

(62) 『婆沙論』巻第一二〇、大正・二七・六二五下。

(63) 『婆沙論』巻第二九、大正・二七・一四八上中。

(64) 『婆沙論』巻第一八六、大正・二七・九三一上。

(65) 『倶舎論』巻第一〇、大正・二九・五二上。

(66) *A.K.Bh.*, p.141, l.22.

(67) 『倶舎論』巻第一〇、大正・二九・五五下。

(68) *A.K.Bh.*, p.15, l.14.

(69) 「思の熏習する所」のサンスクリットは cetanā-bhāvita である（*A.K.Bh.*, p.197, l.16）。

(70) 『倶舎論』巻第一三、大正・二九・六九中。

（71）『倶舎論』巻第三〇、大正・二九・一五八中。
（72）*A.K.Bh.*, p.476, l.13.
なお、本文にあげた以外に次の箇所にも熏習あるいは所熏という語は認められる。それらに相当するサンスクリットも記しておく。

「熏習力」（『倶舎論』巻第一三、大正・二九・七〇上、bhāvanā, *A.K.Bh.*, p.199, l.6）。

「諸業所熏相続転変」（『倶舎論』巻第三〇、大正・二九・一五九中、adhivāsita, *A.K.Bh.*, p.478, l.9）。

「此業此熏習」（『倶舎論』巻第三〇、大正・二九・一五九中、bhāvanā, *A.K.Bh.*, p.478, l.11）。
（73）熏習のサンスクリットは paribhāvitatva である（*Y.Bh.*, p.18, l.21）。
（74）『瑜伽論』巻第一、大正・三〇・二八二上。
（75）拙稿「言葉と種子」（平川彰博士古稀記念論集『仏教思想の諸問題』一八一頁、春秋社、一九八五年）。
（76）『瑜伽論』巻第一、大正・三〇・二七九中。
（77）ちなみに、所熏と能熏とが対概念となって用いられている例は『瑜伽論』にはない。それは『摂大乗論』で初出する（『摂大乗論本』巻上、大正・三一・一三五上）。両語に対するチベット語訳は、所熏が bsgo bya ba で能熏が sgo byed pa である（デルゲ版・唯識部・Ri・7b1）。そしてこの箇所の世親釈は、所熏とは転識ではなく阿頼耶識であると次のように明確に定義している。
　言所熏者。阿頼耶識具上四徳応受熏習故名所熏。非転識等（世親釈『摂大乗論釈』巻第二、大正・三一・三二九下）。

このように、『摂大乗論』で所熏・能熏の概念が成立したことを受けて、『成唯識論』では、この二つの概念への考察が深まり、所熏と能熏にそれぞれ四義があると説かれるに至った（『成唯識論』巻第二、大正・三一・九下）。
（78）浄不浄業（法）の熏習は次の箇所にも認められる。
　浄不浄業の熏習に由って三界諸行は愛不愛趣の中に於いて愛不愛の自体を牽引す（『瑜伽論』巻第五、大正・三〇・三〇一中〜下）。

　熏習界とは、謂く、即ち此の諸界は浄不浄法に先に熏習せられ、生死の中に於いて勝劣を得て涅槃の因性を生

ず（『瑜伽論』巻第五六、大正・三〇・六一〇上）。
(79)『瑜伽論』巻第三一、大正・三〇・四五六上。
(80)*Ś.Bh.*, p.392, l.3.
(81)*Ś.Bh.*, p.392, l.7.
(82)*Ś.Bh.*, p.392, l.17.
(83)『瑜伽論』巻第五一、大正・三〇・五八〇中。
(84)デルゲ版・唯識部・Shi・5a5.
(85)『瑜伽論』巻第五六、大正・三〇・六一一下。
(86)デルゲ版・唯識部・Shi・83b3.
(87)『瑜伽論』巻第六六、大正・三〇・六六七上。
(88)デルゲ版・唯識部・Shi・219b4.
(89)『瑜伽論』巻第七三、大正・三〇・七〇一上。
(90)デルゲ版・唯識部・Zi・13b4=vyavahāra-paribhāvita.
(91)『瑜伽論』巻第七四、大正・三〇・七〇八下。
(92)デルゲ版・唯識部・Zi・32a2, 32a3=abhilāpa-paribhāvita.
(93)『瑜伽論』巻第八〇、大正・三〇・七四七上。
(94)デルゲ版・唯識部・Zi・120b2=abhilāpa-paribhāvita.
(95)『瑜伽論』巻第七六、大正・三〇・七二〇中。
(96)デルゲ版・唯識部・Zi・59a5=anuvyavahāra-paribhāvita.
(97)『倶舎論』巻第二、大正・二九・七下。
(98)『倶舎論』巻第二、大正・二九・一一中、八七下。
(99)言説熏習心の対概念として「言説不熏習智」とも言われている（『解深密経』巻第二、大正・一六・六九五上）。
(100)『解深密経』巻第二、大正・一六・六九四中〜下。

(101)『摂大乗論本』巻上、大正・三一・一三七上～中。

(102)デルゲ版・唯識部・Ri・12a1.

(103)『摂大乗論本』巻上、大正・三一・一三七下。

(104)デルゲ版・唯識部・Ri・12b3.

(105)vāsanā は普通「習気」と訳されるが、『瑜伽論』においては次の二箇所で vāsanā が熏習と訳されている。
①流転因とは、謂く此の種子に由り、此の熏習に由り、此の助伴に由って彼の法流転する、此れ彼の法に於いて流転因と名づく（『瑜伽論』巻第一六、大正・三〇・三六二下）。
②彼の種子を摂殖するとは、謂く彼の熏習の種類能く当来の異熟無記を引摂す（『瑜伽論』巻第五一、大正・三〇・五八〇中）。
この二つの引用文中の熏習は、いずれのチベット語訳も bag chags（①はデルゲ版・Tshi・203b5、②はデルゲ版・唯識部・Shi・5a6）であることから、その原語は vāsanā であり、使われている文中の内容から熏習は種子（bīja）と同じ意味である。

しかし『瑜伽論』ではこの二例を除いて、他の箇所では vāsanā はすべて習気と訳されている。

(106)世親釈『摂大乗論釈』巻第三、大正・三一・三三三下。

(107)『摂大乗論本』巻上、大正・三一・一三四中。

(108)『摂大乗論本』巻上、大正・三一・一一五上。デルゲ版・唯識部・Ri・6a1.

(109)「習気は、熏習が熏を繰返す過程を示す名とすれば、熏習の結果の状態を指すのであるが、同一字が過程と結果との両者を表はすのが常例であり、時には之を區別しても用ふるのであるから、ここでは習気も熏習も同一意味で、熏習は結果を指す意味に用ひられて居るのである」（宇井伯壽『摂大乗論研究』二六一頁、岩波書店、一九三五年）。

(110)「ヴァーサナーを過程の方でいへば熏習、結果の方よりいへば習気と訳され得るのである」（『同』二六四頁）。

(111)『摂大乗論本』巻上、大正・三一・一三六中。デルゲ版・唯識部・Ri・10b2.

(112)『摂大乗論本』巻上、大正・三一・一三六下。デルゲ版・唯識部・Ri・10b3, 10b7.
(113)『成唯識論』巻第二、大正・三一・八中。
(114)『摂大乗論本』巻上、大正・三一・一三六中～下。
(115)このように、『成唯識論』ではそれぞれの説の論証となるそれ以前の論書の所説を引用する際には原文の表現をその論証に合うように変えていることがある。たとえば護月の新熏説を論証するために引用した『瑜伽論』の次の二つの文を比較すると、このことが明白となる。
又種子体無始時来相続不絶。性雖無始有之。然由浄不浄業差別熏発。望数数取異熟果説彼為新（『瑜伽論』巻第二、大正・三〇・二八四中）。

諸種子体無始時来性雖本有。而由染浄新所熏発（『成唯識論』巻第二、大正・三一・八上）。

この二文を比較すると、『成唯識論』は『摂大乗論』の所説を簡潔にまとめていることが判明する。
(116)『成唯識論』巻第九、大正・三一・四八中。
(117)『瑜伽論』巻第三五、大正・三〇・四七八下。
(118)『成唯識論』巻第二、大正・三一・九下。
(119)さらに『述記』は熏習を熏と習とに分けて次のように詳しく定義している。
熏者発也。或由致也。習者生也。近也。数也。即発致果於本識内。令種子生近。令生長故（『述記』巻第三本、大正・四三・三一二下）。
(120)『成唯識論』巻第二、大正・三一・九上。
(121)『瑜伽論』巻第五一、大正・三〇・五八〇中。
(122)デルゲ版・唯識部・Shi・5a3.
(123)デルゲ版・唯識部・Shi・5a4.
(124)『瑜伽論』巻第五二、大正・三〇・五八六下、五八七上。
(125)『瑜伽論』巻第九六、大正・三〇・八四六下。
(126)『瑜伽論』巻第六九、大正・三〇・六八一下。

(127)『漢梵蔵対照・瑜伽師地論総索引』七四八頁左参照。
(128) *Y.Bh.*, p.56, l.16, p.57, l.1.
(129)『瑜伽論』巻第五二、大正・三〇・五八五中。
(130) デルゲ版・唯識部・Shi・18a5.
(131)『瑜伽論』巻第五二、大正・三〇・五八六下。
(132)『瑜伽論』巻第五二、大正・三〇・五八七上。
(133) デルゲ版・唯識部・Shi・22a3-4, 22b5.
(134)『瑜伽論』巻第三、大正・三〇・二九〇下。
(135) *Y.Bh.*, p.57, l.1.
(136) デルゲ版・唯識部・Tshi・28b4.
(137) この他、『瑜伽論』の中にあり、かつその原語が判明するものの増盛としては次のようなものがある。
由是因縁所食所飲所噉所嘗易正消変彼増盛故堕蒸熱数（『瑜伽論』巻第二七、大正・三〇・四三〇中、増盛＝utsadatva, *Ś.Bh.*, p.214, l.10）。

最初生煗。次煗増長熱気上衝。次倍増盛其煙遂発（『瑜伽論』巻第二九、大正・三〇・四四四下、増盛＝abhivardha, *Ś.Bh.*, p.325, l.2）。

所有衆多殊勝功徳皆悉増盛（『瑜伽論』巻第四八、大正・三〇・五五八下、増盛＝samṛddha, *B.Bh.*, p.233, l.24）。
(138)『摂大乗論本』巻上、大正・三一・一三六下。
(139) デルゲ版・唯識部・Ri・11a3.
(140) デルゲ版・唯識部・Ri・11a4.
(141) 無性釈『摂大乗論釈』巻第三、大正・三一・三九五上。
(142)『成唯識論』巻第二、大正・三一・八中〜下。
(143)『成唯識論』巻第二、大正・三一・八上。

(144)『成唯識論』巻第二、大正・三一・九上。
(145)『成唯識論』巻第二、大正・三一・九下。
(146) *Y.Bh.*, p.105, l.14, p.114, l.10, p.114, l.16; *Ś.Bh.*, p.361, l.16; *B.Bh.*, p.71, l.15.
(147) *Ś.Bh.*, p.103, l.6; *B.Bh.*, p.230, ll.18-19.
(148) 荻原雲来編纂『漢訳対照梵和大辞典』（講談社、一九八六年）によれば yoniśas には、根本的に、正当に、賢明にという意味がある。また漢訳としては正、如理、依理、如法、深心などがある。
　このyoniśasはmanaskāraの他にも次のような語とも一緒に使われている。
yoniśaḥ śravaṇam（*B.Bh.*, p.202, l.13）. 如理聴聞（『瑜伽論』巻第四六、大正・三〇・五四九上）。
yoniśaḥ cintā（*B.Bh.*, p.202, l.13）. 如理思（『瑜伽論』巻第四六、大正・三〇・五四九上）。
yoniśaḥ prayogaḥ（*Ś.Bh.*, p.271, l.4）. 如理加行（『瑜伽論』巻第二八、大正・三〇・四三七上）。
yoniśaḥ prayogaḥ（*B.Bh.*, p.235, l.15）. 如理通達（『瑜伽論』巻第四八、大正・三〇・五五九中）。
(149) *Y.Bh.*, p.105, ll.12-13.
(150)『瑜伽論』巻第五、大正・三〇・三〇一上。
(151)『瑜伽論』巻第五、大正・三〇・三〇二下～三〇三上。
(152) *Y.Bh.*, p.114, l.16.
(153)『瑜伽論』巻第六、大正・三〇・三〇三下。
(154)『瑜伽論』巻第一一、大正・三〇・三二九下～三三〇下。
(155)『瑜伽論』巻第一一、大正・三〇・三三二下。
(156) デルゲ版・唯識部・Tshi・131b1.
(157)『瑜伽論』巻第一一、大正・三〇・三三三中、下、巻第一二、大正・三〇・三四〇上、巻第一七、大正・三〇・三七〇下。
(158)『瑜伽論』巻第二〇、大正・三〇・三九二中。
(159)『瑜伽論』巻第四二、大正・三〇・五二三中。

(160) *B.Bh.*, p.131, ll.9-10.

(161) *Ś.Bh.*, p.103, l.13.

(162) 『瑜伽論』巻第二四、大正・三〇・四一二中～下。

(163) これと同じことが如理作意であるということが、次の箇所にも説かれている。

無顚倒差別者。謂諸聡叡有所暁了。随智慧明起如理作意。於所縁境無常知無常。苦知是苦。不浄知不浄。無我知無我。正取相転。是名想無顚倒心無顚倒見無顚倒。是名無顚倒差別（『瑜伽論』巻第五三、大正・三〇・五九四中下）。

(164) 『瑜伽論』巻第二四、大正・三〇・四一六下。

(165) *Ś.Bh.*, p.361, l.16.

(166) 『瑜伽論』巻第三〇、大正・三〇・四五〇中。

(167) 『瑜伽論』巻第五、大正・三〇・三〇二下。

(168) *Y.Bh.*, p.114, l.16.

(169) 『瑜伽論』巻第二四、大正・三〇・四一二中。

(170) *Ś.Bh.*, p.102, ll.4-5.

(171) 『瑜伽論』巻第二四、大正・三〇・四一五上～中。

(172) サンスクリット文は*Ś.Bh.*, p.119, ll.17-19.

聞いた教えを一人静かな場所に住して、思惟し（cintayati）、熟考し（tulayati 籌量し）、観察する（upaparikṣate）」ということが、次の箇所でも説かれる。

為思精進者謂如所聞法独処空閑思惟其義籌量観察（『瑜伽論』巻第二八、大正・三〇・四三八中）。

云何菩薩於法正思。謂諸菩薩独居閑静随所聞法楽欲思惟楽欲称量楽欲観察（『瑜伽論』巻第三八、大正・三〇・五〇三下）。

復有苾芻、如所聞法如所得法、独処空閑、思惟籌量審諦観察。由此因縁漸次生起勝三摩地、当知是名観増上三摩地（『瑜伽論』巻第九八、大正・三〇・八六二下）。

(173)『瑜伽論』巻第一一、大正・三〇・三三二下。
(174)『瑜伽論』巻第一三、大正・三〇・三四五下。
(175)『瑜伽論』巻第四六、大正・三〇・五四七下。
(176)『瑜伽論』巻第六四、大正・三〇・六五三下～六五四上。
(177)『瑜伽論』巻第六四、大正・三〇・六五四下。
(178)『瑜伽論』巻第六六、大正・三〇・六六三上～中。
(179)『婆沙論』巻第一一、大正・二七・五三上、巻第八二、大正・二七・四二三下。『俱舎論』巻第七、大正・二九・四〇上。
(180)「摂決択分中菩薩地」にも、安立諦は四聖諦、非安立諦は真如と定義されている（大正・三〇・六九七下）。
(181)『大般若経』巻第四六四、大正・七・三四四上。
(182)『瑜伽論』巻第二六、大正・三〇・四二七上～下。
(183)『解深密経』巻第三、大正・一六・六九九下。
(184)『解深密経』巻第三、大正・一六・七〇二中。
(185)同じ『解深密経』「地波羅蜜多品」では、一切諸法の法界に通達することが初地である、と述べられている。なお見道を真如通達位とみる思想はすでに『般若経』にも認められる。即ち、「正性離生に入りて真如を証会し異生性を捨す」（『大般若経』巻第五九一、大正・七・一〇五六上）と説かれる。
(186)『瑜伽論』巻第二六、大正・三〇・四二七下。
(187)『瑜伽論』巻第三〇、大正・三〇・四五一中。

第二章　心浄化の機構

次に瑜伽行派が最も重んじるヨーガという修行法を中心として、心浄化のありようを考察してみよう。なぜなら、悟りに至るためには、身心をあげて具体的な修行を実践し、自己のありようを徐々に清浄にすることによって最終的に真理を悟って仏になることができるからであり、まさに仏道の修行は、「心浄化の過程」であると言っても過言ではないからである。

第一節　ヨーガによる心の浄化

第一項　心を覆う障害

「唯識」はヨーガの実践を通して心を浄化することを目指すのであるが、まず、心にはどのような汚れ、即ち、障害があるかを煩悩障・所知障、それに相縛・麁重縛という概念を考察することによって考えてみよう。

一、煩悩障・所知障

1、『瑜伽論』における煩悩障・所知障

『成唯識論』の冒頭に、

我法と執するに由って二障具さに生ず。若し二空を証せば彼の障も随って断ず。障を断ぜしむることは二の勝果を得せしめんが為の故なり。生を続する煩悩障を断ずるに由るが故に真解脱を証す。解を礙うる所知障を断ずるが故に大菩提を得す。(1)

と二障の起こり来る所以と、それを断じて得られる果とが簡潔に述べられている。

ここで、このようなまとめに至るまでの過程を考察してみよう。

まず『瑜伽論』を検討する。

右の『成唯識論』の冒頭にある「我執から煩悩障が生じ、法執から所知障が生じる」という考えの源泉は、

1、無明を離れて慧解脱を証し、

2、貪を離れて心解脱を証す。

という考えであろうと推測される。

たとえば、『瑜伽論』巻第九三に、

現法中に於いて、無明を離れるに由るが故に、慧解脱を証す。又た、無明触所生の諸受相応心中のあらゆる相応の貪愛（rāga-tṛṣṇā）煩悩、彼は其の心に於いて亦た離繫を得る。貪（rāga）を離れるに由るが故に心解脱を

証す。(2)

と説かれる。

さらに、『瑜伽論』巻第一八に心解脱と二障とが関係づけられて次のように論じられている。

云何んが心解脱なるや。謂く、已に上分結を永断するが故に二障に於いて心善解脱す。諸の煩悩障及所知障となり。其の心は是の如く善解脱するが故に如来応正等覚を成ずることを得る。(3)

しかし、ここでは慧解脱との関係が問題とされていない。

ところで、慧解脱との関係は巻第六四の次の箇所に述べられている。

復た次に、障とは十二種有り。（中略）十には煩悩障なり。謂く彼に由るが故に慧解脱心が解脱を得ると説く。（中略）十二に所知障なり。謂く、彼に由るが故に如来心が解脱を得ると説く。(4)

右の如く二障がただ心解脱とだけと、あるいは煩悩障が慧解脱と関係づけて述べられている。

右の二文から判断すると、『瑜伽論』ではまだ、「我執（貪愛）を断ずるから煩悩障が随断し、心解脱を証して涅槃を得、法執（無明）を断ずるから所知障が随断し、慧解脱を証して菩提を得る」という考えに、直接つながっていく叙述はない。

ここで、『瑜伽論』において無明がどのように捉えられているかを検討してみよう。

①諸の愚癡とは要ず先ず所応知事に於ける愚なり。(5)

ここでは「愚癡即ち無明は所応知事即ち所知事に対して愚かであること」と、無明が所知事との関係で定義されているが、内容的には無明は所知を障する所知障であるという意味になる。

②無明とは謂く、不善丈夫に親近し、非正法を聞き、不如理に作意するに由るが故に、及び任運に失念するに由

るが故に、所知事に於いて若しくは分別、不分別の染汚の無知を体と為す。(6)

これも無明が所知事（jneya-vastu）に対する染汚な無知であると、所知事との関係で定義されている。

③無明とは謂く、所知真実の覚悟を能く覆し、能く障する心所を性と為す。(7)

④『瑜伽論』巻第六〇(8)には、無明が相・自性・業・法・因果の五面から詳説されているが、このうち無明の果として次の二つがあげられている。

1、一切後有支。

2、真如とおよび諸の諦の義において能く解了せず。

所知障のはたらきが所知事である真如と四諦を解了しないことであるとするならば、右の2の叙述には、無明より所知障が結果することが暗に意図されている。

このように右文の②③④より、無明は所知事あるいは所知真実を障する心所であると説かれているが、内容的には無明から所知障を生じることが暗に意図されている。

なお、所知障の因が無明であるということが次の箇所に明確に説かれている。

幾くか是れ所知障の因なりや。謂く、一なり(9)（＝無明なり）。

次に、無明と法執との関係は『瑜伽論』に説かれていない。『瑜伽論』には法執という概念は、「能く法執を生じる」という遍計所執自性のはたらきの中に認められるだけある。

なお「如来」の別名を解釈する中で、仏陀と応正等学（arhat-samyak-saṃbuddha）とに関して次のように定義されている。

仏陀と言うは、謂く、畢竟一切煩悩并習気を断じて阿耨多羅三藐三菩提を現等正覚するが故なり。（中略）応正等学とは、謂く、一切の煩悩障と及び所知障とを永く解脱するが故なり。[10]

この叙述の流れから、「一切の煩悩と習気とを断ずることが煩悩障からの解脱であり、阿耨多羅三藐三菩提を現等正覚することが所知障からの解脱である」ということになる。

ここに、「煩悩障を断じて涅槃を証し所知障を断じて菩提を得る」という原型をみることができる。

2、煩悩障と所知障との断

煩悩障と所知障との二障は当然断じられなければならないものであるが、『瑜伽論』においても、この二障をなくすことが次のように説かれている。

①般若の四相とは（中略）是の因縁に由って諸の善根を摂して能く正所作し、当来世に於いて能く二障の離繫を証す。謂く、煩悩離繫と及び所知障離繫となり。是れを第四と名づく。[11]

②云何んが成熟の自性なるや。謂く、善法種子と及び諸の善法を数習することあるに由るが故に、二障の断浄の増上に能く順ずることを獲得す。（中略）無間に能く煩悩障断と所知障断とを証す。（中略）無間に能く二障清浄を証するを説いて成熟と名づく。[12]

ここでは二障の断（prahāṇa）と浄（visuddhi）とが区別されており、後者のほうが完成された二障の滅除のあり方であると説かれる。しかもここでは、二障の断と浄とが成熟との関係で捉えられている。

③云何んが菩提なるや。謂く、略説せば二断と二智となり、是れを菩提と名づく。二断とは、一には煩悩障断、二には所知障断なり。二智とは、一には煩悩障の断の故に畢竟離垢にして一切の煩悩が随縛せざる智なり。二には所知障の断の故に一切の所知に於いて無礙にして無障なる智なり。[13]

ところで、瑜伽行唯識派の説く唯識思想の目的は我々の心のありようを変革することであり、具体的には識を転じて（変革して）智を得ることであるが、このうち識のはたらきは、いわば二分法的思考（分別）であり、そのような認識のありようになる原因が煩悩障と所知障とである。

それら二つの障を断じるところに智が生じ、それが一切の所知を智ることになる、ということが、右の③の一文に説かれている。

このうち、一切の所知を知る智が、所知障との関係で捉えられ、所知障を断じて得られる智が「無礙無障智」(apratihataṃ anāvaraṇaṃ jñānam)[14]と表現されている点に注目すべきである。

④如来のあらゆる四無畏の文は契経に説くが如く応に其の相を知るべし。謂く、諸の如来は其四処に於いて大衆中に在りて自ら称歎す。謂く、所知障が永く解脱するが故に一切種一切法の中に於いて現等正覚すること声聞と不共なり。是れ第一処なり。諸の煩悩障が永く解脱するが故に漏尽を証得すること声聞と共なり。是れ第二処なり[15]。

以上をまとめると、

1、煩悩障・所知障の離繫（visaṃyoga）
2、煩悩障・所知障の断（prahāṇa）
3、煩悩障・所知障の浄（viśuddhi）
4、煩悩障・所知障の解脱（vimokṣa）

という四種の表現があることが判明した。

そしてそれぞれの障を滅することによって獲得されるありようは、次の如くになる。

1、煩悩障の滅↓「一切煩悩不随縛智」「証得漏尽」「一切種極微細煩悩不現行」
2、所知障の滅↓「於一切所知無礙無障智」「於一切種一切法中現等正覚」「於一切所知境界無障礙智」

ところで『瑜伽論』「菩薩地真実義品」において、右記した四種の表現のうち「煩悩障浄」「所知障浄」という概念を入れて、四種の真実（tattva）のうちのあとの二種の真実が次のように表現されている。[16]

①云何んが煩悩障浄智所行の真実なるや。謂く、一切の声聞・独覚の、若しくは無漏智、若しくは能く無漏を引く智、若しくは無漏の後得世間智の所行の境界、是れを煩悩障智所行の真実と名づく。此れを縁じて境と為すに由って煩悩障より智清浄を得、当来世に於いて無障礙にして住す。是の故に説いて煩悩障浄智所行の真実と名づく。

②云何んが所知障浄智所行の真実なるや。謂く、所知に於いて能く智を礙うるが故に所知障を名づけ、所知障を断ずるより得たる解脱智の所行の境界を当に知るべし、是れを所知障浄智所行の真実と名づく。

このうち①の「煩悩障浄智所行真実」のあとの説明の中で、「この真実は四聖諦であり、声聞と独覚がこれに対して思択して現観に入り、入り已って如実智が生じる」と説かれる。即ち「諦現観」に入るのであるが、その前段階が、「ただ五蘊だけが有り、五蘊を除いて外に我（ātman）は存在しない、縁によって生じる諸行の生滅に相応する慧によって蘊と異なる補特伽羅は存在しない、という見を修習する」ことである。即ち、縁起生の諸蘊・諸行を観察の対象として、我あるいは補特伽羅は無我であると智るときに、即ち、我執を離れて人無我（補特伽羅無我）を悟るときに現れてくるのが四聖諦である。

次の②の「所知障浄智所行真実」のあとの説明をまとめると、「菩薩と仏世尊とが法無我に入り、入り已って、一切法の離言自性を対象とすることによって仮説自性を分別しない平等無分別智の所行の境界、それが最第一・真如・無上・所知辺際と言われる」となる。

以上の『瑜伽論』の種々の所説を踏まえて、『成唯識論』において、「我執・法執」→「煩悩障・所知障の生」→「煩悩障・所知障の断」→「真解脱（涅槃）・大菩提の得」という、迷から悟への過程を簡潔にまとめた説ができ上がったと言えよう。

もちろん『成唯識論』冒頭の所説は安慧の説であると言われているが、事実現存する安慧釈梵本の所説と一致するところが多いから、安慧釈を参考にして玄奘が訳出したのであろう。

3、仏陀になることと二障の滅との関係

次に、二障の滅と仏陀になることとの関係を簡単にみておこう。

これに関して、煩悩障と所知障との二障から解脱して初めて仏陀になる（現等正覚する）ことが、『瑜伽論』に次のように説かれている。

此の中、如来は師無く自然にして三十七菩提分法を修して現等正覚し、等正覚し已って遍く勝義に依って若しくは現法の能あるもの、能なきもの、若しくは現見する法、現見せざる法に於いて、一切種に於いて皆な悉く了達す、是れを自然に菩提を等覚すと名づく。是の如く勝義の法に了達し已って、二障に於いて善く解脱を得る、謂く、習気を幷する諸の煩悩障と所知障となり。(17)

ところで習気を有する二障から解脱することが必要であるが、このことは、巻第七三(18)に説かれている「三乗のうちの大乗は、（第二無数大劫で）煩悩障品の麁重を断じ、（第三無数大劫で）所知障の麁重を断じるから、全部で必ず三大無数劫にわたって修行が必要である」という意味の所説につながる。このような、「長きの期間にわたる修行

によって徹底して心の浄化がなされて初めて仏陀になることができる」という主張に注目すべきである。

所知障の麁重を断じることと如来の転依との関係が、如来の百四十種の不共仏法を得る修行の最後のありようを説く次の箇所に見られる。

是の如く一切を総じて如来の百四十種の不共仏法を名づく。（中略）此れを得るに由るが故に普く一切の所知の境界に於いて滞無く障無く最極清浄の無垢智が転依す。暫く発悟するに依って思惟円満し意転た円満し、一切の菩薩行、菩薩地を超過して一切の如来行、如来地に証入す。一切の心に在る所知障品のあらゆる麁重を余すことなく断ずるが故に勝れたる転依を得る。是の如く転依を最も無上と為し、其の余の一切乃至最上成満住の中の菩薩の転依は当に知るべし有上なりと。(19)

この中に説かれる「如来地において所知障の麁重が余すことなく断じられて転依（āśraya-parivṛtti）を得る」という点に注目すべきである。

二、相縛・麁重縛

次に、相縛・麁重縛について検討してみよう。

この二つの縛は、『解深密経』において初めて唱えられた概念である。即ち、次のように説かれている。

世尊よ、この奢摩他・毘鉢舎那は能く何の業を作すや。善男子よ、此れは能く二縛を解脱するを業と為す。所謂、相縛と及び麁重縛となり。(20)

この所説を受けて、『瑜伽論』では次のように説かれている。

奢摩他を修するが故に、毘鉢舎那を修するが故に、能く煩悩を断ず。若し諸の相縛が已に解脱を得れば、諸の麁重縛も亦た解脱を得て、当に言うべし、已に一切の煩悩を断ずと。[21]

麁重とは、深層的には、心の中に潜在する雑染法の種子であり、表層的には、その種子から具体的に生じた身心の不堪能性である。つまり麁重とは、身心両面にわたる根源的な「存在的束縛」である。この存在的束縛（その根本は阿頼耶識に潜在する雑染の種子）を滅すること、即ち、転依を得ることがヨーガの一大目的である。

さらにヨーガの目的にはもう一つ重要なものがある。それは次の一文に説かれている。

云何んが所作成弁なるや。謂く、観行を修する者は、奢摩他・毘鉢舎那に於いて、若しくは修、若しくは習、若しくは多修習を因縁と為すが故に、諸の影像を縁ずるあらゆる作意が皆な円満を得る。此の円満の故に便ち転依を得て、一切の麁重が悉く皆な息滅して転依を得るが故に影像を超過して、即ち所知事に於いて無分別にして現量なる智見が生ずること有り。[22]

即ち、奢摩他・毘鉢舎那を修することによって所知事を現見する無分別にして現量なる智見を得るのである。私たちは無明という知的な汚れが根本原因となって、存在の本質である真如をありのままに見ることができない。この「認識的束縛」から解脱することもヨーガの目的の一つである。

いま述べた「存在的束縛」と「認識的束縛」という捉え方が、『解深密経』において「麁重縛」と「相縛」という概念を生み出したと言えよう。

そしてこの二縛から解脱するためには、ヨーガを実践しなければならないと瑜伽行派は強調するのである。

二つの縛のうち、麁重縛は深層の阿頼耶識の中にある束縛であるから、直接それを統御して滅することはできない。したがって、統御できる表層の束縛である相縛からまず解脱することが必要となる。この点を、諸の相縛に於いて解脱せざるが故に麁重縛に於いても亦た解脱せず。（中略）諸の相縛に於いて解脱を得るが故に麁重縛に於いても亦た解脱を得る。(23)

と説かれる。

では、表層心で相縛から解脱するにはどうすればよいか。これについては後述する（三〇五頁以下参照）。

第二項　ヨーガについて

唯識派が瑜伽行派とよばれるように、「瑜伽」、即ちヨーガを重視することは当然である。『瑜伽論』自体が瑜伽という名を題の中に付しているように、この書の中においても瑜伽が強調されており、とくに瑜伽によらなければ心が浄化されないと繰り返し述べている。そこでまず、『瑜伽論』において瑜伽がどのように説かれているかを検討してみよう。

一、広義のヨーガ

巻第二八(24)に四瑜伽として、

信・欲・精進・方便

の四種があげられている。これによって瑜伽の全体が包括されるが、これをまとめて簡潔に、

得べき義を深く信解する。そして諸善法に楽欲を生じる。昼夜に策励・安住・精勤する。堅固勇猛に精進を発し已りて、方便を摂受して未得を得、未触に触れ、未証を証する。(25)

とその順次が説かれている。これによって、ヨーガとは、いわゆる真理・真実の獲得を目指して、発心してから悟りに至るまでの生活全体をよぶ名称であることがわかる。

そのような生活の中の実践の最も大切なのが四瑜伽の最後の方便、即ち、ヨーガを実践することである。

二、ヨーガの実践

ヨーガ（以下、適宜、奢摩他・毘鉢舎那、あるいは止観と称する）の具体的内容を検討してみよう。

1、止観を修する場所

その前に、止観を修するには場所を選ばなければならない。それに関して、どのような場所が止観の実践に適した場所であると考えられていたのであろうか。これに関して巻第一三に、[26]聖教は次の四つのことに包含されると説かれる。

（1）遠離、（2）修習、（3）修果、（4）於聖教中無有乖諍

このうちの（1）から（3）までによれば、静かな場所に身を処し（遠離）、止観を修し（修習）、そして解脱を得る（修果）、これが仏道修行の大まかな過程である。

このうち最初に遠離、即ち喧噪な場所を離れて止観の修行に相応しい場所に住むことがまず要求されている（そのことは『瑜伽論』の各所で、「独り空閑に処す」「空閑処に住す」「空閑静室に居す」などと説かれる）。

その遠離、即ち、身を処す場所として、巻第一三では、山林（dgon pa=araṇya）と樹下（śiṅ druṅ=vṛkṣa-mūla）と空閑静室（khyim gyis stoṅ pa=śūnya-āgāra）であると説かれている。

さらに巻第三〇[27]に、遠離を処所円満・威儀円満・遠離円満に分けるうち、処所円満の処所として、次のように詳しく具体的な場所があげられている。

阿練若（araṇya）
空迥（abhyavakāśa　広々とした場所、曠野）
塚間（śmaśānā　墓地、火葬地）
辺際（prānta　辺地）
林樹下（vṛkṣa-mūla）
大樹林中（vana-prastha）
空閑室（śūnya-āgāra）
山谷（parvata-kandara）
巌穴（giri-guhā）
稲稈積（palāla-puñja　藁の堆積）

このようにさまざまな場所があげられているが、現代の仏道修行の場所と全く相違している点に注目すべきである。塚間即ち墓地があげられていることは、不浄観を修するに適しているからであろうが、これによってもインドにおける観法が、いかに厳しいものであったかを窺い知ることができる。

2、止観の定義

では、止観とはどのように定義されているのか。『瑜伽論』と『解深密経』との所説を検討することによって、その発展をたどってみよう。

(i)『瑜伽論』における止観の定義

『瑜伽論』巻第一三[28]に、止と観とが大まかに次のように定義されている(以下、サンスクリット原文がないところはチベット語訳を記した。出典箇所は省略した)。

止——九種住心

観(a)三事(gṣi gsum pa)観……有相観・尋求観・伺察観

(b)四行(rnam bṣi)観……簡択(rnam par ḥbyed par byed pa)行観・極簡択(rab tu rnam par ḥbyed par byed pa)行観・遍尋伺(yoṅs su rtog par byed pa)行観・遍伺察(yoṅs su dpyod par byed pa)行観

(c)六事差別所縁観……義所縁観・事所縁観・相所縁観・品所縁観・時所縁観・道理所縁観

このうち、三事観は、巻第六四[29]ではこの三に尽所有性と如所有性とが加えられて全部で五種の毘鉢舎那が説かれている。また、そこでは有相・思求・観察という訳になっている。

観、即ち毘鉢舎那の対象は何かということに関しては、四行観の中で「諸法」(=一切法)となっている。

また、この四行観は、巻第二六[30]では簡択(vicinoti=rnam par ḥbyed par byed pa)・極簡択(pravicinoti=rab tu rnam par ḥbyed par byed pa)・遍尋思(pravitarkayati=yoṅs su rtog par byed pa)・遍伺察(parimīmāṃsām āpadyate=yoṅs su dpyod par byed pa)の四つであると説明されている。そして所縁として、有分別影像・無分別影像・事辺際性・所作成弁があげられ、これらのうち、最初の有分別影像・無分別影像の二つは「所知事同分の影像」であり、次の事辺際性は尽所有性と如所有性との二つであると説かれるが、この二つのうち、如所有性とは所縁の「真実性」であり「真如性」（tathatā）であると説かれ、ここで「真如」が所縁としてあげられている。

ちなみに、右にあげた四行観の訳語が、『解深密経』巻第三[31]では能正思択（rnam par ḥbyed par byed pa）・最極思択（rab tu rnam par ḥbyed par byed pa）・周遍尋思（yoṅs su rtog par byed pa）・周遍伺察（yoṅs su dpyod par byed pa）となっている。また毘鉢舎那の対象が「三摩地所行の影像」となっている。

ところで、奢摩他と毘鉢舎那とに関するより詳しい定義が「菩薩地」にある。[32] そこでは法随法行の法行として説かれているが、奢摩他とは、

菩薩が八種の思（cintā）に由って善く依持するが故に、離言説の唯事・唯義の所縁の境の中に於いて心を繋けて住せしめ、諸の戯論を離れ、心の擾乱の想を離れて作意するが故に諸の所縁に於いて勝解を作して諸の定相（samādhi-nimitta）に於いて心を安住・等住・近住・調伏寂静・最極寂静・一趣・等持せしめる、是れを奢摩他と名づく。

と定義され、ここでは、奢摩他の対象が「離言説の唯事・唯義」と表現されている。

一方、毘鉢舎那とは、

奢摩他熏習の作意に由って先の如くに思惟された（cincita）法に於いて其の相を思惟し、如理に簡択し（vicaya）、最極簡択し（pravicaya）、極簡択法し（dharma-pravicaya）、乃至覚明に慧が行ずる、是れを毘鉢舎那と名づく。

と定義され、ここでは毘鉢舎那の対象が、「先の如くに思惟された（cincita）法」と表現されている。

（ⅱ）『解深密経』における止観の定義

『解深密経』において、『瑜伽論』の所説を踏まえてさらに止観に関する考察が進む。

即ち、まず釈尊によって説かれた「法」が「法仮安立」（chos gdags pa rnam par gṣag pa 仮に説かれ立てられたもの）とよばれ、それが契経ないし論議の十二分教であると説明する。[33] そして奢摩他は、

これら所説の法を善く聴き（legs par thos pa）、善く受け（legs par bzuṅ ba）、言善く通利し（kha ton byaṅ bar byas pa）、意善く尋思し（yid kyis legs par brtags pa）、見善く通達して（mthoṅ bas śin tu rtogs par byas pa）、このように善く思惟された（legs par bsams pa）法に於いて独り空閑に処して、作意思惟し（yid la byed pa）、そして復た此れに於いて能く心を思惟し、内心に相続して作意思惟する。是の如き正行に多く安住するが故に身軽安と心軽安とを起こす。是れを奢摩他と名づく。[33]

と定義されているが、この中で、新たに「身心の軽安」という概念が導入されていることに思想的発展をみることができる。

さらに、思惟する心そのものをも思惟するという新たな考えが説かれている点も、『瑜伽論』の所説と相違する。

一方の毘鉢舎那は、

身軽安と心軽安とを獲得するを所依と為すに由るが故に、是の如く善く思惟された法（bsams paḥi chos）の内の三摩地所行の影像に於いて観察し（so sor rtog par byed pa）勝解し、心の相（bsams paḥi rnam pa）を捨離して、是の如き三摩地所行の影像の所知の義に於いて能正思択し（rnam par ḥbyed par byed pa）、最極思択し（rab tu rnam par ḥbyed par byed pa）、周遍尋思し（yoṅs su rtog par byed pa）、周遍伺察し（yoṅs su dpyod pa）、忍し、楽し、慧し、見し、観す。[33]

と定義されている。

右文の中、波線を付したところを除けば、ほとんど前記した『瑜伽論』の所説と相違しない。

ただ、その後、奢摩他と毘鉢舎那とを、

毘鉢舎那とは相続作意（rgyun chags su yid la byed pa）をもって心相（sems kyi mtshan ma）を思惟する（yid la byed pa）ことであり、奢摩他とは、相続作意をもって無間心（bar chad med paḥi sems）を思惟することである。[33]

と簡潔に定義するところに、思想的深まりをみることができる。

また『解深密経』で注目すべきは、教法としての教えと奢摩他・毘鉢舎那との関係がさらに深く考察され、止観中において対象とすべきものは、具体的に言葉によって説かれた教法であるということが強調され始めた。まず、奢摩他・毘鉢舎那は次の二つに分類される。[34]

1、法に依る（chos la gnas pa）奢摩他・毘鉢舎那

2、法に依らない（chos la mi gnas pa）奢摩他・毘鉢舎那

このうち前者は、「受され（gzuṅ ba）、思された（bsams pa）法の相（mtshan ma）に随って、その義において奢摩他・毘鉢舎那を得る」（記憶され思惟された教法の文句に随って、その意味を考察する奢摩他・毘鉢舎那）と定義され、後者は、「受され、思された法の相を待たずして、他の教授・教誡に依止してその義において奢摩他・毘鉢舎那を得る」と説かれる。

このうち、前者が利根性の随法行（chos kyi rjes su ḥbraṅ ba）の菩薩の奢摩他・毘鉢舎那であり、後者が鈍根性の随信行（dad pas rjes su ḥbraṅ ba）の菩薩の奢摩他・毘鉢舎那であるとして、前者の優越性が述べられている。

即ち、他者によって語られた言葉を信じて、その意味を考究するよりも、釈尊によって説かれた教えを自らが聞き、読み、そして心に深く記憶し、思惟が加えられた教法を奢摩他・毘鉢舎那の対象にすることの重要性が強調されているのである。

そしてさらに、法による奢摩他・毘鉢舎那は次のような二種類に分けられる(35)。

┌別法（ma hdres pahi chos）を縁ずる奢摩他・毘鉢舎那
└総法（hdres pahi chos）を縁ずる奢摩他・毘鉢舎那

このうち前者は、各別の契経などの法を対象とするのに対して、後者は、一切の契経などの法を一団となし（gcig tu bslum pa）、一積となし（gcig tu）、一分となし（gcig tu btul ba）、一聚となして（phuṅ po gcig byas）、一切の法は、真如に随順し、真如に趣向し、真如に臨入し、菩提に随順・趣向・臨入し、涅槃に随順・趣向・臨入し、転依に随順・趣向・臨入し、これら一切の法は、無量無数の善法を宣説していると、このように思惟することであると定義されている。

つまり、一切の経典の文句を一つに集約して、それらが真如・菩提・涅槃・転依に関係し、それに向かうものであり、それにたどり着くものであると思索・思惟するようにと教えているのである。随順し、趣向し、臨入する対象として真如・菩提・涅槃・転依の四つがあげられているが、「真如」と「転依」という「唯識」独自の概念があげられている点に注目すべきである。

(iii) 止観双運について

止観双運の考えは『解深密経』において明確に打ち出された。即ち、巻第三(36)では「毘鉢舎那は相続作意してただ心相を思惟する」ことであり、「奢摩他は相続作意してただ無間心を思惟する」ことであるのに対して、「奢摩他・毘鉢舎那和合倶転とは心一境性を思惟する」ことであると説かれる。そしてこの「心一境性を思惟する」とは、「三摩地所行の影像は唯識なりと通達し、通達し已って真如を思惟する」ことであると、唯識（rnam par rig pa tsam=vijñapti-mātra）という概念が用いられ、しかも明確に、真如（de bşin ñid=tathatā）を対象として思惟することと説かれていることに注目すべきである。

この『解深密経』の所説をを踏まえて、『瑜伽論』「摂決択分」では、止観双運がたびたび説かれる。たとえば、

1、六現観の第四の現観智諦現観が見道であり、それはまた奢摩他毘鉢舎那双運道である。(37)

2、見道の中に止観双運するが故に、聖弟子は倶時に能く止観二道の所断の随眠を捨つ。第一は観の所断、第二は止の所断なり。是の故に見道を説いて究竟と名づく。(38)

と説かれる。

右文にみられるように、止と観とをともに同時にはたらかせることによって、見道が成就されるという点に注目すべきである。

（ⅳ）「唯識」独自のヨーガ（名義相互客塵性）について

次に「唯識」独自のヨーガについて考察してみよう。

概念的認識は「名称」と「認識対象」とから成立する。たとえば「これは机である」という認識は、「机」という名称が「机」という事物と結合するところに成立する。

瑜伽行派は、このような概念的認識における名称と認識対象との関係を独自の方法で考察することによって、認

識対象の非存在を観察する。それが「名と義との相互客塵性に基づく観察」である。この観察は修行段階で言えば、加行位の煖・忍の二位で修せられる「四尋思」という唯識観の内容をなすものである。

ところで瑜伽行派は、ありとあらゆる存在（一切法）を観察の対象とする。もともとヨーガの本質は、「観察すること」即ち「観」にある。ヨーガが実践する行者のことをサンスクリットで bhikṣur yogī yogācāraḥ と言い、これを玄奘は「比丘勤修観行是瑜伽師」[39]と訳すことからもわかるように、ヨーガとは「観行」即ち観察的修行である。観察を表す用語としては、すでに述べたように『解深密経』や『瑜伽論』に、簡択（vicinoti）・極簡択（pravicinoti）・遍尋思（pravitarkayati）・遍伺察（parimīmāṃsām āpadyate）などが認められるが、これらは毘鉢舎那の四つの内容を表す。この他に、paryeṣaṇā（尋思）や pratyavekṣaṇā（伺察）などがある。ところで、これらのうちで瑜伽行派が最も重要視したのが paryeṣaṇā（尋思）である。そしてこの用語を用いて、「四尋思」という唯識独自の修行方法を確立したのである。

四尋思とは総じて言えば、（1）名（nāma）と、（2）義（artha）と、（3）名義の自性（svabhāva）と、（4）名義の差別（viśeṣa）との四つは、仮的存在であり実在しないと思考することである。「名と義との相互客塵性」は、このうちの前の二つ（名尋思と義尋思）の観法の中で成立した考えである（この客塵性を最初に打ち出したのは『大乗荘厳経論頌』であり、『瑜伽論』には四尋思観は説かれているが、未だ「名と義との相互客塵性」という考えはない）。

では、「名と義との相互客塵性」とは何か。その前に「名」と「義」との意味を明らかにしておく必要がある（拙稿「仏教の言語観——名義を中心として——」『三蔵集』第三輯、一〇九〜一二四頁、一九七五年）。

名と義とに対する考察は仏陀の説かれた教え、即ち正法に対する考察にその源がある。仏陀によって説かれた教えは、多くの経典としてまとめられているが、その教説は、次の二要素から構成される。

1、教説の言葉
2、教説の意味あるいは事柄

このうち前者を文（vyañjana）、後者を義（artha）とよぶ（文と義とは、また法〈dharma〉と義〈artha〉ともよばれる）。このうち「文」とは経典の言葉であり、次の三つより構成される。

1、名（nāma）…………単語
2、句（pada）…………文章
3、文（vyañjana）……字

いま、sarve dharmā anātmānaḥ（諸法無我）という教説を例にあげるならば、〈sa〉〈rva〉〈dha〉（サンスクリットではそれぞれ一文字となる）などの一字一字が「文」であり、sarva, dharma などの単語が「名」であり、これら単語からなる文章全体が「句」である。これら三つは「名」、即ち何らかの意味をもつ最小単位の単語によって代表されるのが慣例である。名義相互客塵性の「名」もそうである。

ところで、「名」の原語 nāma は、「所縁に対して向かうから、向かう（namati, namana）という意味で nāma である」と語義定義されるように、事物を指示し指標する「名称」ないし「名辞」である。あるいは言葉や名辞を具体的な言語表現と捉えるならば、その言語表現の基礎となる「概念」を指すと言えよう。いまここではそれらの意味を含むものとして、nāma を「名称」と訳すことにする。

次に「義」であるが、義の原語 artha は数多くの意味がある。詳しい論述は省略して、artha の意味をまとめると次のようになる。

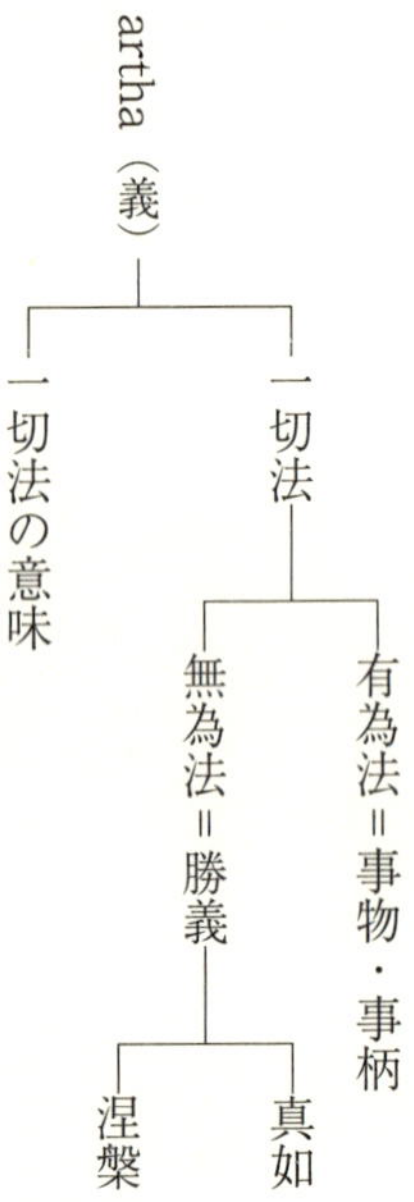

右にまとめたように、arthaには次の二つがある。

1、あらゆる事物（一切法）

2、それら事物の意味

この両者は具体的な認識作用においては不可分である。なぜなら、ある「事物」が認識されるということは、その事物に「意味」を付与することであるからである。また、ある意味を考えるということは、必ずそれに対応する事物なり事柄が存在するからである。そして事物や事柄に意味をもたらすのが、名、即ち名称である。

ところで名と義とに関しては、すでに阿毘達磨思想においても詳細に考察されている。たとえば、『婆沙論』巻第一五[40]では、名義に関して、その多少や差別が論じられ、さらに巻第六六[40]では、十想のうち無常想・無常苦想・苦無我想は名と義とを縁じ、死相想は、一説はただ義を、また他説は名と義とを縁じ、残りの六想はただ義のみを縁じると説かれ、また聞・思・修の三慧が名・義との関係で考察されている[41]。このように、名と義とは諸法を観察する際の重要な概念と考えられている。

さらに具体的に音声として発せられる言語と、および名と義との三者の関係が問題とされている。これに関する『倶舎論』巻第五[42]、『婆沙論』巻第一五[43]、巻第一二六[44]などの所説によれば、説一切有部は次のような見解をもつ。

言語（vāc）は音声（ghoṣa）であるが、音声のみでは事物は理解されない。言語が名に転じて、名が事物を顕す（vāṅ nāmani pravartate nāmārthaṃ dyotayati）から事物が理解されるのである。

また有為法の異名をして、「言依」（kathā-vastu）を Yaśomitra は次のように解釈している。[45]

依（vastu）には境（viṣaya）と因（hetu）との二つの意味がある。このうち言説の境として、一つは現境（sākṣād-viṣaya）、もう一つは展転境（pāraṃparyeṇa-viṣaya）があり、前者が名、後者が義に相当する。

つまり有為法を名と義に分け、言説は、このうち名を第一次的な直接の対象とし、義を第二次的な間接の対象である、と考えるのである。

このような、名と義とによる諸法の考察は唯識思想においてさらに深められた。その結果、前述した四尋思という唯識独自の観法が成立したのである。以下、四尋思のうちの名尋思と義尋思とを取り上げ、その観法の内容およびそれに基づく唯識無境の論理を考察してみよう。

まず「名」（nāma）とは何か。それは前述したように、詳しくは名・句・文の三つであり、総じては、何らかの意味をもつ最小単位の言葉ないし概念である。

次に「義」とは何か。四尋思における義尋思（artha-paryeṣaṇā）は別名、事尋思（vastu-paryeṣaṇā）とも言われることから、この場合の artha は、vastu 即ち認識対象としての事物ないし事柄を意味すると考えられる。具体的には「色等想事」[46]（色等と名づけられるもの）、「名によって表される外事」[47]、「諸法の蘊界処」[48]と説かれるように、自己および外界を構成する精神的事物と肉体的ないし物質的事物とを意味する。いまこれらをまとめて「事物」と訳しておこう。

では、名尋思と事尋思とは具体的にはどのように説明されているのか。四尋思を最初に唱えた『瑜伽論』「本地分中菩薩地」の「真実義品」では、次のように定義される。

名尋思とは菩薩が名に於いて唯だ名だけである（nāma-mātra）と見ることであり、事尋思とは、事に於いて唯だ事のみである（vastu-mātra）と見ることである。(49)

普通我々は、さまざまな名称によってさまざまな事物を認知する。そしてそれらの名称に相応する事物が実在すると無反省に考えている。ところで右の『瑜伽論』の定義から判明するように、このような無反省の常識を打破すべく、我々の具体的な認識内容を「名称」と「事物」とに二分し、それぞれを他から独立させて純粋に観察することを主張するのである。たとえば、「机」という名称によって「机」という事物を認識する場合、まず「机」という「名称」に意識を集中し、存在するのはただこの名称だけであると観察し、次に名称で語る前の「事物」そのものに意識を集中し、存在するのはただこの事物だけであると観察せよと主張するのである。

このような観察は、名称と事物との非存在を認識することが目的である。たとえば、『摂大乗論本』巻中では、

文の名は唯だ意言のみと推求し、この文の名に依る義も唯だ意言のみと推求する。(50)

と説かれる。あるいは『大乗阿毘達磨集論』巻第六では、

諸法の名身・句身・文身は、自相（svalakṣaṇa）は皆な不成実（apariniṣpanna　非実在）なりと推求し、諸法の蘊界処の相は皆な不成実なりと推求する。(51)

と説かれる。つまり、名称と事物との両者は、いずれも心の産物にすぎないことを観察するのである。

たしかに「机」という名称は存在する。机という言葉を外声として具体的に発する、あるいは内声として心の中で発することができるからである。だが、その名称は「諸声の分位差別に依って仮に名句文身を建立する」(52)と説かれるように、その存在性は仮有（prajñapti-sat）、即ち仮的存在にすぎないのである。

また、たしかに我々は「机」という事物を現前に認識する。だがその事物は「名称によって語られた如くには実在しない」（tathā'parinispattir yathā nāmakāyādhir abhilapyate）[53]のである。我々が現前にみる「机」は、「机」という形相を帯びた心にすぎず、「机」という名称によって把握される「机」という実在物はどこにも存在しないのである。

ところで、この名尋思と事尋思とは『大乗荘厳経論頌』において新たな思想的展開をみるに至った。即ちこれら二種の尋思は、「名と事とについて相互に客塵たることの尋思」であると定義される。[54]つまり、「名の事における客塵性（āgantukatva）の尋思」が名尋思であり、「事の名における客塵性の尋思」が事尋思である。

では、この相互客塵性とは何か。客塵性の原語 āgantukatva は「非本来的であること」を意味する言葉である。非本来的であるとは、たとえば、ある家に招かれた人が、その家人でないことから「客人」とよばれるように、AとBとの両者が同族、同類、同一でないことを意味する。このことを『顕揚聖教論』巻第一六[55]では、「名は義に於いて体に称うに非ざるが故に、之を説いて客と為す。義も亦た、名の如くに無所有の故に之を説いて客と為す」、世親釈『摂大乗論釈』巻第六[56]では、「（名と事とは相互に）彼の体に称うに非ざるが故に」、無性釈『摂大乗論釈』巻第六[57]では「一類が声と義と相称して生じ互相に繋属すると謂うが如くには非ず」とそれぞれ注釈する。

この中の「体に称う」とは、体と体とが一致することである。したがって「体に称うに非ざる」とは、名称と事物とは同一の体（ātman）ではない、というのが相互客塵性の根本的意味である。たしかに両者は同一物ではない。なぜなら、机を見た瞬間、それが机であると認知できず、机という名称をそれに付与して初めて、それが机であると認めることができるからである。あるいは、一つの机という事物に「机」「卓台」「デスク」など、さまざまな名称を与えることができるからである。

さて、この名と事との相互客塵性から何が導き出されるのであろうか。これに関して『摂大乗論本』巻中は、頌として次のように説く。

名事互為客　其性応尋思
於二亦当推　唯量及唯仮(58)

この頌に説かれるように、さらに我々は、「二に於いて唯だ量なり、および唯だ仮なり」と推求しなければならない。この段階は、四尋思のうちの自性仮立尋思と差別仮立尋思とよばれる。このうち自性とは、名称と事物とが結合し具体的に認識される事物そのものを言う。たとえば、「これは机である」と認識する場合の「机そのもの」を言う。差別とは、その机をさらに分析して、「机は物質であり、長方体であり、固い」などと捉える場合の「物質」「長方体」「固い」などの性質を言う。

さて、このような自性や差別はすべて仮立（prajñapti）されたものであり、実在しないと推求するのが、自性仮立尋思と差別仮立尋思の内容である。この中の「仮立」とは、実在しないものに対して言説を付与して仮にその存在を設定することである。机、物質、長方体、固い、などは単に名称にすぎず、それら名称に対応する事物や、事物の性質が実在するわけではない、とみるのが、この二つの尋思の内容である。

さて、この四尋思という観察方法を貫く基本的態度は何か。それは、

1、概念や言葉を、それが意味し指示する事物から切り離し、概念や言葉のみを観察対象として、その本質を見究めようとする態度であり、

2、さらに、現象から概念や言葉を取り除き、現象を現象のままで純粋に直観しようとする態度である。

このようにすることによって、（1）概念や言葉、（2）現象、さらには、（3）概念的に把握された事物、（4）

その事物の性質、などはすべて心の産物にすぎず、心を離れては存在しないという認識に至るのである。

唯識思想はヨーガの体験を基盤とする。ヨーガは、まずは言葉や観念を手がかりとしながらも、最終的には言葉や観念を超えた事実そのものの本質直観を目指すのである。本質を直観するとは、現象を抽象的事実としてではなく、具体的事実として自己の内部に還元し、自己が事実そのものに成りきることである。そこにはもはや外的事物の残影さえなくなり、自己の本来の心、存在の真景が輝き現れるのである。

第三項　ヨーガによってもたらされるもの

ヨーガ即ち止観を修することによって結果することは、一言で言えば、「心の浄化」であるが、これはまた「転依を得る」とも言える。ここで転依について考察する必要があるが、その前に『瑜伽論』において広く「心の浄化」がどのように表現されているか、または心の浄化は何によってもたらされるかを考察してみよう。

一、心の浄化

心の浄化は「浄修其心」と言われる。この浄修其心という語は唯識思想の源泉とも言える『瑜伽論』には多出するが、『婆沙論』には一語もないということは興味を引く。また心を清浄にすることを表した語としては、『瑜伽論』には浄修其心の他に陶錬其心[59]がある。またこの他にも、善修治磨瑩其心[60]、善修治心[61]、修治地業などがあるが、修治地業の修治の原語はpariśodhaka[62]であり、そのチベット語訳はrnam par sbyoṅ bar byed pa, yoṅs su dag par byed pa, yoṅs su sbyaṅ ba, yoṅs su sbyaṅs pa, dag par bya ba[63]であることから、修治とは「心を清浄にする」という意味であることがわかる（心を修治するという表現は右の二例しかない）。なお、磨瑩心という語が『瑜伽論』巻第五五[64]に、そして善磨瑩心という語が巻第七四[65]に認められ、そのチベット語訳は前者が sems yoṅs su sbyaṅ ba[66] で後者が sems sin tu sbyaṅ ba[67] であるから、磨瑩も「心を清浄にする」という意味である。なお、陶錬は金の砂を精錬して金を取り出すことに喩え、磨瑩は曇った鏡を磨き出すことに喩えた表現である。

ここで、どのような行為（A）がどのような障害（B）を断じて心を浄化するのか、についての『瑜伽論』の所説をまとめてみると次のようになる。

1、浄修其心[68]（sems rnam par sbyaṅ ba=citta-viśodhana[69]）
　　A　　　　　　　　　　　　　　B
読誦経典・如理思惟・宴坐経行→諸障

2、浄修其心[70]（sems yoṅs su dag par byas=citta-pariśodhana[71]）
　　A　　　　　　　　　　　　　　B
能如実了知現在諸欲貪纏所有出離→貪欲纏

3、浄修其心[72]（cittaṃ pariśodhayati[73]）
　　A　　　　　　　　B
経行宴坐（覚寤瑜伽）→順障法

4、浄修其心[74]（sems rnam par sbyaṅs=citta-viśodhana[75]）
　　A　　　　　　　　B
奢摩他毘鉢舎那修習力→諸蓋

5、浄修其心[76]（sems yoṅs su dag par byed pa=pariśodhana[77]）

A　　　　　　B

循身念――→身染著

6、浄修其心[78]（sems yoṅs su sbyoṅ ba=pariśodhana[79]）

A　　　　　　B

若行若住無雑染法――→奢摩他品毘鉢舎那品随煩悩

二、ヨーガによる心の清浄化

諸法の真如は同一・一味・平等であり、一切時に一切処に存在する。だがそれを我々凡夫が見ることができないのは、我々の心が煩悩障・所知障の二障に、あるいは相縛・麁重縛の二縛に汚されているからであると瑜伽行派は考える。では、そのような心の汚れをどのようにして除去することができるのか。

この問いに対して、瑜伽行派は、文字や音声を聴聞するだけでは心は決して清浄にはならず、必ず法随法行、即ちヨーガという実践を通して初めて心は清らかになることができると主張する。そのような主張を、『瑜伽論』と『解深密経』から引用してみよう。

①彼は即ち此の毘鉢舎那に依って、見所断の諸の煩悩中に於いて、心に解脱を得る。（中略）即ち是の如き奢摩他に由るが故に、修所断の諸の煩悩中に於いて、心に解脱を得る[80]。

②又た彼は先時に或いは下の三静慮に依り、或いは未至依定に依り、已に奢摩他に於いて瑜伽行を修す。今、無常随観に依って、復た毘鉢舎那に於いて瑜伽行を修す。是の如く奢摩他毘鉢舎那を以って心に熏修し已りて、

諸界中に於いて彼の随眠より解脱せんと求む(81)。

③云何んが所作成弁なるや。謂く、観行を修する者は、奢摩他・毘鉢舎那に於いて、若しくは修、若しくは習、若しくは多修習を因縁と為すが故に、諸の影像を縁ずるあらゆる作意が皆な円満を得る。此の円満の故に便ち転依を得て、一切の麁重が悉く皆な息滅して転依を得るが故に影像を超過して、即ち所知事に於いて無分別にして現量なる智見が生ずること有り(82)。

④若し比丘にして観行を勤修する是の瑜伽師が、是の如く縁に於いて正修行する時、無間に加行し殷重に加行し、時時の間に於いて止相挙相捨相を修習す。修に由り習に由り多修習に由るを因縁と為すが故に、一切の麁重が悉く皆な息滅し、随って所依清浄を触証するを得る。所知事に於いて現見するが故に、随って所縁清浄を触証するを得る。貪を離れるに由るが故に、随って心遍清浄を触証するを得る。無明を離れるが故に、随って智遍清浄を触証するを得る(83)。

⑤世尊よ、此の奢摩他・毘鉢舎那は能く何の業を作すや。善男子よ、此れは能く二縛を解脱するを業と為す。所謂、相縛と及び麁重縛となり(84)。

⑥奢摩他を修するが故に、毘鉢舎那を修するが故に、能く煩悩を断ず。若し諸の相縛が已に解脱を得れば、諸の麁重縛も亦た解脱を得て、当に言うべし、已に一切の煩悩を断ずと(85)。

このうち④の所説に注目してみると、観行を勤修する比丘、即ち瑜伽師（yogācāra）は、最終的には次の四つの清浄を得るという。

（a）所依清浄——一切の麁重（dauṣṭhulya）が息滅する（pratiprasrabdhi）から。

（b）所縁清浄——所知事を現見する（pratyavekṣa）から。

（c）心清浄――貪を離れるから。
（d）智清浄――無明を離れるから。
ここで我々は③の所説をも参考にしながら、ヨーガの結果として起こる次の二つの事柄に注目しなければならない。
（i）一切の麁重が悉く息滅する。
（ii）所知事に対して無分別にして現量なる智見が生じる。
（i）に説かれる「麁重」とは、深層的には心の中に潜在する雑染の種子であり、表層的にはその種子から具体的に生じた身心の不堪忍性である。つまり、麁重とは身心両面にわたる根源的ないわば「存在的束縛」であるが、まずこの存在的束縛（その根本は阿頼耶識に潜在する雑染の種子）を息滅すること、換言すれば転依を得ることがヨーガの一大目的である。
ヨーガの結果にはもう一つ重要なものがある。それは「所知事を現見する無分別にして現量なる智見を得る」ことである。我々は無明という知的な汚れが根本原因となって、存在の本質（真如）をありのままに見ることができない。そして真如を了知しないが故に、分別を起こして苦の大海をさまようのである。このいわば「認識的束縛」から解脱することも、ヨーガの目的の一つである。

この「存在的束縛」と「認識的束縛」という捉え方が、『解深密経』において「麁重縛」「相縛」という概念を生み出した。そして前引用文⑤にあるように、この二縛から解脱するためにはヨーガを実践しなければならない、もっと端的に言えば、真如を見なければならない、と強調するのである。即ち、「勝義諦品」に次のように説かれる。

今時に於いて見諦の者、諸行の相に於いて除遣すること能わざるに非ず、然も能く除遣し、見諦の者、諸の相縛に於いて解脱すること能わざるに非ず、然も能く解脱す。見諦の者、麁重縛に於いて解脱すること能わざるに非ず、然も能く解脱す。二障に於いて能く解脱するを以っての故に、亦た能く無上方便安穏涅槃を獲得し、或いは能く阿耨多羅三藐三菩提を証すること有り[86]。

このように、見諦即ち勝義諦（＝真如）を見ることによって相縛・麁重縛を脱し、無上涅槃と無上菩提とを獲得するのである。

見諦――相縛・麁重縛からの解脱 ┬ 無上涅槃を得る
　　　　　　　　　　　　　　　└ 無上菩提を得る

この考えは、『成唯識論』にみられる次の考え方の原型となったと思われる。

二空所顕の真如への正解 ┬ 煩悩障の断 → 真解脱（大涅槃）を得る ┐
　　　　　　　　　　　└ 所知障の断 → 大菩提を得る ┘ 二種転依

いずれにしても、勝義諦即ち真如を見ることが、涅槃と菩提を得る直接の原動力であると瑜伽行派の人々は考えるに至ったのである。真如はありとあらゆるものの真理・真実であり、前述したように、「存在の究極」であると同時に「自由の根拠」でもある。ではそのような真如とは具体的にはどのようなものであるのか。どのような特質をそなえているからこそ、それを見ることによって我々の心は浄化されるのか。また真如と我々の心とはどのような関係にあるのか。これらの点を考察してみよう。

三、真如の特質と心の浄化

『大般若経』巻第五五[87]には、真如およびその異名と言うべきものが次のように列記されている。

真如・法界・法性・不虚妄性・不変異性・平等性・離生性・不思議界・虚空界・断界・離界・滅界・無性界・無相界・無作界・無為界・安隠界・寂静界・法定・法住・本無・実際性

いま真如を中心に考えれば、真如以外の概念はすべて真如の特質を表すものと捉えることができる。これらのうち、とくに瑜伽行派が心の浄化との関連において重要視した二、三の特質について考察してみよう。

（i）真如は無相である

相（nimitta）とは、言語表象であれ、あるいは情緒表象・感覚表象であれ、我々の分別（vikalpa）によって認識される事物の相（すがた）を意味する。我々は根本的には「有」と「無」という二つの相によって自己と事物とを捉え、その上に、一・異、生・滅、自・他などという相を分別する。だが諸法（自己と事物）の真理・真実は、そのような対立的・分別的な相を離れて無相であるという。しかし我々凡夫は無相の真如を了知することができず、諸法の相を取り、分別を起こし、その結果、生死の大海をさまよい、生老病死の苦を受け続けているという。これに関して『瑜伽論』に次のように説かれる。

又た諸の愚夫は是の如き所顕の真如に於いて了知せざるに由るが故に、是の因縁より八分別転じて能く三事を生じ、能く一切の有情世間及び器世間を起こす。（中略）謂く、是の如き邪分別に由るが故に、諸の雑染を起こし、雑染を起こすが故に、生死に流転し、生死の中に於いて常に流転するが故に恒に無量に生死に随逐し種種の生老病死等の苦が流転して息まず。(88)

分別という知的な迷いの根源は無明であるが、右文においてその無明は、「真如を解了することができない」と解釈されるに至ったのである。

以上は流転門に関する叙述であるが、では生死を脱して涅槃を得、大菩提を獲得するにはどうすればよいのか。この還滅門に関して、『瑜伽論』に次のように説かれる。

問う。若し安立諦を建立して諦と為すに、何の因縁の故に更に復た非安立諦を顕示するや。答う。若し非安立諦を離れれば、二種の解脱は道理に応ぜず。謂く、相縛及び麁重縛となり。（中略）若し非安立諦を行ずること有れば、相を行ぜず。相を行ぜざるが故に諸の相縛に於いて便ち解脱を得る。諸の相縛に於いて解脱を得るが故に麁重縛に於いても亦た解脱を得る。(89)

つまり、言語で表示された真理（安立諦）、即ち四聖諦あるいは安立真如の説示だけでは不充分である。なぜなら、非安立諦即ち真如においては相を見ず、それによってまず相縛から解脱し、次いで麁重縛からも解脱するからであると言う。この一文は明らかに、前に引用した『解深密経』の所説によるものである。麁重とは本質的には阿頼耶識に潜在する雑染の種子であり、それは無始以来、戯論に楽著する無明力によって我々の心底に植えつけられたものである。そのような汚れを除去するには、文字・音声を聴くなどのいわば概念的思考では到底不可能である。無相にして平等・一味なる真理そのもの、真如そのものに心が直に触れることが必要である。まずは、「認識的」な次元で自己の心を真理そのものと一体化せしめ、それによって相縛から解脱する。次いで相と麁重とは互いに縁となって生じているのであるから、相縛の滅は当然、麁重縛の滅をもたらすのである。

とにかく心が無相なる真如に直に触れることによって、「存在の究極」を知り、それによって「自由の根拠」を体得して、「存在的束縛」（麁重縛）と「認識的束縛」（相縛）とから全く自由となるのである。

（ii）真如は一味・平等である

すでに『般若経』において、諸法の真如の平等性・同一性が強調されている。即ち次のように説かれる。

如来の真如は即ち一切法の真如なり。一切法の真如は即ち如来の真如なり。[90]

能く一法を以って一切の境を知り、一切の境は一法に離れずと達す。所以は何ん。真如は一なるが故なり。[91]

瑜伽行派も当然この考えを受け継ぎ、真如の平等性を強調する。たとえば『瑜伽論』には次のように説かれる。

又た、諸の菩薩は能く深く法無我に入れる智に由って、一切法の離言の自性に於いて、如実に知り已って、少法及び少品類の分別を起こす可きもの無しと達し、唯だ其の事を取り、唯だ真如を取り、是の念を作さず、此は是れ唯だ事あり、是は唯だ真なりとし、但だ義を行ずるのみ。是の如く菩薩は勝義を行ずるが故に、一切法の平等平等に於いて真如の慧を以って如実に観察し、一切処に於いて平等見を具え、平等心を具え、最勝の捨を得る。此の捨に依止して、諸の明処、一切の善巧に於いて勤めて修習する時、復た一切の劬労、一切の苦難に遭遇すると雖も、而も退転せず。[92]

即ち、菩薩が法無我智を得て真如を見るとき、その真如慧によって一切法は平等平等であると如実に観察し、平等見（sama-darsin）、平等心（sama-citta）を具し、最勝の捨（upekṣā）を得るという。注目すべきはそれ以後の叙述である。即ち、この捨に依止することによって、五明処・一切善巧の修習から始まって有情利益の活動へと展開する点である。

我々はなぜ、平等一味なる真如を見なければならないのか。それは単に「存在の究極」を知って知的満足を得ることではない。それは真如の平等性を観得して一切諸法・一切有情の平等性、自他不二性を覚悟し、平等心・捨心をもって有情利益の活動をなすためである。真如は「存在の究極」であるが、同時にまた「自由と平等の根拠」でもあり、「慈悲活動の原動力」であるとも言えよう。

この真如の平等性は、『解深密経』に至ってさらに強調される。即ち前述したように真如を七種に分類するが、それらはそれぞれ次のような平等性の根拠となる。(93)

流転真如・安立真如・邪行真如——一切有情の平等平等

相真如・了別真如——一切諸法の平等平等

清浄真如——一切声聞菩提・独覚菩提・阿耨多羅三藐三菩提の平等平等

正行真如——聴聞正法・縁総境界勝奢摩他毘鉢舎那所摂受慧の平等平等

このうち、とくに清浄真如の故に三乗の菩提が平等であるという点に注目してみよう。『解深密経』「如来成所作事品」(94)において、声聞・独覚の転依は解脱身と言われ、如来の法身と区別されている。だが同時に『解深密経』には三乗を一つにまとめようとする一乗思想が強く主張されているが、その論理的根拠となるのが「諸法の同一法界・同一理趣」である。(95)世尊は声聞乗においては五蘊十二処十八界などのさまざまな諸法の自性を説示したが、大乗中においてはそれら諸法は同一法界・同一理趣であるから、乗の差別を説かない、と言うのである。このように真如・法界の同一性・平等性に根拠を置いて一乗を説く思想は、のちの世親の次の一文にも明らかに認められる。

法等しきが故にとは、法とは謂く真如にして、諸の声聞等の同じく帰趣する所なり。趣く所平等なるが故に一乗と説く。(96)

また『解深密経』「勝義諦相品」には、勝義の「遍一切一味相」が強調されている。(97)つまり、勝義は種々さまざまな諸法のすべてに遍在し、同時にそれは一味である、それはあたかもその中に種々さまざまな事物を含みながらもすべてに行き渡り、一味である虚空の如くであると言う。この一切に遍在し一味であるという点から、真如は一切法の共相であると言われる。自相は共相に対比するものである。自相とは事物そのものにそなわる相であるが、勝義としての自相は不可言説（離言）性である。

とにかく、我々はまずヨーガによって心を修し、次いで一切法の離言の自性あるいは離言の唯事、換言すれば、諸法の自相を観察し、最後に自相（＝離言の唯事）の平等一味に通達して一切法の共相、即ち真如を見るに至るのである。唯事とは、たとえそれが離言の自性であってもヨーガ行者の心中に顕れる事物（vastu）である。そのような特定の認識対象を通して一切法の真如に通達することができる理由は、「真如は一切遍行であり同一一味であるからである。

いずれにせよ、『瑜伽論』と『解深密経』において真如の平等性・一味性が強調されている。それは無相の場合と同じく、菩薩は平等なる真如を見ることによって法無我智を獲得し、平等心を得て利他行へと展開すべきであると主張せんがためである

（iii）真如は清浄なる所縁である

ヨーガの目的は瑜伽行派的に一言で言えば、「真如を見ることによって心を清浄にすること」にある。真如を見て心が清浄になるのであるから、見られる真如も当然、清浄でなければならない。以下、真如を清浄という概念のもとに考察してみよう。

前述したように、『瑜伽論』「本地分」まではヨーガと真如との結びつきはそれほど強固ではなかった。したがって、真如と清浄との二概念の結びつきはそれほど認められない。ただ「本地分中無余依地」に、「清浄真如所顕一向無垢」という一文が認められるだけである。(98)

清浄と真如との結びつきは『解深密経』で強まった。まず次の二点に注目してみよう。

1、勝義は清浄所縁であると定義されている。(99)

2、三自相のうちの円成実相が一切法平等真如であると初めて定義され、また円成実相が一切清浄相であり、(100)また円成実相は勝義無自性性、法無我・真如・清浄所縁である。

と説かれている。(101)

即ち、勝義＝真如＝円成実相が清浄所縁であると、明確に打ち出されている。なお円成実相が清浄所縁であるという考えは、のちに無著に引き継がれ、『摂大乗論』の中で円成実と名づける理由の一つに清浄所縁性があげられている。(102)

次に、『解深密経』「一切法相品」と『瑜伽論』「摂決択分中菩薩地」とに説かれる円成実相・円成実自性に関する次の二文を比較するとき、後者は明らかに前者によっているものの、思想的に、より組織化されたことが判明する。

①云何んが諸法円成実相なるや。謂く、一切法の平等真如なり。此の真如に於いて諸の菩薩衆は勇猛に精進するを因縁と為すが故に、如理に作意し無倒に思惟するを因縁と為すが故に、乃ち能く通達す。此の通達に於いて漸漸に修集し乃至、無上正等菩提を方に証すること円満なり。(103)

②云何んが円成実自性なりや。謂く、諸法の真如、聖智の所行、聖智の境界、聖智の所縁なり。乃至、能く清浄を証得せしめ、能く一切の相縛及び麁重縛を解脱せしめ、亦た一切の功徳を引発せしむ。(104)

即ち右の『瑜伽論』の一文②は、『解深密経』にみられる「勝義＝真如＝清浄所縁」と「見諦によって二縛を解脱する」という考えを踏まえての上での説明である。

ところで清浄なる真如を見ることによって心は清浄となり、心が清浄となると相縛・麁重縛の二縛あるいは煩悩障・所知障の二障を滅することになるのである。だが真如そのものが清浄であるとはどういうことなのか。これについては『瑜伽論』「本地分」および『解深密経』には説かれていないが、この問題に関する一つの解答が、「摂決択分中菩薩地」の次の一文である。

云何んが涅槃と為すや。謂く、法界清浄にして煩悩衆苦の永く寂静せる義にして、滅無の義に非ず。（中略）云何んが名づけて法界清浄となすや。謂く、正智を修するが故に永く諸の相を除いて真如を証得す。(105)

右の一文は涅槃＝法界清浄と捉え、法界が清浄であるとは諸相を除いて真如を証得することであるという。即ち諸相を雑染と捉え、その雑染が除去された法界が法界清浄であり、それが同時に真如であるという。つまり真如の清浄性が、無相という意味で捉えられていると言える。右の一文の省略した部分に、涅槃が滅無の義でない理由として「外の水界は唯だ渾濁を離れて澄清性を得るが如し。濁を離れる時、澄清性無きに非らず」という喩えをあげている。すでに、『瑜伽論』「摂決択分」において弥勒作とされる論書および無著の『摂大乗論』などにみられる「清浄法界」という概念が認められること、およびそれら論書で強調される有垢真如・無垢真如の原型となるべき考えが右の喩えの中に認められていること、これら二点は「摂決択分」の成立年代を考えるにあたって注目すべき点である。

四、真如と心との関係

真如は心によって見られる真理・真実である。この場合、次のような問題が起こる。即ち、「真如を見る心はどのような状態の心なのか」「それを見るとはいかなる見方であるのか」「真如と心とは本質的に同じものなのか」という問題である。次に、これらの問題について考察してみよう。

まず『瑜伽論』「本地分」において真如あるいは総じて言えば究極的真理・真実を見る心は、次のような語で表現されている（括弧内は見られる対象）。

（1）出世間智（→諸法中離言言説義）、（2）善清浄智見（→究竟）、（3）能縁所縁平等平等智（→四聖諦）、（4）決定智現見智（→四聖諦）、（5）法無我智（→唯真如・唯事）、（6）能於所知真実随覚通達慧（→一切所知辺際）、（7）微細慧（→如所有性）、（8）妙聖智（→離言事）、（9）真如無分別平等性出離慧（→離言事）、（10）入一切法第一義智（→勝義）

右の如く真理・真実を見る心はさまざまに表現されており、そこに表現の統一はない。（9）にみられる無分別（nirvikalpa）という心のありようをとくに強調して、のちの論書は真如を見る智慧を「無分別智」（nirvikalpaṃ jñānam）という表現に統一するに至ったが、『瑜伽論』にはこのような表現の統一が認められないことは、この論書の制作年代および思想的系統を考察する際の重要なポイントとなるであろう。

ところで、無分別智という用語的統一は未だ『解深密経』にも認められない。無分別智が用語として用い始められたのは弥勒作と言われる論書であり、とくにそれを主要な術語として使用し始めた最初の論書は無著の『摂大乗論』である。「無分別智対真如」という認識関係を、表現的にも内容的にも明確に打ち出したのは無著であった。

とにかく、真理・真実を見抜く智慧の性質・状態は、『瑜伽論』では、先にみたように、「出世間」「善清浄」ないし「無分別平等平等出離」などの語で表現されていたが、のちにこれらのうち「無分別」という性質がとくに重要視されたのである。その理由は、この概念が真如を見る心と真如との関係を表現するのに最も適していたからであろう。真如は無相であり平等である。だが我々の心は分別によって相を設けて差別を見、我他彼此の世界を現出させる。分別（vikalpa）とは別名、戯論（prapañca）と言われるように、実際は平等なる世界を言葉や概念を用いて差別の世界に変貌せしめるはたらきをもつ。ヨーガによってそのような分別心の根源から汚れを取り除くとき、無相・平等の真如が顕現してくるのである。

いまここで「真如が顕現する」という表現を用いた。これは見られる側（＝所縁）の真如を主語とした表現であるが、見る側（＝能縁）の智の立場から言えば、「無分別智が真如を見る」と表現することができる。瑜伽行派の論師たちは、この「顕現する」と「見る」といういずれの意味をもつ khyāti という語を用いて、巧みに真如と智慧との両者の認識関係を表現した。その最初の例が『瑜伽論』「本地分中菩薩地」に認められる。(106)

yadā ca punar bodhisattvair jñānenāryeṇa te 'bhilāpa-samutthitā mithyā-saṃjña-vikalpāḥ prapaṃca-saṃgānugatāḥ sarveṇa sarvaṃ apanītā bhavanti tadā teṣāṃ bodhisattvānāṃ paramāryāṇāṃ tenārya-jñānena tan nirabhilāpyaṃ vastu sarvābhilāpya-svabhāvābhāva-mātram ākāśopamaṃ priśuddhaṃ khyāti (107)

さらに諸菩薩が聖智をもって戯論の執著に伴う言説所起の邪想分別を一切遣除するとき、彼ら諸菩薩に対し、離言説事が、一切言説自性の無のみなるもの、虚空の如く清浄なるものとして顕現する。

ここで言われている離言説事は真如と考えてよい。その真如が聖智をもつ菩薩に顕現する（khyāti）という。右文後半中の tenārya-jnanena を訳さなかったが、いまこの倶格で表されている聖智を考慮に入れて後半を訳すと、「諸菩薩は聖智を以って離言説事が――虚空の如く清浄であると知る（＝見る）」と訳すこともできる。事実、玄奘はこの部分を、「爾時、菩薩・最勝聖者は妙聖智を以って諸法の離言説事を証得し、ただ一切言説自性の非性の所顕有り。譬えば虚空清浄が（顕）現するが如し」と訳し、khyāti を「証得」と「顕現」との二義に捉えている。

ここで問題としたいのは、このように瑜伽行派の論師たちが好んで「真実（＝真如）が顕現する」という表現を用いた理由は何かということである。察するにそれは、ヨーガ実践中における真理・真実の直観体験に由来するのではなかろうか。雲が晴れると月が現れてくるが如く、心の汚れを除去するとき、「真如の月」が顕現する。真理・真実が心の中に顕現してくる。このような具体的体験から、顕現（khyāti, khyāna, etc.）という語を重んじたのではあるまいか。またこのような真理直観の体験から、真如・二無我・円成実性の実有を強調するに至ったのであろう。

真如は心に顕現してくる。したがってそれは一つの対象であるから、あくまで所縁であると言われる。だが真如とそれを見る心との関係は、日常心（分別心）とそれによって見られる事物との関係の如くではない。なぜなら真如を見る無分別智は「所縁能縁平等平等」と言われるように、真如とそれを見る心とは平等平等（sama-sama）であるからである。前述したように、すでに『瑜伽論』「本地分」に能縁所縁平等平等智（samasamālambyālambanajñāna）という語が認められるが、これを無分別智のあり方として強調し始めたのは、やはり無著の『摂大乗論』である。即ち、次のように説かれる。

爾の時、菩薩は平等平等所縁能縁の無分別智を生起することを得ると為す。此に由って此の菩薩を已に円成実性に悟入すると名づく。(108)

これに対する世親釈および無性釈によるならば、所縁と能縁とが平等平等であるとは、所縁と能縁とが存在しないことである。しかしこの二つが存在しないとは全く虚無になることではなく、真如と無分別智とが所縁能縁として対立しないことである。いまここで対立しないと言った。もともと真如を見ることは自内証のことであり、その状態は言葉でもって言い表すことはできない。しかしそれをあえて言うならば、真如と無分別智とは「対立しない」「一つになった」「差別がない」などと、さまざまに表現できるであろう。だがその具体的あり方は各人の自内証の世界に悟入しない限り体得できないから、それはせいぜい、譬喩をもってしか表現され得ないのである。

ここで最後にどうしても考察しておかねばならぬ問題がある。それは真如と心とは、実質的に同一であるかどうかという問題である。真如は真理・真実である。そのような真理・真実を我々の心が見るという。この場合、心を離れた真理・真実を見るのか、換言すれば、真如は、心とは実質的に異なる別の対象としての真理であるのかどうかということである。この問題に対する瑜伽行派の解答は明白である。この派は、

真如は識の実性であるから識を離れては存在しない

と答える。もちろんこの表現はのちにみるように、後期の論書である『仏地経論』や『成唯識論』に認められるものであり、初期の論書である『瑜伽論』においてこのように考えられていたわけではない。

ここで、真如と心との実質内容的な意味での関係を、瑜伽行派はどのように捉えていたかを思想発展的に考察してみよう。

まず『瑜伽論』「本地分」では、前述したように未だ一切諸法を「唯識」「唯心」とみる考えは成立していないから、「一切諸法の真如」と「心」との実質的な意味での関係に考察の眼を向けていない。ただ一切諸法は、「唯事」「唯行」「唯法」「唯蘊」などと捉える立場より唯事が邪想分別を離れるとき、それが真如となって顕現する(khyāti)という考えが認められる。唯事は依他起性に相当するものであり、依他起性は「心」であるから、のちの思想までをも考慮に入れるならば、右の考えは「心が清浄になったものが真如である」という意味に解釈できるであろう。しかし未だ直接「心」や「識」という概念を用いて論じていないことは、『瑜伽論』「本地分」が初期の論書であることの明白な証拠となる。

ただ注目すべきは、「本地分中菩薩地」において tathatā と prajñā とが同格に置かれ、tathatā が prajñā を形容

する語として用いられている点である。即ち、真如を見る無分別智もまた tathatā（真如）であると言われている。もちろんこの場合の tathatā は見られる対象としての真如ではなく、見る側の心のあり方を表す語であろう。さらにあとの「摂事分」中ではあるが、「所知の真如を如実性と名づけ、能知の真如を無倒性と名づく」と説かれるに至り、真如が所知と能知との二種に分類されている。(109) つまり、真如が一段と心との関係において考察されるに至ったのである。

前述したように『解深密経』で初めて「唯識」（vijñapti-mātratā）という概念が成立したが、ここに至って真如はさらに一層、心の中の次元で考察されるようになった。即ち前述したように、「心一境性とは三昧所行の影像は唯識なりと通達し、通達し已って真如を作意する」ことが説かれている。このように徐々に真如が、心の本性・実性という考えに近づき始めたと言えるであろう。

ところで、一切諸法を唯識と見る思想に伴って起こってきた考えが、心のあり方を変えることによって真実・真理が顕れてくるという考えである。術語的には、「A所顕（prabhāvita）のB」という捉え方である。prabhāvita は「顕れる」「生じる」の意味をもつ prabhū の過去分詞であり、普通、「所顕」「所現」と漢訳され、「A所顕のB」と言えば、「Aによって顕し出された（あるいは生ぜしめられた）B」という意味である。これを心と真如との関係について言えば、「心のあり方の変化によって顕し出された真如」ということになる。この考えは、一切を唯識とみる『解深密経』の中にその萌芽がある。まず注目すべきは、真如に関する叙述ではないが、唯識（vijñapti-mātra）という語が最初に用いられた有名な次の一文の中に、prabhāvita という語が認められることである。

善男子よ、我、識の所縁は唯識の所現なりと説くが故なり。(110)

この部分のチベット語訳（rnam par rig pa tsam gyis rab tu phye ba）より、「唯識所現」の原文が vijñapti-mātrena prabhāvitam であったと推測される。即ち、「識の所縁は識自身によって顕し出されたものである」と言うのである。

この同じ prabhāvita を用いて、「無自性相品」において次のように説かれる。

復た諸法の円成実相有り、亦た勝義無自性性と名づく。何を以って故なるや。一切諸法の法無我性を名づけて勝義と為す、亦た名づけて無自性性と為すことを得る。是れ一切法の勝義諦なるが故なり。無自性性の所顕なるが故なり。此の因縁に由って名づけて勝義無自性性と為す。[111]

即ち、勝義（＝真如）は諸法の法無我性（法無自性）によって顕し出されたものであるという。ではこのようになぜ勝義と法無我性（＝法無自性）との関係を、prabhāvita（所顕）という語で表現するのであろうか。察するにそれは、「法無我性＝勝義という真理・真実が心を離れて存在するのではない。心そのものが法無我性になる。換言すれば、心が諸法を有我と見る見方を滅するとき、その同じ心が勝義・真如を顕し出す」と考えるようになったからであろう。

次に問題となるのは、心の変革によって真如が顕し出されるという場合、その顕し出される真如は心にとって何であるのか、換言すれば、心のいかなる要素であるのか、という問題が生じてくる。『解深密経』以後、この問題を考え始めた瑜伽行派の論師たちが、その問題解決のために採用したのが「自性清浄心」「如来蔵」「法性心」という考えである。つまり客塵煩悩によって汚された心の本性は自性清浄心であり、それが真如であると考えるに至ったのである。その最初の例を、弥勒作と言われる『大乗荘厳経論頌』の次の二頌にみることができる。

一切に対して無差別である真如が清浄になったのが如来である。それ故に一切の有身者はかの（＝如来）胎である。[112]

自性清浄心は常にかの客塵なる過失によって汚されていると言われる。法性心は心を離れて他の心が自性に於いて清浄であるとは考えられない[113]。

右の二頌から、客塵煩悩に汚されている真如（＝自性清浄心）が清浄となるとき、それが如来であるが、そのような真如はあらゆる衆生に無差別に行き渡っているから、一切衆生は如来蔵であると言う。注目すべきは、後頌にある dharmatā-citta（法性心）という語である。これを世親は citta-tathatā（心真如）と釈す。即ち法性としての心は心の真如であると言い、ここで初めて「真如とは心の本性（dharmatā）であると考えられるに至ったのである。その心の本性である真如即ち自性清浄心は、客塵煩悩の汚れを除去するときに顕し出されてくるのである。ところで『解深密経』に端を発した「A所顕の勝義（＝真如）」という表現は、弥勒によって、真如を心の本性（＝自性清浄心＝如来蔵）とみる捉え方が導入されるに及び、ますます真如を表示する表現として重要視されるに至った。その例を、世親・無性・護法の叙述に求めてみよう。

①何等を名づけて不可言性と為すや。謂く、無我性所顕の真如なり[114]（世親釈『摂大乗論釈』巻第八）。

②総法を縁ずるに由るとは、一切法の総相所顕の真如を縁じて境と為す[115]（無性釈『摂大乗論釈』巻第六）。

③無我性真如とは、（中略）即ち是れ、一切の補特伽羅と諸法の無性所顕の真如なり[116]（無性釈『摂大乗論釈』巻第八）。

④所取能取無性所顕の離垢真如の円成実性を転得す[117]（無性釈『摂大乗論釈』巻第九）。

⑤二に法性に依る仮設有とは謂く、空無我所顕の真如なり。有無倶非にして。心言路絶し、一切法と一異に非ず。是れ法の真理なるが故に法性と名づく[118]（『成唯識論』巻第二）。

⑥然るに契経に心性浄と説くことは、心の空理所顕の真如を説くなり。真如は是れ心の真実性なるが故な

り[119]（『成唯識論』巻第二）。

これらのうち、⑥の『成唯識論』に至ってすべてを心に還元する立場から、真如とは心の真実性・真理であり、心の空理に顕し出されたものであると、明白に「心」という語を用いて真如を定義する。

真如と心とは実質内容的にどのような関係にあるか、このような瑜伽行派の論師たちの問いかけは、護法に至って「真如は心（識）の真実性である」という考えに到達したのである。

このように、真如は自己の心の本性・真理である。だが我々の心は相縛・麁重縛、あるいは煩悩障・所知障に汚され、その本性、真理を開顕することができず、我他彼此の差別の世界に苦しんでいる。急ぎヨーガを修して心を鍛錬し、細いくさびが麁いくさびを除去するように、心でもって心の中の汚れを取り除き、心の中の真理・真実（＝真如）をますます開顕し、最後に平等一味の世界に悟入しなければならない。それは「存在の究極」を知ることであると同時に、「自由の根拠」をも体得し、自己が根源から自由となって真の利他行を展開することである。

五、転　依

ヨーガによってもたらされるものとして、最後に、転依について考えてみよう。

転依の概念は、『瑜伽論』において思想的に肉づけされた。ただ「本地分」と「摂決択分」とを比較すると、前者では瑜伽行における身心の変化に注目し、転依を具体的体験を通して解釈し表現する。これに対して後者では、転依を理論的に説明しようとする傾向が現れた。まず「本地分」の所説から検討してみよう。

巻第二に、

浄行者が般涅槃する時、所依が転ずる。[120]

と説かれる。

次に巻第二六では、瑜伽行を修する際の四種の所縁のうち、第四の所作成弁に関して次のように説かれる。

云何んが所作成弁なるや。謂く、観行を修する者は、奢摩他・毘鉢舎那に於いて、若しくは修、若しくは習、若しくは多修習を因縁と為すが故に、諸の影像を縁ずるあらゆる作意が皆な円満を得る。此の円満の故に便ち転依を得て、一切の麁重が悉く皆な息滅して転依を得るが故に影像を超過して、即ち所知事に於いて無分別にして現量なる智見が生じること有り。[121]

この一文は瑜伽行者の体験を簡潔にまとめたものである。これによれば、ヨーガは次の段階をたどる。

1、所知事の影像に対して作意する。

2、一切の麁重が息滅して所依が転ずる。

3、影像を超過して所知の事に対して無分別・現量の智見が生じる。

最後の段階は、転依をし終えた者の智的なはたらきを示している。影像を超過するとは、方便として心の中に描き出した影像に、もはやたよることなく、それを乗り越えて、知るべき事物そのものの本質を直観する智慧を身につけることである。智慧はここでは、「無分別現量智見」と言われている。この所依を転じて智見を得るという考えは、のちに成立する「転識得智」の萌芽である。

右の1、2のすぐあとに、転依という表現を用いずに次のように述べられている。

一切の麁重が悉く皆な息滅し、随って所依清浄を触証するを得る。所知事に於いて現見するに由るが故に、随って所縁清浄を触証するを得る。貪を離れるに由るが故に、随って心遍清浄を触証するを得る。無明を離れるが故に、随って智遍清浄を触証するを得る。

このように転依とは、自己存在が根底から浄められ（所依清浄）、心も清らかになり（心遍清浄・智遍清浄）、さらには自己が認識する環境までもが清らかになることである。一言で言えば、転依とは、自己にとって「一切の浄化」「宇宙の浄化」であると言えよう。

転依に関して巻第二八では、ヨーガを修することによってもたらされる四種のもののうち、所依滅と所依転という概念を用いて次のように説く。

所依滅および所依転とは謂く、瑜伽作意を勤修するが故に所有る麁重と倶行する所依、漸次に滅し、所有る軽安と倶行する所依、漸次に転ず。[122]

これは、麁重・軽安といういわば身心の生理的良否を表す概念を用いて、転依を巧みに説明したものである。麁重とは、身心の不堪能性、軽安とは、身心の堪能性と言われ、麁重と軽安とは相反する概念である。堪能性とは、身心が何の束縛もなく自由に爽快に行動できる状態を言う。したがって右の一文から、ヨーガを実践することによって身心が次第に束縛の状態から自由の状態に変化すること、これが転依の原意であることが判明した。このように麁重から軽安へという生理的な変化の体験こそが、転依思想を築き上げた原動力であったと言えよう。唯識のいずれの思想も、このように、その淵源をヨーガの体験に求めることができる。

転依の思想はその後、他の諸概念と結合して次第に理論化されていった。その最初の兆候を『瑜伽論』「摂決択分」にみることができる。即ち巻第五一[123]において、転依が阿頼耶識の概念と結びつき、転依とは阿頼耶識を断ずることであると説かれる。そして阿頼耶識は一切の雑染の根本であるとみる基本的立場より、阿頼耶識は迷い、転依は悟りという、全く相反する状態を意味する概念となった。

第二節　相から性へ

心浄化の機構として、次に「相」と「性」という二つの概念について考察してみよう。なぜなら、唯識思想の目的を一言で言えば、ヨーガという実践を通して心を浄化し、以って「相」の束縛から解脱して「性」を証することである、と言えるからである

玄奘三蔵によってインドから中国に伝えられた唯識思想に基づいて、弟子の慈恩大師・窺基によって創立された法相宗（唯識宗とも言う）の教理全体を、「性相学」とよぶ場合がある。この学問は、奈良時代に日本に伝えられ、それ以来、仏教の根本学として宗派を超えて脈々と学ばれ続けてきた。

「性相」のうちの「相」とは、現象的存在全体の総称であり、一言で言えば有為である。とくに唯識思想は、すべての存在を自己の心に還元する立場から、自己の心が織りなす世界を相という語で表現する。これに対して「性」とは、そのような現象的存在の本性、即ち「真如」である。

このように、性と相とに分けて存在を考察する立場を「性相決判」「性相別論」と言い、華厳・天台の「性相融合」の立場と対立する。

性相学は、このように相と性とを分けて、相の分析を通して性に至ろうとする立場をとる。これを実践的に言えば、「相を遣って（＝除いて）性を証する」（遣相証性）ことを目指す。

相を除くとは、具体的には、感覚表象であれ、情緒表象であれ、言語表象であれ、心の中に生じてくるさまざまな表象・観念・影像を心の中から払拭し去ることである。

現代はまさに「相の氾濫した世界」である。あり余るほどの物質的な「相」が店頭に列び、社会の中では複雑な人間関係の「相」がお互いを縛り、便利・快適という表層的な幸福観に支えられた利潤追求の競争社会では、人間のどろどろした欲望という「相」がますます人間の心を荒んだものに変貌せしめている。東西の対立が解消した途端に、「民族」という「相」が頭をもたげ、世界各地で悲惨な民族紛争が起こっている。まさに現代ほど諸相に束縛され、かき乱されている時代はない。

このような混迷の世界から抜け出るためには、私たちは一体どのような道を歩んだらよいのだろうか。

筆者は、その一つの道を、唯識思想、とりわけ玄奘や窺基などによって打ち立てられた性相学の、「相から性へ」という実践的な生き方の中に見出すことができると確信する。

性相学だけではなく、広く仏教そのものを単に「仏教学」の対象とすべきではないことは言うまでもない。仏教とは、上求菩提・下化衆生という菩薩の誓願としてうたわれている智慧と慈悲とに裏づけされた、利他即自利の人間的営みである。しかも仏になることを最終目標とする。だから「教」のみにとどまることが許されず、そこに、どうしても「行」という実践を通して最終的には仏になるという「証」までが要請される。この意味で、性相学の「学」は、あくまで戒・定・慧の「三学」としての学であり、三昧・禅定・止観・瑜伽（ヨーガ）という実践に裏づけされた、悟りを目指す学びの営みである。

このことは性相学の先哲・佐伯定胤和上の次の法話の中に、見事に力強く語られている。

吾々は人生をして有意義ならしめるには、宜しく法身の本源にまで達観し、之に順応するの生活を営まねばならないのであります。唯識論百法論に百法二無我を教へてゐるのも、唯識の性相と説いてゐるのも、要は仏身を観察すべき方法を教へたものであります。唯識如幻ての理を観察し、自己の真性を見証せねばならない。徒らに詮と縁とに拘泥し有漏戯論に堕すべきではない。学仏者たるものまさに意を此に致し、超然として我執熏習の迷妄界を解脱し、無漏清浄の仏境界に悟入すべきである。修道の工夫を最第一とせねばならないのであります。[124]

よく「唯識三年倶舎八年」と言われるように、唯識と倶舎とを毎日学んで合計十一年かかるほどに性相学の内容は広大で深淵である。しかし性相学を単に知識の習得を目指す仏教学の対象として学ぶならば、それは定胤和上が言われるように「徒らに詮と縁とに拘泥し有漏戯論の迷妄界に堕する」ことになる。そうではなくて、それを「我執熏習の迷妄界を解脱し無漏清浄の仏境界に悟入する修道」として捉え、身心あげてそれに専念するとき、「唯識所変」「阿頼耶識縁起」をはじめ、「唯識三性観」「四尋思四如実智」「五重唯識観」という実践的教理の意味検討が重要な比重を増してくる。

二千数百年前の釈尊の悟りに源を発し、インドの無著・世親などによって組織体系化された唯識思想、そしてそれを中国に持ち帰った玄奘によって打ち立てられた性相学、このように数多くの先哲たちの身命をかけての努力によって形成され伝えられてきた伝統的な性相学の習得・実践の復活を願って、以下、「性相」という概念を、（1）性相の原語、（2）性相の意味、（3）性と相との関係、（4）性相の実践的意義、の四項目に分けて考察してみよう。

第一項　性相の原語

玄奘・窺基によって打ち立てられた中国の法相宗で説かれる「性相」の原語は、未だはっきりと確認されていない。なぜなら、相から性に至る立場が明確に打ち出され、それに沿って論が構成されている法相宗所依の経典『成唯識論』の梵文が現存していないからである。したがって、その原語は他の経論から推測せざるをえない。そこで二、三の論書からその原語を探ってみると、次のようになる。

1、まず、『八十華厳』に「性相」という語が見当たるが、その原語は次のようである。

知一切法性相三昧(125)　svabhāva-lakṣaṇa(126)

顕示一切諸法性相(127)　lakṣaṇa-svabhāva(128)

これによって、性は svabhāva を、相は lakṣaṇa を原語とすることが判明する。

2、『倶舎論』にも次の三箇所に「性相」が認められるが、いずれもそれに相当する原語はない。

前後性相転変(129)

善悪尸羅性相(130)

因弁諸業性相不同(131)

相応する原語がないにもかかわらず、なぜこのように性相という語をあえて付与して訳したのであろうか。訳者玄奘は、すでに『成唯識論』などに説かれる性相という考えを踏まえて、このように『倶舎論』を訳す場合にも、あえて性相を付加して訳したのであろうか。

3、次に『婆沙論』には、左記するように数多くの「性相」の語が認められるが、その原語はわからない。ただ、左記に示すようにその数があまりに多いことからして、『倶舎論』の場合のように原語がないということではなく、『瑜伽論』の場合と同じく lakṣaṇa を性相と訳したと考えるほうが適切ではなかろうか。

（1）諸法性相(132)

（2）諸法真実性相[133]
（3）諸法性相勢用[134]
（4）諸法性相差別[135]
（5）諸行性相作用差別[136]
（6）慚愧性相差別[137]
（7）蓋性相[138]
（8）煩悩性相[139]
（9）我物性相[140]
（10）我物性相自体[141]
（11）我物性相本性[142]
（12）性相差別[143]
（13）阿毘達磨性相[144]

4、次に唯識関係の論書を探ってみよう。

まず初期唯識論書の代表である『瑜伽論』[146]の中には、次の四箇所に「性相」という語が認められる。

（1）性相実有[145]　pariniṣpanna-lakṣaṇa
（2）諸法性相[147]（チベット語訳）chos kyi mtshan ñid[148]
（3）諸法即我性相[149]　dharmāṇām ātma-lakṣaṇatvam[150]
（4）諸行性相[151]（チベット語訳）ḥdu byed rnams[152]

このうち（4）の性相は、チベット語訳に当たってみると、それに対応する原語はない。そして、（1）の性相の原語はlakṣaṇaであり、（2）の性相の原語も、そのチベット語訳（mtshan ñid）からして同じくlakṣaṇaであり、（3）の性相はlakṣaṇatvaであることが判明する。

さらに他の唯識論書で、「性」と「相」とに対応する原語を見つけることができるかどうか検討する必要があるが、筆者のこれまでの検討による限り、インドの唯識論書の中には「性相」が性と相に分けられ、しかもそれぞれに対応する原語があるという例を未だ見出していない。

そして、後述するように『瑜伽論』『解深密経』などにおいて、いわゆる「真」と「妄」との不一不異については論じられているが、しかし「性相決択」「性相別論」のような考えは、初期唯識論書の中には未だなかったと結論することができよう。

5、護法菩薩釈『大乗広百論釈論』には、「性相」あるいは「諸法性相」という語が多く認められる[153]。しかしこれらも『婆沙論』『瑜伽論』などと同じく、lakṣaṇaの訳であると推測される。

6、『成唯識論』になって「性相」という概念が前面に、しかも重要な概念として出てくる。まず性相を用いた文をあげてみよう。

①愚夫は此こに於いて横に我法は有無なり一異なり倶不倶なり等と執す。空華等の如く性相は都て無し。一切皆な遍計所執と名づく[154]。

②唯識の相性に悟入す[155]。

③已に聖教と及び正理とに依って唯識の性相を分別しおわりぬ[156]。

ところで、『述記』によれば[157]、三十頌中、前の二十四頌は「唯識の相」を明かし、第二五頌は「唯識の性」を明かすとし、そして『成唯識論』で、(158)真見道が「唯識性」を証し、相見道が「唯識相」を証する、と説く。このように、『成唯識論』に至って初めて、唯識を性と相とに分けて、「唯識性相」（唯識の性と相）という考えが確立した。(159)

ところで、ここで言われる「性相」の性と相に相応する原語は、原文が現存しないから明確にはわからない。ただ、原文の判明する次の三例から原語を推測してみると、次のようになる。

（1）『唯識三十頌』の第二五頌中の「唯識実性」の原文は「vijñapti-mātratā」(160)である。これからすれば「相」と対比する「性」は、接尾語 -tā に相当する訳語となる。

（2）円成実性＝唯識性という観点からすれば、円成実という「性」（svabhāva）が「性」となる。

（3）『瑜伽論』にある「但思惟真如相不見実真如」(161)が『成唯識論』に引用されているが、(162)そこでは「思惟似真如相不見真実真如性」となっている。

これらのうち、（3）の『瑜伽論』の「但思惟真如相不見実真如」に相応するチベット語訳は、

de bṣin ñid kyi mtshan ma ni mthoṅ bar ḥgyur／de bṣin ñid ni mthoṅ bar mi ḥgyur(163)

であるから、真如相の「相」にあたる原語は nimitta（＝mtshan ma）であり、真如性の「性」にあたる原語はない。即ち、『瑜伽論』を訳すときにはそれほどに意識されていなかった「性相」という概念が、『成唯識論』を作成するときには、重要な概念となり、言葉によって対照的に捉えられる遍計所執としての真如を「似真如相」（真如に似た相）と似を付して意訳し、これに対して円成実の真如を、「真如性」と「性」を付して厳密に訳している。

以上の考察の結果、中国、とくに玄奘・窺基において、「性」という概念が、原語と関係なく独立して、「相」との対比において考察され始めたと言えよう。

このように「性相」という概念は、インドではなくて、中国において重要な概念となり、それに対する深い考察

が進んだということは、『宋高僧伝』の次の一文からわかる。

性相の義門は唐に至って方に大備を見るなり（『宋高僧伝』巻第四「慈恩の条」）[164]。

以上の考察をまとめると次のようになる。

1、性相にあたる原語を少なくとも『華厳経』に求めると、svabhāva-lakṣaṇa である。

2、しかしインド撰述の経論においては、svabhāva と lakṣaṇa とを対比させて考察することはなかった（ただし円成実と依他起、勝義諦と世俗諦〈諸行〉などの一異如何については、すでに初期唯識論書の中において論じられている）。

3、存在全体（諸法）を性と相とに分けて、しかもその両者の関係を深く考察する態度は、中国において、とくに玄奘において意識され始めた。その証拠として、『倶舎論』や『婆沙論』などの玄奘訳阿毘達磨論書において「諸法性相」と言うように、原文では性相に相応する語がないにもかかわらず、それをあえて付した訳語が多く認められることをあげることができる。

4、その態度をさらに強化して、玄奘は、諸法を唯識に収め尽くす唯識思想の立場から、「唯識の性相」という概念を確立し、それに基づいて『唯識三十頌』を訳し、さらに『成唯識論』を合糅訳したと言えよう。

世親自身が、唯識の性と相とを区別して『唯識三十頌』を作成したかどうかは、短い原文だけでは判明しないが、以上の『婆沙論』『倶舎論』『瑜伽論』などの検討からして、そして前記した『宋高僧伝』の一文からして、存在全体を性と相とを区別する「性相」「諸法の性相」、さらには「唯識の性相」という考えは中国において、とくに玄奘とその弟子たちにおいて確立されたと結論することができる。

なお、『唯識三十頌』第五頌の中の「思量為性相」の性相の原語は ātmaka である。この ātmaka は、もともとは「～という性質を有する」という意味の言葉であるが、これを玄奘は「性相と為す」と訳し、しかもさらに性と相とに分けて詳しく論じているが、この場合の性相は「唯識の性相」とは違う概念である。

第二項　性相の意味

次に、性と相とが具体的にどのようなものとして定義されているかを考察してみよう。その際、「性と相とを別々に定義したもの」と「性と相とを対比して定義したもの」とに分けて検討してみよう（叙述を簡潔にするために、まとめた形で記す）。

1、性と相とを別々に定義したもの

（性について）

『述記』の中にある性の定義を列記してみよう。

①「世間聖教説有我法。但由仮立非実有性(165)」の「性」の定義。

性者体也。

②「是法真理。故名法性(166)」の「性」の定義。

法真理＝法性　　性＝真理

③「三性有漏種子倶是所縁。此識性摂故(167)」の「性」には、次の三つの定義がある。

（ⅰ）性者体也。体即本識。種子是用。諸法体用理応爾故。用是体摂。

性＝体＝本識、用＝種子

体と用とに分けて、体に用が摂められることを説く。

（ii）性者性類（有漏か無漏かの性類）。

（iii）性者性也（種子も本識と同じく無記性なり）。

④「唯識性」の説明の中では、次のように説明されている。

「相及性。性者実体。即唯真如。相亦名体。依他体故[168]」。

性＝実体　相＝体

相を体とみる場合もあることに注目。

「性」に対する以上の定義をまとめると、「性」という語には次のような意味があることが判明する。

- 性＝体
  - 用と対比される体（＝本識）
  - 実体（＝真如）
- 性＝性類（有漏か無漏か）
- 性＝性（善・悪・無記の三性）

いくつかの箇所で「性者体也」とあえて定義することは、有漏・無漏の性、善・悪・無記の性を簡ぶためである。そして体という場合の「体」は、（1）自性（svabhāva）、（2）依他起性、本識、（3）真如、という三種類に分かれる。性と相と対比されて言われる場合の「性」を右の定義中の語を使ってまとめると、「性とは、諸法の真理としての真如であり、諸法の実体としての真如である」と言える。

（相について）

次に相についての定義のまとめを列記してみよう。

①「八識体相」の体相について、[169]

体＝体性

相＝相状

②「見託彼生帯彼相故」の説明中、[170]

無分別智は真如体を縁ずる＝真如の体を挟帯する。

相とは体相。真如は遍計所執の相は無いから無相と名づけるが、体相はある。

③「有為の四相」について、[171]

相＝相状

④「行相」の説明中、[172]

相者体也。即謂境相。行於境相名行相（無分別智にも通ずる）。

或相謂相状。行境之相状名行相（無分別智には通じない）。

⑤「阿頼耶の三相」の相に、次の三種がある。[173]

- 体相
- 相状
- 義相

右のまとめを検討することによって、「相者相状也」とか「相者体也」と定義するのは、相には大きく「体としての相」と「相状としての相」とがあるからである、ということが判明した。

2、性と相とを対比させて定義したもの

「性相」の意味を考える場合、性と相とを対比させた定義を考察することのほうが重要である。まず、中国撰述の書の定義を検討してみよう。

性相を対比させて定義している典型的なものは、『成唯識論』の「稽首唯識性」を釈した『述記』巻第一本の次の一文である。

言唯識相性不同。相即依他。唯是有為。通有無漏。唯識即相名唯識相。持業釈也。性即是識円成自体。唯是真如。無為無漏。唯識之性名唯識性。依士釈也。(174)

これによって、性と相との違いは次のように簡潔にまとめることができる。

┌相——依他——————有為——有漏——唯識即相
└性——円成（真如）——無為——無漏——唯識之性

また、『義林章』巻第一（大正・四五・二五九上）「唯識義林」の項で、五重唯識観の「遣相証性識」を説明する中で、識に理事があるとして、理と事とについて説明するが、それをまとめると次のようになる。

┌理——性——応求作証
└事——相——遣而不取

性と相とが理と事との対比で説明されているが、これによって性とは理であり、相とは事であることがわかる。
また、性体と相用という表現から、性とは体であり、相とは用であるということになる。

さらに実践的立場からみれば、相を除去して性を証することが要請されている。

用と体との関係で言えば、用というはたらきを静めて、体という本体に戻ることである。これに関して、貞慶の『法相宗初心略要』下の次の一文が参考になる。

今此の事理の二心に於いて、事は相用なるが故に遣って取らず。理は性体なるが故に証して唯識と為す。(175)

さて、右の二つの論書の定義から、すでに性相は明確に説明し尽くされているが、これを踏まえて、日本撰述の論書の中で、さらに詳しく検討説明されている。

簡潔を期すためにそれらの定義のまとめだけを記しておこう。

①『百法問答抄』巻四(176)

「色心諸法一一各有性相二辺」

「有為無為名義事」

- 相──相用
  - 相──相貌差別
  - 用──作用・転作
- 性──実性
  - 実──真実──非虚仮
  - 性──体性──不変・一味

②『法相宗初心略要』下(177)

- 事──依他識事──相用
- 理──円成識理──性体

「於今此事理二心事相用故遣而不取。理性体故証為唯識。名遣虚相証性唯識也」

③『唯心念仏』[178]

有為事相―凡聖雖異―無我理性―迷悟不隔
以妄相心―念真如仏―似水氷―結解是一

「一念心中有真俗二諦」

相―衆生―俗諦―如氷
性―仏―真諦―如水

④『勧誘同法記』「相性義」[179]

事―体（世所言物義也）
理―真

事心（従因縁生縁慮分別）―用―相―仮
理心（無相寂滅常住微妙）―体―性―真

第三項　性と相との関係

次に性と相との関係を考察してみよう。
繰り返し述べてきたように、法相宗正義の立場からすれば、性と相とは、はっきりと区別される。しかし『瑜伽論』および『解深密経』などの初期唯識論書から、「相」にあたるいわゆる現象（有為、諸法、依他、妄）と、「性」にあたるいわゆる真理（無為、法性、真如、円成、真）との不一不異が説かれている。まず、インド撰述の経論に立ち返って、この不一不異説を考察し、その意図するところを探り、そのあとに性と相とを決判する法相宗の立場に言及してみよう。

1、真と妄との不一不異

（不一不異を説く箇所）

インド撰述の経論中、いわゆる真と妄との不一不異を説く箇所を探ってみると、この考えはすでに『瑜伽論』の次の箇所に認められる。

①法相法爾の安立するところなるが故に不可説なり。所謂る真如と諸行等とは異とも不異性なりとも宣説すべからず[180]。

②謂く、有るが問いて言わく。諸法の真如は彼の諸法に於いて異なるや不異なるや。此れ記するべからず。何を以っての故なり。彼の相は法爾として異不異を建立すべからざるが故なり[181]。

③問う。相と真如とは当に異と言うべきや、当に不異と言うべきや。答う。倶に説くべからず。何を以っての故なり。倶に過有るが故なり[182]。

さらに『瑜伽論』以外の経論にも、次の箇所に表現は異なるが真と妄との不一不異が説かれている。

④勝義諦と諸行との不一不異（『解深密経』巻第一[183]）。

⑤諸仏と諸蘊との不一不異（『摂大乗論本』巻下[184]）。

⑥円成実自性（真如・勝義諦）と有相法との遠離一異性（『顕揚聖教論』巻第一六[185]）。

⑦寂滅と諸行とは不可説異、不可説不異、不可説亦異亦不異、不可説非異非不異（『大乗阿毘達磨集論』巻第五[186]）。

⑧円成実と依他起・遍計所執とは不一不異（『大乗荘厳経論』（VI-1）[187]。
⑨円成実と依他起とは不一不異（『唯識三十頌』第二二頌）[188]。
⑩真如と一切法とは非一異等（『成唯識論』巻第二）[189]。
⑪真と俗とは不一不異（『仏性論』巻第四）[190]。
⑫如来と蘊との不一不異（『楞伽経』巻第五）[191]。

さらに日本撰述の論書にも多く不一不異が論究されているが、ここでは割愛する。[192]

（真と妄との不一不異を強調する理由）

次に真と妄との不一不異を強調する理由を考えてみよう。

『般若心経』には、それまでの部派仏教において説かれてきた諸概念がすべて否定されている。それは、言葉では決してそれそのものを語り得ない、表現できない、否、言葉はむしろ虚偽なる世界を作り出す、般若の智でもって照らし出された世界は言葉が通用しない、という立場がその背後にあるからである。

瑜伽行唯識派もその立場をそっくりそのまま受け継ぎ、言語によって語られた教え（教法）を尊重しながらも、最終的には言語を否定し、それを超えていくことを目指すのである。

真理と虚偽、勝義と世俗など、相対立する概念の関係を考える場合もそうである。

総じて言えば、「それら二つは同一か異なるか」という問いに対して、

「不一不異である」

という一言で答えるのである。この不一不異は瑜伽行派がとくに力を入れて主張した思想であるが、これこそが釈尊の空、あるいは中を見事に言い表したものと言えよう。

次に、ではなぜ不一不異なのか。そのように主張する根拠を探ってみよう。

【根拠二】

唯識という思想はヨーガ、即ち瑜伽（＝止観）の実践を通して打ち出された。その主な思想の源泉はかならずやヨーガという観察、修行に求めることができよう。

いま問題としている「不一不異」という考えもその例外ではない。

そのことは、『解深密経』の次の一頌に如実に語られている。

行界勝義相　離一異性相
若分別一異　彼非如理行
衆生為相縛　及為麁重縛
要勤修止観　爾乃得解脱

（『解深密経』巻第一）(193)

（諸）行即ち（十八）界と勝義の相とは一異の相を離れている。
若し（両者が）一あるいは異であると分別すれば、彼は如理の行ではない。
（もしそのように分別すれば）衆生は相のために縛せられ、及び麁重のために縛せられる。
かならず止観を勤修せよ。爾らばすなわち解脱を得る。

最後の二句、即ち「かならず止観を勤修せよ。爾らばすなわち解脱を得る」と説くところが重要である。解脱を得るとは、相縛と麁重縛との二つの束縛から解脱することである。この二縛のうち、まず相の束縛から解放される必要があるが、その相縛の一つが、世俗と勝義との関係を概念や言葉でもって同一であるとか、あるいは異なっているとか分別することである。

たしかに俗と真、偽と真、真理と現象などの関係はどうなのか、というのは大切な問いかけであるが、その問いに対して、知性的・論理的に答えようとするならば、「一」か「異」という相対立する概念でもってしか思考することができない。

しかし、ヨーガを修して存在の深みを観察し、そこに現成するそれそのものは、それら二つの概念を離れたものである、と瑜伽行者は強調するのである。

もちろん性と相との関係は、法相宗の正義の立場からすれば、「性相決判」とすべきであろうが、それはあくまで論理が通用する世界で言えることであって、論理を超えた体験の世界、禅定の世界からみれば、あえて言葉で表現すれば、性と相とは不一不異と言うべきである。

このことは、『同学鈔』に説かれる次の一文が見事に説き示している。

依と円との二性の不一不異は誠に是れ至極甚深の性相なり。(194)


【根拠二】

不一不異は、たしかにヨーガ体験に基づいて打ち出された思想である。しかしそれを他者に説き示す場合には、それを論理的に説明する必要がある。その説明の典型を、『解深密経』巻第一(195)にある世尊の善清浄慧菩薩への次の説法にみることができる。

即ち、「勝義諦の相と諸行の相とは一異を超過している」ということを論証するのであるが、その論理の展開は次の如くである。

①若し一向に不異ならば、次の六つの過失がある。

異生已見諦・異生得涅槃・異生得菩提・勝義諦応堕雑染・諸行無差別・後不可求勝義

②若し一向に不一ならば、次の八つの過失がある。

見諦人不遣諸相・若不遣者不解脱相縛・麁重縛亦不脱・不脱二縛不得涅槃・又不得菩提・応非一切行相共相名勝義諦相・非諸行無我無自性所顕現是勝義相・倶時成立雑染清浄相

右の叙述は、決定的に「一」あるいは「異」とみるならば、具体的に起こる現象（とくに迷いの凡夫から解脱の聖者に至る過程に起こる現象）と照らし合わせてみると、そこに矛盾が生じると指摘しているのである。

このようにさまざまな角度から論理的に考察されているが、基本的には、凡夫（異生）が涅槃と菩提との獲得を目指して努力する必要性の論理的裏づけ（真と俗との不一）と、凡夫が聖者になり得ることの論理的裏づけ（真と俗との不異）との二つを説いていると言えよう。

とにかく、真と俗との両者が同一である、あるいは異なっているという固定的な関係にあるならば、迷いから悟りへの動的な変革はあり得ないと主張するのである。

「不一不異」は「空」あるいは「中」と言い換えられる。存在はすべて中であり空であるからこそ、その中で質的な変化が可能なのである。

俗と真とは縁起的相依関係にある。だから両者は本来的に空であり中である。しかし両者が空であると言ってもそれらは虚無ではない。俗は真に支えられた俗であり、真は俗を前提とした真である。だからこそ俗から真へと展開する動きが可能なのである。

したがって俗から出発する凡夫は法の相を談ずることから始め、最終的に法の性を知ることができるのである。真理は誰の真理であるのか。それは「法」の、即ち「已れ」の「真理」である。已れと真理とは、このように「の」という所有格で結びついている。しかし、已れという俗と真理という真とが固定的・実体的に有るのではなく、縁起的存在である。そのような縁起の理に即して修行し真理に至れ、というのが右の一文の主張である。俗から真に、凡から聖に至り得るのは、その背後に、縁起の理がはたらいているからであり、その縁起の理の本質（根拠）として、真如の理が存在するからである。

縁起の理は語り得るものである。これに対して真如の理は、本来的には語り得ないものである。したがって「不一不異」を語る場合も、

1、語り得る不一不異

2、語り得ない不一不異

の二つを区別する必要があろう。

このうち、後者はヨーガ体験における悟りの世界から見た立場であり、前者は現実の生きゆく世界の中で打ち立てられる論理である。

ここにも、「世俗諦と勝義諦との二諦でもって法を説く」ことが要請される。

2、性相決判の立場

法相宗は正義としては、「性相決判」「性相別論」の立場をとるが、それは主として、五重唯識観中の第五「遣相証性識」と、四重出体中の第一「摂相帰性体」と第四「性相別論体」との中で論じられている。いずれも、心の中

から「相」を除去して次第に「性」を証するに至る観法を論理づけるために説かれた思想である点に注目すべきである。そこに性相決判を説く意義があるのである。

【まとめ】

以上の考察の結果、相と性との関係について、次の三つの見方があることが判明した。

（1）性と相とは不一不異であるとみる立場

（2）性と相とを区別する立場

（3）相を性に帰する立場

このうち、（1）はインド撰述の唯識論書において、ヨーガ（瑜伽・止観）の体験に基づいて説かれる立場であり、（2）は中国・法相宗において主張される立場であり、それは、（3）の相を否定して（摂して、遣って）性に至ろうとする実践的な観点から主張されているのである。

また、「不一」であるという立場から、いまの自己は「凡夫」であるという現実的事実を認識し、その認識の上に立って、さらに「不異」という観点から、「自己という存在（相）の本性は真如である」という教えを信じて努力精進する実践が展開されてくるのである。

第四項　性相の実践的意義

1、相による束縛からの解脱

法相宗は詳しくは法性相宗と言うべきであるが、性を省略して法相宗と言う。それは、まずは「相」の観察・分析、即ち止観・瑜伽という実践を通して「性」に至ろうとする立場をとるからである。

そしてその修行の過程においては、まずは、「相による束縛からの解脱」を目指す。これは、表層における解脱であり、この解脱が次に深層の解脱を、即ち麁重縛からの解脱をもたらすのである。[196]

真の意味で相縛から解脱するためには、見道において「真如を縁ずる無分別智」を起こし、「真如に通達する」「真如を体会する」「理を照らす」「真如を観照する」「二空所顕の真理を証する」「唯識性を証する」必要がある。しかし、一気にそこにたどり着くことはできない。その過程において、まずは、「相」の虚偽性を知的に理解することが必要であり、その知的理解に基づいて、具体的に相を除去する実践的修行を行う必要がある。

ところで、相の虚偽性を理解するための教理としては、次のものが重要である。

(1)遍計所執性の「相無性」

遍計所執性が相無性であるが、その相無性とは「体相の無」と言い換えられている。

依此初遍計所執立相無性。由此体相畢竟非有如空華故（『成唯識論』巻第九）。[197]

「体相の無」は次の箇所にもある。

相無自性謂遍計所執自性。由此自性体相無故（『顕揚聖教論』巻第一六）。[198]

遍計所執自性定無自相。自相無故名相無性（『阿毘達磨雑集論』巻第一二）[199]。

（2）自相・共相観

自相・共相観を本質とする瑜伽（止観）を修して「相」の奥深くに入り行き、最後に言葉では語れない究極の自相に至ることが自相・共相観の目的である[200]。

2、唯識独自の観法

相による束縛から解脱して性に至る唯識独自の観法としては、次の三種がある。

（1）「唯識三性観」

（2）「四尋思・四如実智」

（3）「五重唯識観」

以上の考察の結果、「性相学」とは、単に知的理解のみにとどまらず、それを出発点として瑜伽という実践を通して、最終的には、真如という真理に至ることを目的とした、教・行・証という全域を網羅した実践的な仏教思想体系であることが判明した。これを次のようにまとめることができよう[201]。

性相を学び、瑜伽を修行して、真如を証得する。（学於性相。修行瑜伽。証得真如。）

註

（1）『成唯識論』巻第一、大正・三一・一上。

（2）『瑜伽論』巻第九三、大正・三〇・八二八中。
（3）『瑜伽論』巻第一八、大正・三〇・三七五上。
（4）『瑜伽論』巻第六四、大正・三〇・六五六上。
（5）『瑜伽論』巻第一〇、大正・三〇・三二四上。
（6）『瑜伽論』巻第八、大正・三〇・三一三下。
（7）『瑜伽論』巻第五八、正・三〇・六二二上。
（8）『瑜伽論』巻第六〇、大正・三〇・六三七上以下。
（9）『瑜伽論』巻第一〇、大正・三〇・三二七上。
（10）『瑜伽論』巻第八三、大正・三〇・七六五中。
（11）『瑜伽論』巻第三七、大正・三〇・四九五下。
（12）『瑜伽論』巻第三七、大正・三〇・四九六下。
（13）『瑜伽論』巻第三八、大正・三〇・四九八下。
（14）*B.Bh.*, p.62, l.7.
（15）『瑜伽論』巻第五〇、大正・三〇・五七三中。
（16）『瑜伽論』巻第三六、大正・三〇・四八六下。
（17）『瑜伽論』巻第八七、大正・三〇・七九一中。
（18）『瑜伽論』巻第七三、大正・三〇・七〇一下～七〇二上。
（19）『瑜伽論』巻五〇、大正・三〇・五七四中。
（20）『解深密経』巻第三、大正・一六・七〇一中～下。
（21）『瑜伽論』巻第五九、大正・三〇・六二八下。
（22）『瑜伽論』巻第二六、大正・三〇・四二七下。
（23）『瑜伽論』巻第六四、大正・三〇・六五七上。
（24）『瑜伽論』巻第二八、大正・三〇・四三八上。

(25) 『瑜伽論』巻第二八、大正・三〇・四三八中。
(26) 『瑜伽論』巻第一三、大正・三〇・三四四上。
(27) 『瑜伽論』巻第三〇、大正・三〇・四五〇上。
(28) 『瑜伽論』巻第一三、大正・三〇・三四六下～三四七上。
(29) 『瑜伽論』巻第六四、大正・三〇・六五七下。
(30) 『瑜伽論』巻第二六、大正・三〇・四二七中。
(31) 『解深密経』巻第三、大正・一六・六九八上。
(32) 『瑜伽論』巻第三八、大正・三〇・五〇四上。
(33) 『解深密経』巻第三、大正・一六・六九八上～中。
(34) 『解深密経』巻第三、大正・一六・六九八下。
(35) 『解深密経』巻第三、大正・一六・六九八下。
(36) 『解深密経』巻第三、大正・一六・六九八上～中。
(37) 『瑜伽論』巻第五五、大正・三〇・六〇五下。
(38) 『瑜伽論』巻第五八、大正・三〇・六二五上。
(39) 『瑜伽論』巻第二六、大正・三〇・四二八上。
(40) 『婆沙論』巻第一五、大正・二七・七二下。巻第六六、大正・二七・八三九上。
(41) 『婆沙論』巻第四二、大正・二七・二一七中下。『倶舎論』巻第二二、大正・二九・一一六下。
(42) 『倶舎論』巻第五、大正・二九・二九上。
(43) 『婆沙論』巻第一五、大正・二七・七四上。
(44) 『婆沙論』巻第一二六、大正・二七・六五九中。
(45) *Sphuṭārthā Abhidharmakośavyākhyā*, ed. by U. Wogihara, p.21, ll.2–18.
(46) 『瑜伽論』巻第三六、大正・三〇・四九〇中。
(47) 『摂大乗論本』巻中、大正・三一・一四二下。

(48)『大乗阿毘達磨集論』巻第六、大正・三一・六八七上。
(49)『瑜伽論』巻第三六、大正・三〇・四九〇中。
(50)『摂大乗論本』巻中、大正・三一・一四二下。
(51)『大乗阿毘達磨集論』巻第六、大正・三一・六八七上。
(52)『成唯識論』巻第二、大正・三一・六中。
(53) *A.S.Bh.*, p.99, l.19.
(54) *M.S.A.*, p.168, l.18.
(55)『顕揚聖教論』巻第一六、大正・三一・五五七下。
(56) 世親釈『摂大乗論釈』巻第六、大正・三一・三五三中。
(57) 無性釈『摂大乗論釈』巻第六、大正・三一・四一七下。
(58)『摂大乗論本』巻中、大正・三一・一四三下。
(59)『瑜伽論』巻第一三、大正・三〇・三四三下。sems sbyoṅ ba, デルゲ版・唯識部・Tshi・157b5.『瑜伽論』巻第七七、大正・三〇・七二八上。sems rnam par sbyoṅ ba, デルゲ版・唯識部・Zi・78a6.
(60)『瑜伽論』巻第六二、大正・三〇・六四六上。sems de yoṅs su sbyoṅ bar byas pa, デルゲ版・唯識部・Shi・170a2.
(61)『瑜伽論』巻第七七、大正・三〇・七二八上。sems rnam par sbyoṅ bar byed pa, デルゲ版・唯識部・Zi・78a1.
(62)『瑜伽論』巻第四八、大正・三〇・五五八中。サンスクリットは *B.Bh.*, p.233, l.1.
(63)『漢梵蔵対照・瑜伽師地論総索引』四一八頁参照。
(64)『瑜伽論』巻第五五、大正・三〇・六〇五下。
(65)『瑜伽論』巻第七四、大正・三〇・七〇六下。
(66) デルゲ版・唯識部・Shi・69a5.
(67) デルゲ版・唯識部・Zi・27b1.
(68)『瑜伽論』巻第五二、大正・三〇・五八八中。
(69) デルゲ版・唯識部・Shi・26a4.

(70)『瑜伽論』巻第一八、大正・三〇・三七六上。
(71)デルゲ版・唯識部・Shi・233b7.
(72)『瑜伽論』巻第二一、大正・三〇・三九七中、巻第二四、大正・三〇・四一一下。
(73)*Ś.Bh.*, p.11, l.3, p.99, l.10.
(74)『瑜伽論』巻第八九、大正・三〇・八〇六下。
(75)デルゲ版・唯識部・Zi・202b6-7.
(76)『瑜伽論』巻第九六、大正・三〇・八四八下。
(77)デルゲ版・唯識部・Zi・292b6.
(78)『瑜伽論』巻第九八、大正・三〇・八六七。
(79)デルゲ版・唯識部・Zi・333b4.
(80)『瑜伽論』巻第一三、大正・三〇・三四四中。
(81)『瑜伽論』巻第二七、大正・三〇・四三三中。
(82)『瑜伽論』巻第二六、大正・三〇・四二七下。
(83)『瑜伽論』巻第二六、大正・三〇・四二八中。
(84)『解深密経』巻第三、大正・一六・七〇一中〜下。
(85)『瑜伽論』巻第五九、大正・三〇・六二八下。
(86)『解深密経』巻第一、大正・一六・六九〇下。
(87)『大般若経』巻第五五、大正・五・三一二中。
(88)『瑜伽論』巻第三六、大正・三〇・四八九下〜四九〇下。
(89)『瑜伽論』巻第六四、大正・三〇・六五七上。
(90)『大般若経』巻第三二一、大正・六・六四〇中。
(91)『大般若経』巻第五六六、大正・七・九二五下。
(92)『瑜伽論』巻第三六、大正・三〇・四八七中。

(93)『解深密経』巻第三、大正・一六・六九九下～七〇〇上。
(94)『解深密経』巻第五、大正・一六・七〇八中。
(95)『解深密経』巻第四、大正・一六・七〇八上。
(96)世親釈『摂大乗論釈』巻第一〇、大正・三一・三七七下。
(97)『解深密経』巻第一、大正・一六・六九一下。
(98)『瑜伽論』巻第五〇、大正・三〇・五七七下。
(99)『解深密経』巻第一、大正・一六・六九一下。
(100)『解深密経』巻第二、大正・一六・六九三上～中。
(101)『解深密経』巻第二、大正・一六・六九六下。
(102)『摂大乗論本』巻中、大正・三一・一三九中。
(103)『解深密経』巻第二、大正・一六・六九三上。
(104)『瑜伽論』巻第七三、大正・三〇・七〇三中。
(105)『瑜伽論』巻第七三、大正・三〇・七〇一中～下。
(106)『瑜伽論』巻第四五、大正・三〇・五四一中。
(107)*B.Bh.*, p.181, ll.10-13.
(108)『摂大乗論本』巻中、大正・三一・一四三上。
(109)『瑜伽論』巻第九三、大正・三〇・八三三下。
(110)『解深密経』巻第三、大正・一六・六九八中。
(111)『解深密経』巻第二、大正・一六・六九四上～中。
(112)宇井本、一五三頁。
(113)宇井本、二八三頁。
(114)世親釈『摂大乗論釈』巻第八、大正・三一・三六四中。
(115)無性釈『摂大乗論釈』巻第六、大正・三一・四一六下。

(116) 無性釈『摂大乗論釈』巻第八、大正・三一・四三〇上。
(117) 無性釈『摂大乗論釈』巻第九、大正・三一・四三六中。
(118) 『成唯識論』巻第二、大正・三一・六下。
(119) 『成唯識論』巻第二、大正・三一・九上。
(120) 『瑜伽論』巻第二、大正・三〇・二八四下。
(121) 『瑜伽論』巻第二六、大正・三〇・四二七下。
(122) 『瑜伽論』巻第二八、大正・三〇・四三九上。
(123) 『瑜伽論』巻第五一、大正・三〇・五八一下。
(124) 法隆寺勧学院同窓会発行『性相』第一輯（一九二七年）所収の「同窓会物故者追悼会法話」から抜粋。
(125) 『大方広仏華厳経』巻第六一、大正・一〇・三二八上。
(126) *The Gaṇḍavyūha sūtra*, ed. by T. Suzuki and H. Izumi, 1949, Kyoto, p.38, l.3.
(127) 『大方広仏華厳経』巻第六九、大正・一〇・三七四上。
(128) *The Gaṇḍavyūha sūtra*, ed. by T. Suzuki and H. Izumi, 1949, Kyoto, p.245, l.13.
(129) 『倶舎論』巻第五、大正・二九・二八中。
(130) 『倶舎論』巻第一五、大正・二九・七九上。
(131) 『倶舎論』巻第一五、大正・二九・八〇下。
(132) 『婆沙論』（大正・二七・四七下、五五下、一七一上、三七八下、三八〇中、五七九下、五八二下、五八七下、五九〇中、九四七下）。
(133) 『婆沙論』（大正・二七・一下、五下）。
(134) 『婆沙論』（大正・二七・二四一下、二四五上、二四七中、二四九上・下、二五〇中、二五一中・下、二五二中・下、二五四下、三三八上、三三九下）。
(135) 『婆沙論』（大正・二七・五〇三中）。
(136) 『婆沙論』（大正・二七・三八四下、三八五上）。

(137) 『婆沙論』（大正・二七・一八一上）。
(138) 『婆沙論』（大正・二七・一九五中、一九六上）。
(139) 『婆沙論』（大正・二七・三一二下）。
(140) 『婆沙論』（大正・二七・六七四中）。
(141) 『婆沙論』（大正・二七・七三〇下）。
(142) 『婆沙論』（大正・二七・八九六上）。
(143) 『婆沙論』（大正・二七・一七九上）。
(144) 『婆沙論』（大正・二七・一下、五下）。
(145) 『瑜伽論』巻第六、大正・三〇・三〇四下。
(146) *Y.Bh.*, p.125, l.11.
(147) 『瑜伽論』巻第八一、大正・三〇・七五四上。
(148) デルゲ版・唯識部・Hi・56a2.
(149) 『瑜伽論』巻第六、大正・三〇・三〇七中。
(150) *Y.Bh.*, p.136, l.11.
(151) 『瑜伽論』巻第八八、大正・三〇・七九六中。
(152) デルゲ版・唯識部・Zi・180b5.
(153) たとえば次の箇所に「性相」という語が認められる。
『大乗広百論釈論』巻一（大正・三〇・一八七上）、巻二（一九二下、一九六中）、巻三（二〇一上、二〇二上）、巻四（二〇六上）、巻五（二一一中、二一二中）、巻六（二一五下、二二〇上）、巻七（二二五下）、巻一〇（二四四・中・下）。
(154) 『成唯識論』巻第八、大正・三一・四六下。
(155) 『成唯識論』巻第九、大正・三一・四八中。
(156) 『成唯識論』巻第一〇、大正・三一・五九上。

(157)『述記』巻第九末、大正・四三・五五五中。
(158)『成唯識論』巻第九、大正・三一・五〇中。
(159)唯識の相と性との相違について、『述記』（巻第一本）に次のように簡潔に説明されている。
又言唯識相性不同。相即依他。唯是有為。通有無漏。唯識即相名唯識相。持業釈也。性即是識円成自体。唯是真如。無為無漏。唯識之性名唯識性。依士釈也（大正・四三・二三二中）。
(160) V.M.S., p.42, l.3.
(161)『瑜伽論』巻第七三、大正・三〇・七〇〇上。
(162)『成唯識論』巻第九、大正・三一・五〇中。
(163)デルゲ版・唯識部・Zi・11a3-11a4.
(164)『宋高僧伝』巻第四、大正・五〇・七二六中。
なお「性相義門」という語は、良遍の『覚夢鈔補闕法門』上にもある。

以我宗性相四分三性。瑜伽唯識。以文理而能和会。性相義門。顕難思力解釈了了。非不尽理。臨文可信（『日本大蔵経』法相宗章疏二、一三九頁上）。
(165)『述記』巻第一本、大正・四三・二三九中。
(166)『述記』巻第二末、大正・四三・二九一中。
(167)『述記』巻第三本、大正・四三・三二三上。
(168)『述記』巻第九末、大正・四三・五五五中。
(169)『述記』巻第二末、大正・四三・二九九中。
(170)『述記』巻第二本、大正・四三・二七一下。
(171)『述記』巻第二末、大正・四三・二八五下。
(172)『述記』巻第三本、大正・四三・三一五下。
(173)『了義灯』巻三、大正・四三・七一七下。
(174)『述記』巻第一本、大正・四三・二三二中。

(175) 『法相宗初心略要』下（『日本大蔵経』法相宗章一、七四八頁下）。
(176) 『百法問答抄』巻四（『日本大蔵経』法相宗章二、六〇六頁上）。
(177) 『法相宗初心略要』下（『日本大蔵経』法相宗章一、七四八頁上）。
(178) 『唯心念仏』（『大日本仏教全書』八〇、法相小部集、三〇七頁下）。
(179) 『勧誘同法記』「相性義」（『日本大蔵経』法相宗章二、八頁上）。
(180) 『瑜伽論』巻第一六、大正・三〇・三六三上。
(181) 『瑜伽論』巻第六四、大正・三〇・六五四下。
(182) 『瑜伽論』巻第七二、大正・三〇・六九六下。
(183) 『解深密経』巻第一、大正・一六・六九一中。
(184) 『摂大乗論本』巻下、大正・三一・一五〇中。
(185) 『顕揚聖教論』巻第一六、大正・三一・五五九上。
(186) 『大乗阿毘達磨集論』巻第五、大正・三一・六八一下。
(187) *M.S.A.*, p.22, l.13.
(188) *V.M.S.*, p.40, l6.
(189) 『成唯識論』巻第二、大正・三一・六下。
(190) 『仏性論』巻第四、大正・三一・八〇九上。
(191) 『楞伽経』巻第五、大正・一六・六一五上。
(192) 日本撰述の論書では、「理事の不一不異」あるいは「理事の不即不離」として次の箇所で詳しく論究されている。
1、『百法問答抄』巻四「理事不一不異事」（『日本大蔵経』法相宗章疏二、六〇六頁以下）。
2、『同学鈔』巻第五七（大正・六六・五〇八中以下）「理事一異」。
3、『観心覚夢鈔』巻中「三種自性」の中で「理事不即不離」（『日本大蔵経』法相宗章疏二、一一一頁下以下）。
(193) 『解深密経』巻第一、大正・一六・六九一中。
(194) 『同学鈔』巻第五七、大正・六六・五〇八中。

(195)『解深密経』巻第一、大正・一六・六九〇中以下。
(196)相縛・麁重縛についての関係文。
「此見諦者於諸相縛不解脱故。於麁重縛亦応不脱」(『解深密経』巻第一、大正・一六・六九〇中)。

「亦能了知自身外為相縛所縛。内為麁重縛所縛」(『瑜伽論』巻第五一、大正・三〇・五八一下)。

「此加行位未遣相縛於麁重縛亦未能断」(『成唯識論』巻第九、大正・三一・四九下)。
(197)『成唯識論』巻第九、大正・三一・四八上。
(198)『顕揚聖教論』巻第一六、大正・三一・五五七中。
(199)『阿毘達磨雑集論』巻第一二、大正・三一・七五二上。
(200)「勝義の自相は不可言説性(anabhilāpyatva)である」(*M. V. T.*, p.222, l.17)。
(201)性相という学問を修得し、同時に瑜伽という実践を修すること(性相と観行との双運)の重要性は、次の一文に如実に語られている。
以之思之不如信解性相而修観行者歟。(中略)是以観行純熟之人不謗性相。性相通達之人不謗観行(『観心覚夢鈔』巻下、『日本大蔵経』法相宗章疏二、一三〇頁上)。

付録　とくに「相」（nimitta）についての考察

大蔵経をひもとけば、一頁に少なくとも一字はあると思われる文字の一つに「相」がある。相を含む仏教用語を思いつくままにあげてみても、法相宗、性相、有為四相、諸法実相、自相・共相、総相・別相、体相、事相、などがあり、この他にも数多くあげることができる。

とりわけ相を重視するのは倶舎と唯識とである。この両思想は「性相学」とも言われ、性と相、その中でもとくに相の考察を第一としているからである。

しかし、性相学で言う相と、諸経論にある数多くの相とは決して同一内容のものではない。相と漢訳される原語は幾種類かあり、その原語のいかんによって、また使用される文脈に応じて、相という語はさまざまな異なった意味をもつことに注意して、我々は経論を読まなければならない。

相と漢訳される原語の一つに nimitta がある。この nimitta という概念の考察を手がかりとして、さまざまな意味内容をもつ「相」の一面を浮き彫りにしてみよう。

nimitta のチベット語訳には、rgyu, rgyu mtshan, mtshan ma の三種類があり、漢訳の代表的な例として、因、因相、相の三つがあるが、両訳は次のような対応関係にある。

nimitta ─┬─ 相 ── mtshan ma
　　　　　├─ 因相 ── rgyu mtshan
　　　　　└─ 因 ── rgyu

nimittaには大きく分けて、（1）原因（cause, motive）と、（2）形相（figure, form）の二つの意味があるが、チベット語訳、漢訳ともに、この二つの意味を一つにして、因相あるいはrgyu mtshanと訳す場合がある。この訳語はのちに詳しく述べることになるが、形相を有して具体的に現れた現象が、同時に何かを生み出す原因となることを示唆している。

このようにチベット語訳・漢訳から推察されるnimittaの三面を手がかりとして、nimittaをより詳しく考察してみよう。

1、事物としてのnimitta

*Visuddhi-magga*には地遍処などの禅定の方法が詳しく述べられているが、たとえば地遍処に関しては、

　地遍処を把握する者は人為あるいは自然の地に於いて相（nimitta）を把取する。(1)

と説かれる。つまり、ここで言うnimittaとは精神を集中するために設けられた、ある事物的対象（この場合は地で作られた曼荼羅）の形相を意味する。一般に外界の事物をさまざまな角度から知覚することをnimittaṃ gaṇhātiと表現する。

しかし、nimittaはただ日常的に知覚される事物の形・色・特質などを言うのではない。禅定が深まるとuggaha-nimitta（取相）が、さらには最終的にはpaṭibhāga-nimitta（似相）が生じると言われるが、このうちuggaha-nimittaとは対象に繰り返し精神を集中し、そして目を閉じたときに現れる残像あるいは記憶像のようなものであり、その残像にさらに精神を統一することによって得られる無色無形の表象がpaṭibhāga-nimittaである。

これによって我々は、少なくともnimittaに次の二つがあることに気づいた。

(1) 直接事物と対することによって得られる事物の形相

(2) 事物を離れ、認識主観のはたらきのみで作り出される形相

いままで nimitta を「形相」と表現してきたが、nimitta を主観に把握される事物の観念として捉えるならば、nimitta はいわゆる「表象」(Vorstellung) と言うべきものになる。この点からすれば (1) の形相は知覚的表象であり、(2) の表象は主観の自産的表象とでも言うべきものであり、現実の我々の認識は、この二つの複雑な絡み合いの上に成り立っていると言えよう。

2、事物の表象は外界からの反映か

nimitta が事物の形相あるいは表象を言う場合があることが判明したところで、次に「事物の表象は外界に実在する事物からの反映であるかどうか」という興味ある問題に触れておこう。

安慧の『中辺分別論釈疏』の中で、夢中でも所縁があると考える人々の説として次のように述べている。

nālambanaṃ svapnādi-vijñānaṃ nimittālambanatvād iti ke cet／nimittaṃ punar artha-pratibimbaṃ viprayukta-saṃskāra-svabhāvam.(2)

ある人は、夢などの識も所縁がないのではない。相を所縁とするから。また相は境の影像にして、不相応行を自性とする。

この説の中で注目すべきは、nimitta=artha-pratibimba=viprayukta-saṃskāra と捉えていることである。

この考えを通常の認識に敷衍して考えると、外界に認識対象(所縁 ālambana)という事物(境 artha)が実在し、それを認識するということはその境の形相(nimitta)を認めることであり、その形相とは事物の表象(影像 pratibimba）であり、精神（心 citta）でも物質（色 rūpa）でもない、いわば「概念的なるもの」（不相応行 viprayukta-saṃskāra）であるということになる。

これに対して唯識思想の側からの反論として、nimitta 即ち事物の表象は識（vijñāna）そのもので、決して心不相応行ではない、なぜなら識そのものが事物として顕現する（artha-pratibhāsatva）からであると述べる[3]。ところで、ある事物の表象を外界からの反映とみるか、あるいは内界の心の反映とみるかによって実在論と観念論とに分岐する。唯識思想は徹頭徹尾後者の立場に立ち、あらゆる存在は自己の心が作り出した表象にすぎないと主張するのである。この意味で、「唯識」（vijñapti-mātra）は「表象のみ」（nimitta-mātra）と言い換えることができるであろう。

以上の考察によって我々は、唯識思想においては、nimitta=vijñāna と考えられていると結論できる。これについてはのちに詳しく論じる。

3、原因としての nimitta

nimitta を何らかの形で認識把握することを表すパーリ語あるいはサンスクリットとしては、nimittaṃ gaṇhāti, nimittaṃ uggaṇhāti, nimittatah saṅgah, ālambana-nimitta-grahaṇa, nimittānāṃ kalpanā などがある。これらはいずれも、ある事象に対し、それを形相的に知覚し、それを思考ないし執著する作用を表したものである。ところで nimitta とは本来的には事物の形相であるから、それを把握する作用は現代で言う「知覚」（perception）作用に相当する。したがって nimitta が仏教で言う知覚即ち想（saṃjñā）と結びつくに至ったのも当然である。これに関して阿毘達磨論書と唯識論書には次のような想の定義が認められる。

saṃjñā=viṣaya-nimitta-udgrahaṇa

nimittaとは『倶舎論』の本文では「青黄・長短・男女・怨親・苦楽などの形相（nimitta）[4]」、称友では「境の差別の形相（viśeṣa-rūpa）[5]」、「事物の差別の状態で青性など（vastuno avasthā-viśeṣo nīlatvādi）[6]」、安慧の『唯識三十頌釈』では「境の差別であり青黄などの所縁を決定する原因である（tad-viśeṣo nīla-pītādy-ālambana-vyavasthā-kāraṇam）[7]」と説明している。

これらは表現は相違するが、いずれも、「nimittaとはある事物をしてその事物たらしめる形相、特質あるいは存在様態である」と言おうとしているのである。

ここで注目したい点は、右の安慧釈の中でnimittaを原因（kāraṇa）と捉えていることである。たしかにボールの「丸い形」、紫陽花の「紫色」はボールをしてボールたらしめ、紫陽花をして紫陽花たらしめる原因である。しかし「ボールは丸い」「紫陽花は紫色」と言えるのは、我々がそれを表象として知覚して初めて言えることである。この意味で「丸い」「紫色」などのnimittaは、我々の言説作用を起こす原因とも考えられてくるのである。この点を明確に言い表したのが安慧の『中辺分別論釈疏』の中の次の一文である。

viṣaya-cihnaṃ vyavahāra-nimittaṃ paricchinnaṃ karotīti paricchedaḥ saṃjñā[8]

言説の因相である対象の標相を分別するから分別は想である。

つまり我々が対象の標相（cihna）を明確に認めるということは、言説をもって概念的にそれを把握することであるという。

これによってnimittaには次の二面があることが判明した。

nimitta ─┬─ 対象の標相（cihna）
　　　　 └─ 言説（vyavahāra）を起こす原因（kāraṇa）

言い換えれば nimitta を把握する作用を本質とする想（saṃjñā）は、当然、言説を起こす動因となるから、想とは「所縁において心をして種々の言説を発起せしめるを業とする」「種々の名言を施設するを業とする」などと定義されるのである。

この他、唯識思想で言う五事の相（nimitta）や相識（nimitta-vijñapti）も原因としての側面を有するが、これについては後述する。

ここで nimitta という一語が、一つは「対象」（所縁）、もう一つは「原因」（因縁）という二面を同時にそなえていることを端的に述べている用例をあげておこう。

『瑜伽論』巻第一三に諸定に入る方法や要因として、（1）行（ākāra）、（2）状（liṅga）、（3）相（nimitta）の三つをあげて説明しているが、このうち相に関して次のように説く。

何等為相。謂二種相。一所縁相。二因縁相。所縁相者謂分別体。由縁此故能入諸定。因縁相者謂定資糧。由此因縁能入諸定。(9)

即ち、定に入るためには何か所縁（dmigs pa, ālambana）を縁ずること、および因縁（adhiṣṭhāna, ādhāra）、即ち資糧（tshogs, saṃbhava）を積むこととの二つが必要であると言うのである。これによって nimitta が「資糧」と訳されるべき意味をもっていることが判明した。

4、名（nāma）と nimitta

想のはたらきは事物の nimitta を把握して言説を起こすことであるが、それをさらに詳しく言うならば、名（nāma）によってその nimitta を言い表すことである。

ところで、言語を用いた知覚ないし思考が成立するためには、少なくとも次の四要素の存在が不可欠である。

（1）把握される事物――――境（artha, viṣaya, vastu）
（2）事物の形相――――――相（nimitta）
（3）形相を指示する名称――名（nāma）
（4）以上を統一する精神作用――想（saṃjñā）、識（vijñāna）、分別（vikalpa）など。

この四つを一つにまとめて表現したものが、『入阿毘達磨論』と *Abhidharmadīpa* にみられる想に関する次の定義である。

（1）想句義者謂能仮合相名義解。[10]
（2）nimitta-nāmārthaikyajñā saṃjñā vitarka-yoniḥ[11]

つまり、「想は nimitta（相）と nāma（名）と artha（義）とを一つに結合して知る」（aikyajñā）という、統覚作用のはたらきをするのである。

いまこの四要素のうち、外界に属する artha を除いた残りの三つが認識主観内に属する要素である。この三要素によって我々の認識作用を表現しようとする姿勢を、とくに般若経群の中に認めることができる。なぜなら「名相虚妄分別」という概念が多く使用されているからである。

そしてこの「名」「相」「（虚妄）分別」という迷いの世界に属する三概念に、「真如」「正智」という悟りの世界の概念を加えてでき上がったのが唯識思想独自の存在分類、即ち五事（相・名・分別・真如・正智）である。

五事についてはあとで検討することにして、ここで、相（nimitta）が先か名（nāma）が先かという問題について触れておこう。蓋しこの問題は、仏教における知覚論の特質にまで関わるからである。

これに関して『大智度論』巻第八九に、「相を見るから名を得、名を知るから相を得るのであるから、名と相とは異なることはないのではないか」という質問に対して次のように答えている。


答曰。汝不解我所説耶。先見男女貌然後名為男女。相為本名為末。[12]

つまり、事物の形相を知覚してそのあとにその事物の何であるかを名称でもって把握するのであるという。名によって指示される相が先（本）で名は後（末）であるという点に注目すべきである。この見解は五事の順序の理由を述べる『瑜伽論』巻第七三の次の見解に相応する。

問。如是五事何縁最初建立其相乃至最後建立正智。答。若無其事（＝相）施設於名不応道理。故此次第施設於名。[13]

一般に、対象あるいはその形相が存在するからそれを把握する心理作用あるいはそれを指示する言語作用が生じるとみるのが、仏教に一貫して認められる特徴である。

所縁（ālambana）と能縁（ālambaka）、あるいは所取（grāhya）と能取（grāhaka）との関係においても同様のことが言える。唯識思想が強調する「所取が存在しないから能取も存在しない」という境識倶泯の思想も、知覚作用においては「所」が本、「能」が末とみる仏教の根本的知覚論に、その論理的根拠を置いているのである。

5、nimittaの存在性

次に、nimittaとは前に述べたように事物の形相・特質ないし存在様態であるが、このような意味をもつnimittaがどの程度の存在性をもつかを、唯識思想の説く三自性との関係において考察してみよう。

五事（相・名・分別・真如・正智）と三自性との相摂関係はいくつかの経論に説かれているが、それらをまとめると次の三種となる（真如と正智については省略した）。

①相・名・分別――依他起自性
②相・分別――依他起自性
　名――遍計所執自性
③分別――依他起自性
　相・名――遍計所執自性

①は『瑜伽論』『顕揚聖教論』『仏性論』、②は『中辺分別論』、③は『楞伽経』の所説である。

nimitta（相）だけについてみると、
（A）nimittaを依他起自性とみる見解
（B）nimittaを遍計所執自性とみる見解
との二見解に分かれる。この二見解の相違を考察する前に、依他起自性と遍計所執自性との存在性について考えてみよう。

依他起自性とは「縁生自性」「従衆縁所生自性」と言われるように因と縁より生起した存在を言い、『大乗荘厳経論』以後、それは具体的には「虚妄分別」（abhūta-parikalpa）、妄分別（vikalpa）、あるいは諸識と定義されている。

つまり、阿頼耶識とそれを深層としてその上に繰り広げられるあらゆる心的作用とを依他起自性と言うのであり、その存在性は勝義諦としては非存在であるにしても、世俗諦の領域においてはある程度の存在性をもつものである。安慧は、識（vijñāna）は縁より生じるものであるから「実物として存在する」（dravyato 'sti）とさえ言っている。また青弁が依他起自性を「空」とみなしたのに対してそれを「有」とみる護法の見解はあまりにも有名である。

　このようにある程度の存在性をもつ依他起自性に対して、遍計所執自性は、「体相（畢竟）無」「自体として無自性（svarūpeṇaiva niḥsvabhāvaḥ）」「事物としては存在しない（vastuno na vidyate）」などと言われる。これと遍計所執自性とは「随言説依仮名建立自性」と定義されていることを考え合わせると、我々が言葉でもって概念形成し、心を離れて存在するとみなすあらゆる事物（artha）は、唯識思想においては遍計所執自性としてその存在性は徹底的に否定されるのである。

　依他起自性と遍計所執自性との相違が明白となったところで、nimitta の存在性について考えてみよう。

　まず nimitta を依他起自性とする立場（①）、遍計所執自性とみなす立場（②）それぞれにおける nimitta の定義を並記してみよう。

　①何等為相。謂若略説所有言談安足処事。（『瑜伽論』[14]）

　　相者。若略説。謂一切言説所依処。（『顕揚聖教論』[15]）

　② nimittaṃ yat saṃsthānākṛti-viśeṣākāra-rūpādi-lakṣaṇaṃ dṛśyate tan nimittam[16]

　ここで注目すべきは、前者①は nimitta を言説を生じる所依とみなすのに対して、後者②はそれを事物の認識される相貌（saṃsthāna）、形状（ākṛti）などの差別相、即ち事物の lakṣaṇa である、と捉えていることである。「言談安（立）足処」「言説所依処」は prajñapti-vāda-āśraya（仮説所依）、prajñapti-vāda-nimitta-adhiṣṭhāna（仮説相処）、

prajñapti-vāda-nimitta-saṃniśraya（仮説相処）と言われるものと同じであり、『瑜伽論』においては言語が成立する所依としてその存在が認められているのである。

両見解を比較することによって、nimitta は次のように二通りに考えられうることが判明した。

nimitta ─┬─ 言説（仮説）が生じる所依 ── 識の領域内 ── 依他起自性
　　　　 └─ 認識された形相 ── 識の領域外 ── 遍計所執自性

前に nimitta を表象であると述べたが、右にまとめた二見解にしたがえば、詳しくは、（1）概念化される以前の表象（依他起自性としての nimitta）と、（2）概念化された表象（遍計所執自性としての nimitta）との二つを区別しなければならない。

nimitta を識の領域内のものとして捉えようとする立場は、相分を依他起自性即ち識とみなす護法の見解を生み出すもとであったであろう。また nimitta を有為とみる見解、あるいは nimitta を阿頼耶識を含むあらゆる諸識とみなす見解とも相通じるものである。この点に関しては項を分けて検討する。

とにかく唯識思想における nimitta の存在性を考察することによって、我々は次のことに気づく。

即ち、説一切有部などの阿毘達磨思想において単に対象（artha, viṣaya）の形相と考えられていた nimitta は、あらゆる存在を識の中に包括しようとする唯識思想においては識の一部即ち客観としての識に属するものと捉えるようになり、五事の中の一つとして nimitta が存在の重要な位置を占めるようになったのである。それと同時に、我々が現前に知覚するさまざまな事物（artha）の形相は概念化された形相、つまり遍計所執自性たるものとしてその存在性は否定され、最終的には事物（artha）そのものの存在性も否定されるに至るのである。五法の中に artha が含まれていない点に注目すべきである。唯識思想においては、artha の存在性は nimitta にその地位を奪われてしまったと言えよう。

6、物質と精神との両者を含む nimitta

唯識思想は徹頭徹尾、識という一つの存在しか認めない唯心論である。しかしその識、正確に言えば根本識である阿頼耶識は転変変化してさまざまな状態に分かれている。だからこそ我々は、山を見る、川を眺める、食事を摂るのであり、さらには思い悩み苦しむのである。

では、阿頼耶識は転変変化してどのようなものを作り出すのであろうか。大別すれば次の二種類を作り出す。

阿頼耶識 ┬ 自然界と自己の肉体
　　　　 └ 自己のさまざまな心的作用

このうち前者の自然界と肉体とはいわゆる現代で言う物質から構成されるものであり、我々の認識によって把握されるもの即ち客観であり、後者のさまざまな心的作用とはいわゆる主観としての精神作用を言う。一言で言えば前者は客観としての物質、後者は主観としての精神である。

ところで、この両者を対比させた典型的な分類法は、世親の『中辺分別論釈』[17]にみられる次の分類法である。

（1）pratiṣṭhā-bhoga-deha

（2）mana-udgraha-vikalpa

このうち（1）の中の deha とは感覚器官（根 indriya）を有した身体を言い、bhoga とは「物」「資財」「資生」「受用具」「所受用」などと漢訳され、日常生活のために人々が享受する諸物、たとえば食物・飲物などを言い、pratiṣṭhā とは別名 bhājana-loka（器世間）とも言われて、我々がその中で生存する自然環境を言う。

これに対して(2)のうちの manas とは染汚意即ち第七末那識、udgraha は前五識、vikalpa は第六意識をそれぞれ指し、これら三者でいわゆる転識すべてが言われている。

右の分類法のうち、pratiṣṭhā-bhoga-deha は無著作と言われる『金剛般若経論頌』[18]の中にも、また mana-udgraha-vikalpa は『大乗荘厳経論』の世親釈の中にも認められること[19]から、当時このような分類法が一般化されていたものと思われる。

ところで世親は『中辺分別論』の注釈の中で、この分類法を用いて有為(saṃskāra)の意味を巧みに説明している。即ち、

「仮説(prajñapti)を有し因(hetu)を有する相(nimitta)」

が有為の意味であるという一句に対して、仮説とは名句文、因とは種子識としての阿頼耶識、相(nimitta)とは一つは pratiṣṭhā-deha-bhoga としての阿頼耶識、もう一つは mana-udgraha-vikalpa としての転識であると言う[20]。

ここで我々は、いわゆる物質界に変化した阿頼耶識と精神界に変化した阿頼耶識との両者、一言で言えば現象世界(有為)そのものが nimitta であると考えられるに至ったことに注目すべきである。即ちこの見解にしたがえば、

nimitta ＝有為＝阿頼耶識・転識＝依他起自性

と定義することができる。この見解は同じく安慧の『中辺分別論釈疏』の中にみられる五事の nimitta に対する二解釈の中の前解、即ち nimitta を阿頼耶識と染汚意と転識とみなす見解と立場を同じくしていると言える。

このように nimitta は物質と精神、つまりさまざまな特質や形相をそなえた現象であると捉えられているのであるが、ここでも nimitt は単に特質や形相のみの意味ではなく、形相をそなえたものは同時に何らかの原因としての存在でもあるという意味にも考えられている。それも単に、『瑜伽論』などで言われる「言説が生じる所依処」

としての原因の意味ではない。それは、「阿頼耶識と染汚意・転識とは相互に因たるものである（anyonya-nimitta-bhāvān nimittam）」、あるいは「manas と udgraha と vikalpa とは阿頼耶識の中の習気を増長せしむるから阿頼耶識の因（nimitta）である」と説かれているように、阿頼耶識縁起説に基づく阿頼耶識と転識との相互因果関係における原因の意味までもが付加されるに至ったのである。

7、相分と nimtta

次に四分の一つである相分の相の原語は何かという問題について、しばらく考察してみよう。

少なくとも現存する文献による限り、四分の原語は判明していない。また「安難陳護一二三四」と言われるように、識の分け方に関してもさまざまな見解があったようであるが、このことは現存するインド文献には明白な形では認められない。四分説は護法の説であると言われるが、それも玄奘の『成唯識論』および『述記』などを通してしか窺い知ることができない。

しかし二分ないし四分説成立への根本的動因となったのは、弥勒作と言われる諸論書（『大乗荘厳経論』『中辺分別論頌』『法法性分別』）に広く認められる「所取・能取」（grāhya-grāhaka）という概念である[21]。この概念と並行して、唯識思想にはもう一つ重要な認識構造論がある。それは識そのものが一つは事物の形相をそなえた部分つまり「見られる側」と、もう一つはそれを把握認識する部分、即ち「見る側」との両者に二分化し、その対立の上にその事物を認識するという作用が成立するとみる考えである。所取・能取という概念とこの基本的認識構造論とは当然、結合する運命にあった。即ち『大乗荘厳経論』の世親釈中[22]において、「pada と artha と deha として顕現するもの」は所取、「mana と udgraha と vikalpa として顕現するもの」は能取であるとみる見解に、両者の結合が如実に認められる。

このような考えが相分・見分の成立の根本的素地となっているのであるが、「相」と「見」という二概念を直接用いて識の客・主という二分化を表した最初の人は、現存する文献による限り無著であったようである。

まず無著作と言われる『金剛般若経論頌』には観察すべき有為法として、次の二種をあげている。[23]

（1）dṛṣṭi（見）、nimitta（相）、vijñāna（識）

（2）pratiṣṭhā（居処）、deha（身）、bhoga（受用）

このうち（1）は、我々の認識作用を構成する三要素と考えられる。ここでは認識作用一般を vijñāna で代表させ、そのうち主観即ち能見の心法を dṛṣṭi、客観即ち所見の所縁を nimitta でそれぞれ表している。ところで見と相とがそれぞれ識と結合し、その両者によって主・客に二分化した識を表す概念が、これも同じく無著の作である『摂大乗論』に認められる。

即ち具体的にはたらく識（vijñapti）には、「有相識」「有見識」の二つがあるという考えである。この二つについて「眼等の識は色等の識を以って相と為し眼識の識を以って見と為す」[24]と説明されていることから、有相識とは「認識される客観としての識」、有見識は「認識する主観としての識」である。「有相有見二識」「有相有見識」のチベット語訳は順次、rnam par rig pa rgyu mtshan daṅ lta ba daṅ bcas pa, rgyu mtshan daṅ lta ba daṅ bcas paḥi rnam par rig pa[25]であるから、有相と有見の原語はそれぞれ sa-nimitta, sa-dṛṣṭi（または sa-darśana）ではなかったかと推測される。とくに「相」に対するチベット語訳は mtshan ma ではなく、常に因（rgyu）を含んだ rgyu mtshan であることから、その原語が nimitta であったであろうことはほぼ間違いない。

ところで有相識と有見識とは相識見識とも言われているが、相識に対して次の二通りの解釈がある。

（1）由彼相識是此見識生縁相故。似義現時能作見識生依止事。[26]

（2）是其相識者是所縁相。是所行故。[27]

このうち（1）の解釈は相識（nimitta-vijñapti）の相（nimitta）を見識が生じる原因（ḥbyuṅ baḥi rgyu）と捉え、（2）の解釈は相識の相を認識の対象である所縁であると捉えている。ここでもnimittaは、認識対象の形相の意味と何かを生み出す原因という意味との二通りに解釈されていることが判明した。

また『大乗荘厳経論』の世親釈の中にもnimitta-vijñaptiという語が認められ、それは『摂大乗論』の相識と同じく見られる側の識、即ち色識（rūpa-vijñapti）であると言う。[28] ただしここでは、nimitta-vijñaptiは乱（bhrānti）を生じる原因と考えられている。

ところで、『摂大乗論』の相識・見識という考えから『成唯識論』で言う相分・見分が成立したと仮定するならば、相分の「相」の原語はnimittaとみなしてもほぼ間違いないであろう。しかしこれも両者を橋渡しする文献的証拠がないから、なお研究の余地がある。だが少なくとも主客に二分化した識のうち、見られる側の識つまり客観としての識をnimitta-vijñaptiと呼んでいたことだけは確かである。

そして何か事物の形相（nimitta=figure, form）を帯びた識は、それを見る主観としての識（見識）あるいは乱（bhrānti, arūpiṇī vijñaptiḥ）を生じ、原因（nimitta=cause）であると考えられているのである。

8、nimittaと迷い

一般に仏教においては、眼前に何物かを立ててそれを概念的に、あるいは形相的に把握することは妄分別、虚妄分別として否定される。つまり、何か事物の形相（nimitta）を認識することは迷いそのものであると考える。もちろんこのような見解の背後には日常的分別の世界を「妄」、心を静め精神を統一した禅定の世界を「真」とみる仏教の根本的立場があることを忘れてはならない。

ここで nimitta を「迷い」という面から考察してみよう。

想 (saṃjñā) とは前述したように、事物の形相 (nimitta) を把握しそれによって言説を起こす心理作用である。仏教は言語による概念的思考を否定するから、当然この想という心理作用即ち事物の「形相的把握」(nimitta-udgrahaṇa 取相) は否定される。

この形相的把握即ち取相が否定される理由は、想を四顛倒として捉えるときに明白となる。『成実論』巻第六には、[29] 想は多く顛倒として、つまり常想・楽想・我想・浄想という四顛倒として説かれていると述べられている。この場合の想とは一切諸法をその本来的な形相 (無常・苦・無我・不浄) としてではなく、その逆の形相 (常・苦・我・浄) として捉える、という我々の誤謬的認識を言うのである。

ところで取相を四顛倒に限定せず、広くさまざまな事物を概念的に把握する作用として捉えることができる。たとえば『大般若経』巻第三七には、一切相智は取相修得ではないという理由として次のように述べられている。

諸取相者皆是煩悩。何等為相。所謂色相受想行識相。乃至一切陀羅尼門相。一切三摩地門相。於此諸相而取著者名為煩悩。[30]

つまり、「色」ないし「一切三摩地門」という種々さまざまの概念によって事物の相を把握することは「煩悩」であると強調している点に注目すべきである。

また『大乗荘厳経論』には住持 (pratiṣṭhā) の相 (nimitta) 即ち器世間と、受用 (bhoga) の相即ち色などの五境と、種子 (bīja) の相即ち阿頼耶識との三つの相は繫縛 (bandhana) の相 (この場合の nimitta は原因という意味にもとられる。事実、漢訳は因となっている）であり、この三相において五根と心・心所と阿頼耶識とが繋縛されると説かれている。[31] つまり我々の認識の対象である自然界およびそれを生み出す阿頼耶識そのものが nimitta と言われ、同時に我々の全存在を束縛する原因であると言うのである。

ところで境界の相が我々の心を束縛することを如実に指摘しているのが、「相縛」という概念である。相縛は麁重縛と対となって、『解深密経』以来唯識思想がしばしば用いる概念である。この相縛に関しては、さまざまな異説がさまざまな角度からなされているが、[32] 要は相縛とは「心が諸塵を分別する」[33] ことで、見分・相分の関係で言えば、「境相に於いて幻事等の如しと了達すること能わずして見分が相分に拘れて自在を得ない」[34] ことであり、一言で言えば「境界の相は能く縛を生じる」[35] ことであると言えよう。

このように nimitta は我々の心を束縛し煩悩を起こす原因となるから、仏教が理想とする禅定の世界においては当然否定されなければならない。このことを如実に表しているのが「無相解脱門」（animitta-vimokṣa-mukha）、「（無加行無巧用）無相住」（nirnimitto vihāraḥ）、「無相行人」（animitta-cārin）などという概念であり、さらに空性の異名の一つとしての「無相」（animitta）である。

しかし、ただ相の否定のみが説かれているのではない。「止と摂持と捨との相（nimitta）において念安住する（sūpasthita-smṛti）[36] あるいは相善巧（nimitta-kuśala）を得る」[37]、「一切法の相（nimitta）を明らかにするものは大菩提を得る」[38] などと説かれていることから、相に通達してそれを正しく理解しなければならないという主張のあることがわかる。また、「真如を所縁とする智（jñāna）は相（nimitta）と真如（tathatā）とは異ならないとみる」[39] と説かれている。これは虚妄の現象的世界と真実の世界とが一つであるという、いわゆる大乗の「真妄交徹」の思想を相と真如との関係において捉えたものである。

【まとめ】

仏教におけるnimittaをさまざまな角度から考察してきたが、その結果をまとめてみよう。

1、nimittaの原意は大きく分けて、（1）形相（figure, form）と、（2）原因（cause, motive）の二つがある。

2、nimittaを用いて我々の心理作用を表したものの代表として、viṣaya-nimitta-udgrahaṇaという想（saṃjñā）の定義がある。

3、単に事物の形相として考えられていたnimittaは次第に認識主体内部の事象として考察されるようになり、識のみの存在を認める唯識思想に至って五事の一つに収められ存在の一形態を表す重要な概念となった。さらに有為法（阿頼耶識と転識）のすべてをnimittaと捉える見解さえもが認められる。

4、nimittaに形相と原因との二つの意味があることは、「何か形相をもつものは同時に他の何かに対して原因となる」という次の考えと相応する。

（1）一般的見解

・事物の相（nimitta）
  - 事物を事物として規定する原因
  - 言説を起こす原因

（2）唯識思想の見解

・形相としての存在（五事中のnimitta）は言説を生じる原因である。

・事物の形相を帯びた識（相識 nimitta-vijñapti）は、それを把握する識（見識）を生じる原因である。

・因縁所生の有為法（阿頼耶識と転識）がnimittaであり、阿頼耶識と転識とは相互に原因となる。

5、事物の形相を帯びた識（nimitta-vijñapti）という概念から、相分という思想ができ上がったと考えられる。

6、nimittaは、究極的には我々の煩悩を生じる原因として仏教では否定される。

註

（1）*Visuddhi-magga*, ed. by H. C. Warren, rev. by O. Kosambi, London, 1950, p.100, ll.4-5.
（2）*M.V.Ṭ.*, p.25, ll.20-22.
（3）*M.V.Ṭ.*, p.25, l.26-p.26, l.2.
（4）*A.K.Bh.*, p.10, l.16.
（5）*A.K.Bh.*, p.127, l.2.
（6）*A.K.Bh.*, p.37, ll.5-6.
（7）*V.M.S.*, p.21, ll.2-3.
（8）*M.V.Ṭ.*, p.34, l.25-p.35, l.1.
（9）『瑜伽論』巻第一三、大正・三〇・三四二上。
（10）『入阿毘達磨論』巻上、大正・二八・九八一下。
（11）*Abhidharmadīpa with Vibhāṣaprabhāvṛtti*, ed. by Padmanabh S. Taini, Kashi Prasad Tayaswal Reseach Institute, Patna, 1977, p.69, l.4.
（12）『大智度論』巻第八九、大正・二五・六九一中。
（13）『瑜伽論』巻第七三、大正・三〇・七〇三上。
（14）『瑜伽論』巻第七二、大正・三〇・六九六上。
（15）『顕揚聖教論』巻第六、大正・三一・五〇七上。
（16）*Laṅkāvatāra-sūtra*, ed. by B. Nanjio, p.228, ll.6-7.
（17）*M.V.Bh.*, p.48, ll.9-10.
（18）「居処身受用」（『能断金剛般若波羅蜜多経論頌』、大正・二五・八八六下）

(19) *M.S.A.*, p.65, l.2.
(20) *M.V.Bh.*, p.48, ll.6-10.
(21) 拙稿「五思想よりみた弥勒の著作――特に『瑜伽論』の著作について――」(『宗教研究』二〇八号、三三頁以下参照)。
(22) *M.S.A.*, p.65, l.4.
(23) 「見相及与識　居処身受用」(『能断金剛般若波羅蜜多経論頌』、大正・二五・八八六下)。
(24) 『摂大乗論本』巻中、大正・三一・一三八下。
(25) 佐々木月樵『摂大乗論――漢訳四本対照――』付「西蔵訳摂大乗論」、No.51, ll.11-12.
(26) 『摂大乗論本』巻中、大正・三一・一三九上。
(27) 無性釈『摂大乗論釈』巻第四、大正・三一・四〇二中。
(28) *M.S.A.*, p.60, l.26.
(29) 『成実論』巻第六、大正・三二・二八一上。
(30) 『大般若経』巻第三七、大正・五・二〇九中。
(31) *M.S.A.*, p.169, ll.3-8.
(32) 佐伯旭雅『冠導増補成唯識論』(法藏館、一八八八年)、巻五、十四丁左の冠註に相縛に関する諸説をあげている。
(33) 真諦訳『摂大乗論釈』巻第四、大正・三一・一七九中。
(34) 『成唯識論』巻第五、大正・三一・二五下。
(35) 『瑜伽論略纂』巻第一三、大正・四三・一七六上。
(36) *M.V.Bh.*, p.55, l.3.
(37) *M.S.A.*, p.172, l.18.
(38) *M.S.A.*, p.169, l.16.
(39) *M.S.A.*, p.169, l.26.

初出一覧

第一部　真理とは

第一章　「真理」という訳語の成立と内容
（「真理に関する一考察——道理から真理へ——」渡邊隆生教授還暦記念『仏教思想文化論叢』、一九九七年六月）

第二章　「真理」を表す語
第一節　真理の二面性
第一項　「所知の真理」と「能知の真理」
（書き下し）
第二項　真如と無分別智
（書き下し）
第二節　認識される客観としての真理（所知の真理）
第一項　漢訳「真実」の種々の意味
（「真実考——『瑜伽師地論』を中心に——」北畠典生博士古稀記念論文集『日本仏教文化論叢』、一九九八年六月）
第二項　所知について
（書き下し）
第三項　『瑜伽論』における真理（tattva 真実）観
（書き下し）
第四項　『大乗荘厳経論』における真理観
（書き下し）

第三節　認識する主観としての真理（能知の真理）
（「真実考――『瑜伽師地論』を中心に――」北畠典生博士古稀記念論文集『日本仏教文化論叢』、一九九八年六月）

第三章　とくに「真如」について
第一節　瑜伽行派以前の真如
（「ヨーガの心と真如――『瑜伽師地論』と『解深密経』を中心に――」『仏教と心の問題』、一九八〇年十月）
第二節　瑜伽行派の真如観
第一項　真如の強調
（「ヨーガの心と真如――『瑜伽師地論』と『解深密経』を中心に――」『仏教と心の問題』、一九八〇年十月）
第二項　瑜伽行唯識派独自の真如観
一、所顕真如
（書き下し）
二、不一不異
（書き下し）
三、無二（不二）
（「無二の思想的発展について――『瑜伽論』摂決択分から『大乗荘厳経論頌』へ――」『宗教研究』二五四号、一九八二年）
四、不可思議
（書き下し）
第三項　真如を証する必要性
（書き下し）

第二部　言葉と真理

第一章　名と義とについて

（「仏教の言語観（一）――名義を中心として――」國譯一切經印度撰述部・月報「三藏」一〇七。但し、「第四節　名の種類」は書き下し）

第二章　言葉の生じる機構

（「仏教の言語観（二）――名義を中心として――」國譯一切經印度撰述部・月報「三藏」一〇八）

第三章　言葉と種子

（「ことばと種子」平川彰博士古稀記念論集『仏教思想の諸問題』、一九八五年）

第四章　言葉の限界と束縛

（書き下し）

第五章　正しい言葉――善説・正法――

（書き下し）

第三部　真理に至る道――心の浄化、ヨーガ――

第一章　ヨーガの対象としての真如

（書き下し）

第二章　心浄化の機構

第一節　ヨーガによる心の浄化

（書き下し）

第二節　相から性へ

（「性相について」『佛教学研究』第五二号、一九九六年二月）

付録　特に「相」（nimitta）についての考察

（「nimitta（相）について」『仏教学』創刊号、一九七六年七月）

あとがき

私が立教大学に奉職してからしばらくして、恩師・平川彰先生が私に、博士論文を書いて提出するようにと再三言ってくださいました。そこで私は、それまで発表したいくつかの論文をコンピュータに打ち込みながら、その準備を始めたのですが、途中で、唯識思想の辞典を出版しようと思い立ち、それに専念して博士論文の執筆を中断することになりました。唯識の辞典は、平成二十二年十月に完成しましたが（『唯識　仏教辞典』、奈良・興福寺創建1300年記念出版として春秋社から刊行）、その後、また博士論文の執筆を再開し、全体を書き終わったところで、このたびご縁があって法藏館からの出版の運びとなりました。

本当に長年にわたった先生との約束を果たすことができ、安堵と嬉しさがこみあげてきます。

本書『唯識の真理観』の題名について一言しておきます。

すこし大袈裟な言い方かもしれませんが、私は若いときから「真理とは何か」を追究してきました。大学時代、東京大学の農学部・水産学科で魚の血の研究をしていましたが、研究が進むにつれて、その研究に疑問を持つようになりました。それは、対象化された「生命」を研究対象にすることだけでいいのかという疑問でした。そのような対象化された生命は、いわば鏡の中の像であって、私は鏡の本体そのものを、つまり、「研究しているこの私とはなにか」「私の心とはなにか」「私をふくめた存在全体はいったいなにか」を、総じて言えば、「真理とは何か」を人間として生まれた以上、一生、探求してゆきたいという想いがつのってきたのです。

その結果、大学院の途中で、文学部の印度哲学科に転向し、仏教の研究を始めました。また同時に禅の修行にも飛び込みました。

そして仏教の中に唯識思想があることを知り、これからはこの思想の研究に専念しようと心に決めました。なぜなら唯識思想は、無著・世親などのインドの論師たちが、ヨーガの実践を通して心の奥深く沈潜して阿頼耶識という深層心を発見し、同時に八つの識を立てることによって、心のメカニズムを詳細に解明し、真理に至る道を見事に説き示した思想であることがわかったからです。そして科学と哲学と宗教との三面を兼ね備えた普遍的な思想であると確信したからです。

その後、「真理とは何か」を唯識の研究を通して追究してきた成果を「唯識の真理観」という題でまとめたいと思い続けてきました。その思いがこのたび叶い、この上もない喜びです。

本書は、大きく、第一部「真理とは」、第二部「言葉と真理」、第三部「真理に至る道」の三部から構成されています。

第一部では、真理という訳語が成立した過程の考究から始めて、真理を大きく「認識される側の真理」と「認識する側の真理」とに分けて、所知と呼ばれる前者の真理と、智慧や無分別智と呼ばれる後者の真理とがどのようなものであるかを検討しました。そして最後に究極的真理である真如について論じてみました。

第二部では、唯識思想は、真理追究の過程において、根本的には言葉には限界と束縛とがあるという立場をとりながらも、言葉を構造的に分析した、言葉の生じる機構を綿密に解明した、とくに阿頼耶識という深層心に潜在する言葉の種子を発見した、などの、他のインドの学派には見られない唯識独自の見事な言語論について論じてみました。

第三部では、真理に至るためにはどのように修行すべきであるか、とくにヨーガをとおして心を深層から浄化する実践行はどのようなものであるか、を論じてみました。

これまで私は唯識思想を宣揚するために何冊かの一般者向けの本を出版してきましたが、本書では、それらに較べて、経論の文を多く引用し、加えてサンスクリット原文、チベット語訳をも参照しながら、「真理」という観点から唯識思想を綿密に詳しく論じました。したがって、かなり難解と思われる読者の方もおられると思います。しかし、本書をとおして、前述しましたように科学と哲学と宗教の三面を兼ね具えた素晴らしい唯識思想に触れられ、さらなる唯識修得の思いを強くしていただければと願ってやみません。

本書は多くの方々の有り難いご縁で完成しました。最後になりましたが、校正等で大変にお世話になりました法藏館・編集長の戸城三千代氏に対し、深く感謝の意を表します。

平成二十六年九月

飯能の寓居にて　　横山紘一

索　引

あ行——

か行——

さ行——

た行——

な行——

は行——

ま行——

や行——

ら行——

横山紘一（よこやま　こういつ）

1940年生まれ。仏教学者。東京大学農学部水産学科卒業後、東京大学大学院印度哲学科博士課程修了。立教大学文学部教授を経て、現在は立教大学名誉教授、正眼短期大学副学長。

大乗仏教・第2期の「唯識」思想を研究。

著書に『唯識の哲学』（平楽寺書店）、『唯識とは何か』（春秋社）、『唯識で読む般若心経』『唯識という生き方』（大法輪閣）、『十牛図入門』『阿頼耶識の発見』（幻冬舎）、『やさしい唯識』（NHK 出版）他多数。

2010年に念願の『唯識　仏教辞典』（奈良・興福寺創建1300年記念出版）を完成させた。

唯識《ゆいしき》の真理観《しんりかん》

二〇一四年一〇月三〇日　初版第一刷発行

著　者　横山紘一
発行者　西村明高
発行所　株式会社 法藏館
京都市下京区正面通烏丸東入
郵便番号　六〇〇-八一五三
電話　〇七五-三四三-〇〇三〇（編集）
〇七五-三四三-五六五六（営業）

印刷　中村印刷株式会社　製本　新日本製本

ISBN 978-4-8318-7079-7 C3015

増補新版 仏性とは何か	高崎直道	二、八〇〇円
インド思想論	高崎直道	九、五一五円
倶舎論の原典解明 世間品	山口益 舟橋一哉	一九、〇〇〇円
倶舎論の原典解明 業品	舟橋一哉	二〇、〇〇〇円
倶舎論の研究 界・根品	櫻部 建	一二、〇〇〇円
倶舎論の原典解明 賢聖品	櫻部 建 小谷信千代	一七、〇〇〇円
増補 アビダルマ教学 倶舎論の煩悩論	西村実則	一二、〇〇〇円
世親唯識の原典解明	山口益 野沢静證	一四、〇〇〇円
世親の成業論	山口 益	九、五〇〇円